Soziales Lernen und Soziales Engagement

Verantwortungsübernahme Jugendlicher im schulischen Kontext

Von

Uwe Böhm

Schneider Verlag Hohengehren GmbH

Titelbild: Reinhold Löffler

Gedruckt auf umweltfreundlichem Papier (chlor- und säurefrei hergestellt).

Bibliografische Information Der Deutschen Bibliothek

Die Deutsche Bibliothek verzeichnet diese Publikation in der Deutschen Nationalbibliografie; detaillierte bibliografische Daten sind im Internet über ›http://dnb.ddb.de‹ abrufbar.

ISBN 3-8340-0050-7
Schneider Verlag Hohengehren GmbH, 73666 Baltmannsweiler

Dieses Buch widme ich als Dank für ihre Unterstützung:

meiner Frau Beate

und meinen Kindern Lea, Sophie und Simeon

INHALTSVERZEICHNIS

TEIL 2: PRAXISBEZOGENE MODELLE

Vorwort

„Ich bin nicht dazu da,
um geliebt und bewundert zu werden,
sondern um selbst zu wirken und zu lieben.
Meine Umgebung ist nicht verpflichtet,
mir zu helfen,
sondern ich habe die Pflicht,
mich um die Welt,
um den Menschen zu kümmern.“
Janusz Korczak
(1878-1942)

Soziales Lernen hat wieder Konjunktur. Soziales Lernen ist jedoch ein unspezifischer Begriff. Durch die Verknüpfung mit sozialem Engagement lässt er sich zwar eingrenzen, aber erfordert eine schulpädagogische Ausdifferenzierung. Dies soll in diesem Theorie und Praxis verbindenden Buch geschehen. Historisch-systematische Betrachtungen erhellen Ziel und Weg sozialen Lernens im schulischen Kontext ebenso wie psychologische und soziologische Aspekte. Erprobte Beispiele und evaluierte Modelle, die in diesem Buch dargestellt sind, führen die Jugendlichen zur Verantwortungsübernahme in Schule und Gesellschaft.

In der Hoffnung, dass auch meine Kinder Lea, Sophie und Simeon für sich und für andere Verantwortung übernehmen, widme ich ihnen dieses Buch.

Nellmersbach, im Januar 2006 Uwe Böhm

1 Darstellung der Problemfelder sozialen Lernens - Hinführung

Wer über soziales Lernen eine Arbeit verfasst, sollte soziales Lernen definieren. Doch dies ist ein historisches Problemfeld, da der Begriff zu verschiedenen (politischen) Zeiten unterschiedlich verwandt wurde. Zudem ist die Thematik systematisch schwer greifbar. Denn: Soziales Lernen ist ein Begriff, der von verschiedenen Disziplinen (z.B. Psychologie, Soziologie, Pädagogik) verwendet und somit auch unterschiedlich definiert wird.

Hielscher arbeitet sieben abweichende Bedeutungen sozialen Lernens heraus:[1]

- Beschreibung eines typischen Charakters von Lernvorgängen, z. B. Lernen durch Konditionierung, Nachahmung usw.,

- Begriff für die allgemeine Sozialisierung (Hineinwachsen in Gesellschaft und Kultur).

- Bezeichnung von Inhalten und Prozessen nicht-kognitiver und nichtpsychomotorischer Lernvorgänge,

- Charakterisierung des ‚heimlichen Lernens' sozial relevanter Verhaltensweisen,

- Zusammenfassung des Erlernens gruppenrelevanter Verhaltensweisen,

- Markierung politischer Lernziele,

- Konzept eines strategischen, auf Veränderung der Gesellschaft gerichteten Lernens.

Struck grenzt sich explizit von der Darstellung unterschiedlicher Bedeutungen Hielschers ab. Er sieht in diesen Interpretationen eher sieben akzentuierte Aspekte sozialen Lernens, die trotz ihrer Komplexität zusammengehören. Deshalb definiert Struck ‚Soziales Lernen' folgendermaßen:

> „Soziales Lernen ist sowohl ein Sozialisationsprozess, der sich funktional über die interaktionistischen Wechselwirkungen zwischen Personen, in der Regel Mitgliedern einer Gruppe, ereignet, als auch ein intentional von Erziehern gelenkter Lernprozess, der ganz bewusst die Reaktionen von Mitmenschen auf Einstellungen und Verhaltensweisen eines einzelnen Menschen und deren Rückwirkungen auf ihn einplant; soziales Lernen ist ein erzieherisch wirksamer Prozess zwischen zwei Personen oder innerhalb einer Gruppe als Resultat von Interaktionen; soziales Lernen ist der sich auf der Schülerseite ereignende, Einstellungen und Verhalten betreffende Veränderungsprozess, der auf der Erzieherseite einer Methode entspricht, die die Wechselwirkungen zwischen den Mitgliedern der Lerngruppe absichtsvoll einkalkuliert. Soziales Lernen ist ein Erziehungsprozess, der in die Richtung der Lernziele Sprachkompetenz, Kommunikationsfähigkeit, Kooperationsfähigkeit, soziales Verhalten, politische Mündigkeit, Wissen um die gesellschaftlichen Erwartungen an den einzelnen, kritische Distanz zu diesen gesellschaftlichen Erwartungen und Fähigkeit, den gesellschaftlichen Erwartungen zu entsprechen, wirksam wird. Unter Lernen ist dabei ein sehr weiter Begriff zu verstehen, der alle Prozesse der Einstellungs- und Verhaltensänderungen auf der Sei-

[1] Vgl. Hielscher 1975, 239.

te des zu Erziehenden als Resultat funktionalen oder intentionalen erzieherischen Einwirkens meint. Lernen ist das, was sich im Erziehungsobjekt als Folge von Erziehen einstellt. Der Lernbegriff korrespondiert insofern mit dem Erziehungsbegriff. Die sozialen Lernziele sind also auch Erziehungsziele."[2]

Die Verknüpfung von ,sozial' und ,Lernen' provoziert meines Erachtens nach differenzierte terminologische Bestimmungen:

- Lernen ist immer sozial, da wir in der Welt der Beziehungen durch Kommunikation und Interaktion immer von anderen in mündlicher oder schriftlicher Form lernen. Soziales Lernen als reine ,soziale' *Form* besitzt keine Trennschärfe und wäre ein ,weißer Schimmel'.
- In *deskriptiver* Verwendung bezeichnet der Begriff dann entweder Sozialisationsprozesse (z.B. ich werde sozial eingebunden) oder lerntheoretische Betonungen (z.B. mit oder von anderen lerne ich).
- Soziales Lernen betrifft *funktional* die Vermittlung von Individuum und Gesellschaft sowie die Balance von Anpassung und Widerstand. Soziales Lernen kann dabei in der Schule u.a. eine kompensatorische oder emanzipatorische Funktion übernehmen.
- Wird der Begriff eher *normativ* benutzt, legt er den Zweck (z.B. Leben in der demokratischen Gesellschaft) fest. Er berücksichtigt meistens politische Implikationen und korreliert mit Werteerziehung im Sinn von Wertevermittlung an die nächste Generation.
- Soziales Lernen kann auch *intentional* verstanden werden. Das Ziel sozialen Lernens (z.B. konstruktiver Umgang miteinander) ist dann prosoziales Verhalten und Konfliktfähigkeit, kurz Erwerb von Sozialkompetenz.
- In rein *inhaltlicher* Akzentuierung verbindet sich soziales Lernen ebenfalls mit Werteerziehung und meint die Aneignung bzw. die kritische Reflexion gesellschaftlicher Werte und Normen sowie das Bewusstwerten eigener Werte (Wertklärung).

Um eine definitorische Klärung herbeizuführen, greife ich auf geschichtliche Verwendungsweisen des Begriffs zurück. Der Schwerpunkt liegt dabei vor allem in den 70er Jahren, als der Begriff seinen Höhepunkt erlebte.

Der Begriff ,Sozialerziehung' (synonym auch ,Soziale Erziehung') ging der Bezeichnung ,Soziales Lernen' voraus und trat in Deutschland nach dem Zweiten Weltkrieg sowohl in der Sozialpädagogik als auch in der politischen Bildung und nur teilweise in der Schulpädagogik auf. Unter ,Sozialerziehung' verstand man ursprünglich die Erziehung des Menschen zur Gemeinschaft durch die Gemeinschaft. Durch die Auflösung der tradierten Normen und Werthaltungen als Orientierungsmuster sozialen Verhaltens nach dem Zweiten Weltkrieg wurde es pädagogisch notwendig, „neue Formen des sozialen Handelns in der Gesellschaft planvoll zu vermitteln"[3]. Stellvertretend sei die Forderung von H. Nohl genannt:

[2] Struck 1980b, 60f; identisch mit Struck 1980a, 101f.

[3] Heursen, G. (1983): Soziales Lernen. In: Enzyklopädie Erziehungswissenschaft. Bd. 8, hg. v. D. Lenzen. Stuttgart: Klett, 500-504:501.

> „Aber angesichts unserer Wirklichkeit wird die Pädagogik mit ganz anderer Entschiedenheit daran gehen müssen, neue Formen der sozialen Erziehung zu entwickeln“[4].

Es ging um die „Vermittlung elementarer Fähigkeiten des sozialen Verhaltens durch erzieherische Maßnahmen“[5].

> „Damit sind angemessene Formen des sozialen Umgangs, der gegenseitigen Rücksichtsnahme und der Kommunikation in der Gruppe, Entwicklung von Gemeinschaftsgefühl und Einfügung in eine Gruppe, gemeinsame Interessenvertretung und Mitverantwortung für die Belange anderer gemeint.“[6]

Schon diese Definition macht deutlich, dass *Sozialerziehung* den Umgang miteinander im Nahbereich und das Zusammenleben in einer Gruppe ebenso subsummiert wie das partizipative Engagement und die Solidarität innerhalb gesellschaftlicher Systeme. Oertel bestimmte Sozialerziehung in Auseinandersetzung mit Anforderungen einer kritisch-konstruktiven Erziehungswissenschaft durch drei „aufeinander aufbauende, miteinander verschränkte und kaum voneinander trennbare fundamentale inhaltliche Aspekte“[7]: Sozialerziehung sei auf Formen des sozialen Umgangs gerichtet, beinhaltet eine Auseinandersetzung mit Konflikten und fördert das Verständnis für gesellschaftliche Strukturen und Zusammenhänge.

Trotz dieser aspektenreichen Bestimmung der Sozialerziehung wurden soziale Ungleichheiten und Konflikte weitgehend übergangen und vorwiegend harmonisierende Tendenzen praktiziert. Exemplarisch nenne ich für die 50er Jahre die Konzeption der ‚Partnerschaft' nach Theodor Wilhelm, welcher unter dem Pseudonym Friedrich Oetinger publizierte.[8] In Anlehnung an John Dewey verzichtet er auf die letzten Ziele und orientiert sich in seinen gesellschaftlichen Handlungen an legitimierenden Teilzielen, die durch fortschreitender Konsensbildung und durch Reflexion über die Arbeit am Gemeinwohl bestätigt oder revidiert werden. Durch die Partnerschaft von Menschen, die vernünftig und guten Willens sind, entsteht ein gemeinsames Vorgehen in Verständigung und Harmonie zum Zweck des Wohlstandes für alle. Dieses ‚Miteinander-Füreinander' wird als *Theorie des harmonistischen Pragmatismus* bezeichnet.[9] Leider bearbeitete der ‚common sense' nicht die sozialen Differenzen und gesellschaftlichen Konflikte in der Phase des Wiederaufbaus. Die Unzulänglichkeit dieser Theorie förderte den Status quo bis Ende der 60er Jahre.

Aufgrund der Verengung sozialpädagogischer Fragen auf außerschulische Praxisfelder geriet der Begriff ‚Sozialerziehung' innerhalb der Schulpädagogik in Vergessenheit und wurde von

---

[4] Nohl, H. (1947): Die pädagogischen Aufgaben der Gegenwart. In: ders. (1949): Pädagogik aus dreißig Jahren. Frankfurt: Schulte-Bulmke, 290-299:291.

[5] Schaub, H./Zenke, K. G. (2000): Wörterbuch Pädagogik. München: DTV, 4., grundl. überarb. u. erw. Aufl., 517.

[6] Ebd.

[7] Oertel, F. (1977): Sozialerziehung. In: Wörterbuch der Pädagogik. Band III.. hg. v. H. Rombach. Freiburg: Herder, 165-167:165.

[8] Vgl. Oetinger, Fr. (1951): Wendepunkt der politischen Erziehung. Partnerschaft als pädagogische Aufgabe. Stuttgart: Metzler; ders. (1953): Partnerschaft. Die Aufgabe der politischen Erziehung. Stuttgart: Metzler.

[9] Vgl. Hielscher, H. (1975): Zum Begriff des „sozialen Lernens“; in: Westermanns Pädagogischen Beiträgen, H.5, 239f. und Claußen, B. (1978): Didaktische Konzeptionen zum sozialen Lernen. Übersicht und Vorüberlegungen zur Integration. Ravensburg: Otto Maier, 50ff.

dem Begriff ‚Soziales Lernen' abgelöst. Hinzu kam, dass eine ganzheitliche Sichtweise im Sinn der Sozialerziehung (emotionale Ebene) und zugleich die Sacherfassung (kognitive Ebene) schulpädagogisch aufgrund der Lernzieltechnologie in den siebziger Jahren nicht möglich war. Die Folge war Entfremdung zwischen Lehrer, Schüler und Stoff.[10] Verständnis, Zuwendung, Loyalität zwischen den Lernenden, Kreativität und Spontaneität und angstfreies Lernen waren eher Randerscheinungen im schulischen Kontext.[11]

Im Gegenzug zu der Theorie des harmonistischen Pragmatismus entstand die Orientierung am Individuum als Gegenüber der formal-demokratischen Gesellschaft. Die Ursprünge sozialen Lernens gehen „auf erziehungspsychologische Intentionen von R. und A.-M. Tausch zurück, die individuelle Freiheit, Selbstbestimmung, Kooperation und soziale Einordnung als zentrale Voraussetzung für sozial-integratives, demokratisches Verhalten von Lehrern und Schülern ansahen"[12]. Somit hat sich der Begriff ‚Soziales Lernen' schon seit den sechziger Jahren aus der Abgrenzung gegenüber konservativen Konzeptionen der Sozialerziehung entwickelt. Die Suche nach einer subjektiven Didaktik führte zur Adaption humanistischer Konzepte der Psychoanalyse wie Themenzentrierte Interaktion (TZI), Transaktionsanalyse (TA) oder Psychodrama in die Schulwirklichkeit sowie zur Fokussierung in Richtung kommunikationsorientierter Didaktik (Winkel, Schaller).[13] In der TZI nach R. Cohn gelang es, partiell fachlich-inhaltliches Lernen mit sozial-emotionales Lernen zu verbinden. Den Vertretern dieser Ansätze verbindet das Ziel der ‚sozialen Integration': Damit ist einerseits gemeint, dass die Gruppe den Einzelne einbeziehen und dass andererseits die unterschiedlichen Gruppen sich in die Gesellschaft integrieren. Das Konzept der Gesamtschulen nimmt diesen sozial-integrativen Ansatz wieder auf. Diese *Theorie des harmonistischen Individualismus* berücksichtigt somit die Mikro- und Makroebene sozialen Lernens im schulischen Kontext. Psychologisch und psychoanalytisch orientierte Positionen der Kommunikationstheorie und des Symbolischen Interaktionismus wollten den Schülerinnen und Schülern helfen, gesellschaftliche Widersprüche zu ertragen, hemmende innerpsychische Zustände abzubauen und ein Selbstbewusstsein zu entwickeln. Diese Theorie sozialen Lernens umfasst seit den 70er Jahren die soziale Interaktion innerhalb eines Lehr-Lern-Prozesses als auch den partizipatorischen Aspekt der Sozialerziehung.

In den 70er Jahren wurden die strukturellen Defizit der Schule empirisch aufgedeckt. Hierauf reagierten die Vertreter der einzelnen unter 1.1 skizzierten Ansätze.

> „Untersuchungen in den siebziger Jahren hatten den innerschulischen Widerspruch zwischen sozialen Lernzielen und praktizierter Fachleistungsdifferenzierung, die daraus resultierenden Sozialisationseffekte des heimlichen Lehrplans und die Einflüsse außerschulischer Primärsozialisation nachgewiesen".[14]

Die im Zitat genannten schulpädagogischen und -politischen Diskrepanzen zwischen sozial-emotionalen Zielen und strukturellen Größen bewirkten, dass der Begriff ‚Soziales Lernen' für die Bearbeitung gesellschaftlicher Konfliktbereiche verwendet wurde. Deshalb verbündete sich soziales Lernen mit politischer Erziehung. Diese Vertreter akzentuierten noch stärker als

---

[10] An einigen Stellen erlaube ich mir zur flüssigeren Lesbarkeit, an der maskulinen Schreibweise festzuhalten.

[11] Vgl. Kösel, E. (1984): Sozialerziehung heute. In: Pädagogische Welt, 38. Jg., Heft 9, 558-564:558.

[12] Schaub/Zenke 2000, 517f.

[13] Vgl. Kösel 1984, 562ff.

[14] Schaub/Zenke 2000, 518.

die Vertreter der individualistischen Theorie gesellschaftliche Einflussnahme und berücksichtigten schulpädagogisch sowohl den Makrobereich als auch den Mikrobereich.

> „Unter sozialem und politischem Lernen soll hier bewusst initiiertes, organisiertes und in seinem gesellschaftlichen Sinnzusammenhang reflektiertes Lernen von Verhaltensweisen, emotionalen Reaktionsbereitschaften und Einstellungen gegenüber einzelnen Interaktionspartnern, face-to-face-Gruppen und größeren Gruppierungen verstanden werden. Die doppelte Attributierung ‚sozial' und ‚politisch', der hier bezeichneten Lernprozesse, soll hier darauf hinweisen, dass Verhalten, Fühlen und Denken im mikrosozialen Bereich oft politische, d.h. für den makrosozialen Bereich relevante Implikationen hat, und vice versa."[15]

[15] Schreiner, G. (1974): Soziales und politisches Lernen. Anspruch und Wirklichkeit einer Gesamtschule. In: Die Deutsche Schule, 66. Jg., 24.

1.1 Verwendungsweisen des Begriffs sozialen Lernens

Aus dem oben Dargestellten geht hervor, dass vor allem in den 70er Jahren schulpädagogische Ansätze sozialen Lernens aus unterschiedlichen Theorien entstanden sind. Diese Zeit war die diskussionsfreudigste in Bezug auf Begriff und Konzeption sozialen Lernens. Ich skizziere deshalb im Folgenden die fünf wesentlichen Ansätze sozialen Lernens.[16] Zugleich hebe ich auch die jeweiligen Defizite dieser Ansätze hervor. Dadurch weise ich schon jetzt auf den noch weiterzuentwickelnden Ansatz sozialen Lernens hin. Ich bemerke hier, dass in den 80er und 90er Jahre kaum noch konzeptionell über soziales Lernen gestritten wurde, sondern diese fünf Ansätze weitergeführt bzw. mit einander verbunden wurden.

1.1.1 Soziales Lernen als Kategorie der Verhaltensforschung

Der Begriff ‚Soziales Lernen' taucht zunächst vor allem in der Lernpsychologie auf. Da Lernen grundsätzlich im Kontext eines sozialen Gefüges, genauer betrachtet zwischen Ansprüchen des Individuums und der Gesellschaft bzw. des Einzelnen und der Gemeinschaft stattfindet, ist Lernen immer ‚soziales' Lernen. Die behavioristische Lerntheorie erklärt ‚Lernen' durch die Konditionierung aufgrund eines Reiz-Reaktion-Schemas. Soziale Lernprozesse zum Erwerb von sozialem Verhalten entstehen in einer sozialen Situation, die an das Individuum Ansprüche stellt. Bei Erfüllung dieser Ansprüche garantiert der Lehrende emotionale Wertschätzung, Anerkennung, Belohnung oder ähnliche Formen der Bedürfnisbefriedigung; bei Nicht-Erfüllung drohen emotionale Geringschätzung, Ablehnung, Bestrafung oder andere Formen der Sanktionen. Aus verhaltenstheoretischer Sicht ist soziales Lernen

- das Lernen in sozialen Situationen,
- das Erlernen sozialer Verhaltensweisen und
- das Lernen durch Mechanismen sozialen Verhaltens.[17]

Nach den Regeln der Konditionierung ist die Dauer der Konformität abhängig von der Häufigkeit der Belohnung erwünschten sozialen Verhaltens. Problematisch ist, dass Bestrafung möglicherweise Aggressionen weckt und Strafe zur Angstentwicklung führt. Zudem erklärt der Behaviorismus nicht gänzlich soziales Lernen: Wie Anger in Anlehnung an Bandura und Wolters zeigt, fehlt der ‚soziale Faktor' bei der mechanistischen Erklärungsweise des Kondi-

[16] Hielscher 1975, 240ff. verwendet sieben ‚Verwendungsweisen' des Begriffs ‚Soziales Lernen' (1. Beschreibung von Lernvorgängen, 2. Sozialisierung, 3. ‚nicht-kognitives' und ‚nichtpsychomotorische' Lernen, 4. ‚heimliches' Lernen sozial relevanter Verhaltensweisen, 5. Erlernen gruppenrelevanter Verhaltensweisen, 6. Möglichkeit zur Bestimmung der ‚politischen Identität' und 7. strategisches Lernen im Hinblick auf eine Veränderung der Gesellschaft) und gruppiert bzw. differenziert diese in vier Lernbegriffe (1. politische Sozialisation, 2. Sozialerziehung, 3. politische Erziehung, 4. interaktionsorientiertes Lernen). Claußen 1978, 65ff. greift die Begriffstrennung von Hielscher auf und benennt fünf ‚theoretische Strömungen': Soziales Lernen aus 1. verhaltenstheoretischer Sicht, 2. als Sozialisierung, 3. aus gruppentheoretische Sicht, 4. als Feld des unbewussten, nichtkognitiven Lernens und 5. als politisch-strategisches Lernen.

[17] Vgl. Claußen 1978, 66.

tionierungslernens.[18] Das Lernen durch Beobachtung, die Nachahmung eines Vorbilds sowie die Imitation eines Handlungsmusters setzen die emotionale Beziehung zu der beobachteten Person voraus, damit diese auch nachahmenswert erlebt wird. Das Modelllernen berücksichtigte stärker das Sozialgefüge. Hinzu kommt die Erforschung der Vorbildwirkung und die Offenlegung kognitiver Verarbeitung der Umwelteinflüsse. Durch die Relativierung der behavioristischen Theorien bildeten sich kognitionstheoretische und persönlichkeitsbezogene Theorien aus.

> „Der Lernmechanismus von Belohnung und Strafe und der Mechanismus der Imitation kann nur Anpassungsverhalten erklären, nicht aber kritische Reflexion über ein Verhalten. Außerdem werden durch die Lerntheorien vorwiegend einzelne Verhaltensweisen und nicht komplexe Zusammenhänge untersucht. Wesentlich aber ist, dass nur die Übernahme von beobachtetem Verhalten erklärt werden kann und nicht die Übernahme von Verhaltenserwartungen, die diesem zugrunde liegen.“[19]

Kritisch ist deshalb anzumerken, dass die sachlich-inhaltliche Seite bei diesen Ansätzen fehlen. Substantiell legt die Lernpsychologie eben nicht fest, *was* gelernt werden soll. Beim Nachahmungslernen werden meistens negative, aggressive Vorbilder dargeboten. Selbst dieses Identifikationskonzept erklärt lediglich formal menschliches Verhalten, dessen inhaltliche Aspekte aber in dem Kontext einer Gesellschaftsanalyse stehen sollten. Zugleich sind beide Theorien (Konditionierung und Modelllernen) durchdrungen von mechanistischer Denkweise, nach der der Mensch nur reaktiv tätig ist.

1.1.2 Soziales Lernen als Kategorie der Gruppentheorie

Menschliches Lernen ist immer soziales Lernen, denn es ereignet sich in direkten und indirekten Interaktionen mit anderen Personen. Lernen ist immer sozial vermittelt bezogen auf Verhaltensweisen, emotionalen Reaktionsbereitschaften und Einstellungen gegenüber anderen Menschen, Kleingruppen und anderen Gruppierungen.[20]

> „Die Grundvorstellungen eigentlich aller Autoren dieser Richtung, die bislang nur wenig aufeinander bezogen und gemeinsam argumentieren - also selbst keine Gruppe von Didaktikern darstellen -, gehen davon aus, dass
>
> - Individuen von Gruppenbeziehungen (und innerhalb der Gruppen von Partnerbeziehungen) abhängig sind, zugleich aber durch zielgerichtete Aktivität die Gruppenziele und den Gruppenprozess zu beeinflussen vermögen;
>
> - Gruppen sich aus Individuen konstituieren, welche mehr als nur einer Gruppe angehören und dass sich daraus für Individuen und Gruppen destruktive und konstruktive Konflikte ergeben;

[18] Anger, H. (1969): Hauptformen des sozialen Lernens. In: Haseloff, O. W. (Hg.): Lernen und Erziehung. Berlin: Colloquium Verlag, 85.
[19] Gottschalch, W. u.a. (1975): Sozialisationsforschung. Materialien, Probleme, Kritik. Frankfurt, 59f.
[20] Vgl. Hielscher 1975, 241.

- Individuen und Gruppen innerhalb einer Gesellschaft von unterschiedlichen Bedürfnissen und Interessen geleitet sind, die zwischen den Polen der Privatheit und Individualität einerseits und Öffentlichkeit und Kollektiv andererseits sowie Partikularität und Allgemeinheit angesiedelt sind;

- individuelle Persönlichkeit, Partner- und Gruppenbeziehungen (als Beziehungen innerhalb einer Gruppe und zwischen Gruppen) nicht losgelöst von gesamtgesellschaftlichen Zusammenhängen realisierbar sind und verstanden werden können;

- individuelle, interne Gruppen- und Intergruppenkonflikte einander gegenseitig bedingen und auf subjektive Faktoren (Wahrnehmung, Interpretation, Erwartung, Bedürfnis und Interesse) und objektive Faktoren (materielle Lebenssituation, gesellschaftliches Ordnungssystem) rückführbar sind, die gleichfalls wechselseitig verschränkt sind.“[21]

Krappmann formuliert in der Begrifflichkeit der interaktionistischen Rollentheorie folgende Ziele des Lernens in Gruppen: Ich-Identität, Rollendistanz, Empathie und Ambiguitätstoleranz.[22] Die balancierte Vermittlung zwischen personaler und sozialer Identitäten ist ebenso für diesen Ansatz wichtig wie das Hineinversetzen in andere. Kritisiert wurde, dass dieser Ansatz durch die Reduktion auf die Beziehungsebene und gruppendynamische Kommunikation politisch folgenlos blieb. Für Schreiner fehlt die Reflexion des gesellschaftlichen Sinnzusammenhangs.[23] Iben ergänzt, indem er die ‚konfliktträchtigen Machtstrukturen' aufdecken und überwinden möchte.[24] Zugleich fehlt diesem Ansatz die inhaltliche Ausrichtung und substantielle Füllung. In der Mitte der siebziger Jahre kam deshalb das ‚Team-Kleingruppen-Modell' (TKM) vor allem für die Gesamtschulen auf. Soziales Lernen sollte mit fachlich-inhaltlichem Lernen verbunden werden. Dies geschah jedoch nur partiell.

1.1.3 Soziales Lernen als Prozess der sozialen Integration durch Gesamtschulen

In den ab 1968 eingerichteten Gesamtschulen zielte der Begriff auf die Integration von Schülerinnen und Schülern aus verschiedenen sozialen Schichten und mit unterschiedlicher Leistungsfähigkeit. Viele Vertreter anderer Ansätze (vor allem aus Gruppentheorie und aus politischer Erziehung) sahen in der Gesamtschule die geeignete Schulform für ihre Ziele sozialen Lernens. Die Vertreter der Gesamtschulkonzeption adaptierten den Begriff soziales Lernen für ihr Hauptziel: soziale Integration in Gruppe und Gesellschaft.

Keim verwendet einen psycho-politischen Ansatz: Nach ihm muss

„ein Ansatz sozialen Lernens gefunden werden, der sowohl Angstfreiheit oder besser Angstabbau als auch Politisierung - im Sinne eines aktiven Engagements

[21] Claußen 1978, 73f.
[22] Vgl. Krappmann, L. (1971): Soziologische Dimension des Identität. Strukturelle Bedingungen für die Teilnahme an Interaktionsprozessen. Stuttgart.
[23] Vgl. Schreiner 1974, 24.
[24] Vgl. Iben, G. (1976): Sozialerziehung - soziales Lernen. In. Wulf, Chr. (Hg.): Wörterbuch der Erziehung. München, 539.

> für eine Demokratisierung wirtschaftlicher und gesellschaftlicher Strukturen - intendiert, und d.h. psychohygienisch (therapeutisch) und politisch zugleich ist."[25]

Er geht von der Annahme aus, dass Ängste gesellschaftlich vermittelt sind und dass psychisch stabile Individuen Grundvoraussetzung für gesellschaftliche Veränderungen sind. Durch die Einbindung der psychologischen und politischen Komponenten in seinen gesamtschulspezifischen Ansatz berücksichtigt er sowohl die Mikro- als auch die Makroebene sozialen Lernens.

Der gewünschte Abbau sozialer Ungleichheit und Ungerechtigkeit gelang in der Gesellschaft kaum. Die gesamtschulspezifische Konzeption des sozialen Lernens sieht sich der „Kritik an der Tendenz zur Harmonisierung innerschulischer Erfahrung und der Abstrahierung vom realen Lebenszusammenhang"[26] ausgesetzt. Auch die Gleichheit im mikrosozialen Bereich erfüllte sich selten in integrativen Gesamtschulen.

1.1.4 Soziales Lernen als Programm für strategische und politische Erziehung

In der gruppentheoretischen Betrachtung der Vertreter des Individualismus sowie im Ansatz der sozialen Integration schwang die politische Relevanz sozialen Lernens schon mit. Die folgenden Ansätze, in denen soziales und politisches Lernen deckungsgleich ist, basieren vor allem auf Gedanken zur Konzeption sozialen Lernens von Vertretern einer antikapitalistischen Erziehung.

Im Bereich der politischen Erziehung zielt soziales Lernen auf die Einübung in politische Handlungsformen. Um die politischen Strukturen und Funktionen transparent zu machen, bedarf es der Lernprozesse in der Schule, die politisch-emanzipatives Handeln ermöglichen. Dieser Ansatz ist „nicht auf die Face-to-face-Situation reduziert, sondern in einen größeren politisch-gesellschaftlichen Kontext"[27] gestellt.

Vor allem Rolff u.a. wiesen daraufhin, dass soziales Lernen sich ‚heimlich' abspiele. Als Auswirkungen eines solchen latenten Lernens, das sich im herkömmlichen Unterricht ‚von selbst' ereigne, nennen sie eine angstmotivierte Gehorsamkeitshaltung, eine kalkulatorische Haltung eine affirmative Konformitätsorientierung. Soziales Lernen habe nun die Aufgabe, den Schülerinnen und Schülern diese latent ablaufenden Prozesse bewusst und sie zu einer Veränderung dieser Prozesse fähig zu machen.[28] Das Individuum soll sich von den repressiven Bedingungen befreien und auf die Antizipation der Aktion ausgerichtet sein.

Politisches Lernen ist sicher ein Aspekt sozialen Lernens; soziales Lernen geht jedoch nicht im Politischen auf. Claußen bestimmt das Verhältnis zwischen politischem und sozialem Lernen folgendermaßen:

> „Daraus ergibt sich, dass zwar politisches Lernen immer soziales Lernen ist, dass aber nicht soziales Lernen immer auch politisches Lernen sein muss. ... Die Über-

---

[25] Keim, W. (1973): Soziales Lernen zwischen ‚angstfreier Erziehung' und ‚politischer Sozialisation' - Vorüberlegungen zu einer Didaktik des Sozialen Lernens in der Gesamtschule. In: ders. (Hg.) Gesamtschule. Bilanz ihrer Praxis. Hamburg, 305.

[26] Schaub/Zenke 2000, 518.

[27] Heursen 1983, 502.

[28] Vgl. Rolff, H. G. u.a. (1974): Strategisches Lernen in der Gesamtschule. Gesellschaftliche Perspektiven der Schulreform. Reinbek.

> gänge vom sozialen zum politischen Lernen werden durch eine Schnittmenge markiert, in welcher am stärksten der gesellschaftliche Makrobereich in politische Mikrobereiche übergeht.“[29]

Claußen definiert sodann politisches Lernen als ‚Spezialfall sozialen Lernens' und soziales Lernen als ‚politisch relevantes Lernen'. Eine Reduktion von sozialem Lernen auf nur ‚strategisches Lernen' muss schulpädagogisch kritisch betrachtet werden, denn dann besteht die Gefahr der einseitigen Ideologisierung und Instrumentalisierung für politische Zwecke. In der Schule kann nicht etwas politisch umgesetzt werden, was in der Gesellschaft nicht vorhanden ist. Zugleich werden die außerschulischen Lebensbezüge und ihre Wirkungen (z.B. Eltern, Freunde) ausgeklammert.

1.1.5 Soziales Lernen als Prozess der aufgeklärten Entscheidung

Reformpädagogische Ansätze haben soziales Lernen als einen Erziehungsprozess verstanden. G. Becker beschreibt diesen prinzipiell unabschließbaren Vorgang als einen ‚Prozess der aufgeklärten Entscheidung', vor allem verstanden als Wertentscheidung des Individuums in der dialektischen Spannung zur Gesellschaft.[30] Dabei adaptierten die Reformpädagogen psychologische Erkenntnisse, um Wertebildung schulpädagogisch zu ermöglichen. Schultheoretisch beschäftigten sie sich mit Fragen der Koedukation sowie der Demokratie in der Schule und entwickelten diskursive Mitbestimmungsmöglichkeiten.

> „‚Soziales Lernen' wird hier und im Folgenden (ähnlich der Verwendung des Wortes ‚social learning' in der anglo-amerikanischen Fachliteratur) zur Bezeichnung der nicht-kognitiven und nicht psychomotorischen Lernvorgänge gebraucht. Dahinter steht die Einsicht, dass auch ‚Einstellungen', ‚Werthaltungen', ‚Wahrnehmungsfähigkeiten und -bereitschaften' ‚gelernt': d.h. in komplizierten Aneignungsprozessen erworben werden. Die Psychoanalyse hat uns belehrt, dass auch Gefühle und Bindungen, Angst oder Zuversicht ebenso wie Liebe oder Hass als Ergebnis biographischer Erfahrungen ‚gelernt' werden. All diese Lernvorgänge ereignen sich vorwiegend in einem sozialen Kontext. Die abkürzende Formel ‚soziales Lernen' bezeichnet also sowohl den Gegenstand als auch die Weise des Lernens. Die Lernvorgänge im Bereich der Gefühle sind damit ebenso gemeint wie die im Bereich der Werte.“[31]

Die Kritik an der Schulorganisation und an schulpädagogischen Leitmustern trat Anfang der 70er Jahre durch den Begriff ‚Soziales Lernen' hervor und stützte sich dabei auf die Reformpädagogik seit Anfang des 20. Jahrhunderts, die die Schulgemeinschaft betonten, wie z.B. die Landerziehungsheime (z.B. Odenwaldschule) oder später die Jenaplan-Schulen nach P. Petersen. Die Orientierung an der Beziehung zwischen Lehrenden und Lernenden sowie innerhalb der Peer-Group sollte eine humanere Schule erzeugen. Die Entwicklung der Beziehung zu Bezugspersonen beispielsweise in der Schulgemeinde eines Internats und auch das Bewusst-

---

[29] Claußen 1978, 123.
[30] Vgl. Becker, G. (1971): Soziales Lernen als Problem der Schule. Zur Frage der Internatserziehung. In: Schäfer, W. u.a.: Probleme der Schule im gesellschaftlichen Wandel. Das Beispiel Odenwaldschule, 112f.
[31] A.a.O., 96f., Anm. 2.

machen und individuelle Erlernen von Werthaltungen sowie der (kritische) Umgang mit vorgefundenen Wertbindungen unterscheidet sich von den anderen vier skizzierten Ansätzen: Dieser Ansatz klammert den kognitive Bereich keinesfalls zugunsten des emotionalen aus. Sie beschreiben soziales Lernen als individuellen Aneignungsprozess. Schultheoretische Überlegungen fließen teilweise in die Betrachtungen ein.

Dieser Ansatz fokussiert den mikro- und makrosozialen Bereich einer Schule. Leider war der Ansatz vor allem auf Internatsstrukturen bzw. Privatschulen begrenzt. Positiv ist, dass die Werteerziehung zentral berücksichtigt wurde.

1.2 Soziales Lernen als Herausforderung für die Schule

Meldungen von aggressiven Jugendlichen erreichen die Öffentlichkeit über die Medien immer häufiger. Auch in der Schule geschehen gewalttätige Vorfälle, obwohl in den Bildungsplänen die Förderung der Sozialkompetenz bzw. soziales Lernen klar als Aufgabe verankert ist. Als Ziel des Erziehungs- und Bildungsauftrags der baden-württembergischen Schule (Bildungsplan 1994) wird beispielsweise eindeutig ausgewiesen, dass es „sowohl um den Erwerb von Kenntnissen, Methoden und praktischen Fertigkeiten wie auch um die Bildung des Charakters, die Entfaltung emotionaler und schöpferischer Kräfte und um die Ausbildung sozialer, politischer, ästhetischer, ethischer und religiöser Wertvorstellungen und Handlungsweisen“[32] geht. In den Grundsätzen zur Unterrichtsgestaltung wird außerdem hervorgehoben: „Schülerinnen und Schüler lernen eine Vielzahl von Arbeitsweisen, die ein hohes Maß an Selbständigkeit, Kooperationsfähigkeit und Verantwortungsbewusstsein fördern“.[33] Verschiedene fächerverbindende Themen haben soziales Lernen implizit zum Thema: z.B. „Orientierung am neuen Ort“ (Kl. 5), „Wir leben mit anderen Menschen“ (Kl. 6), „Gefährdung durch Suchtmittel“ (Kl. 7), „Das Zusammenleben mit Menschen anderer Kulturen“ (Kl. 7), „Wasser - Grundlage des Lebens“ (Kl. 8), „Gesund leben“ (Kl. 8), „Anderen helfen“ (Kl. 8), „Recht und menschliches Zusammenleben“ (Kl. 9), „Verantwortungsvoller Umgang mit Energie“ (Kl. 9), „Familie“ (Kl. 10), „Leben in der Einen Welt“ (Kl. 10). Trotzdem scheinen diese Intentionen des sozialen Lernens, wie sie auch in den Bildungsplänen anderer Bundesländer gefordert werden, für die Anbahnung von Sozialkompetenz allein nicht mehr zu genügen. Denn die emotionale Kälte sowie die Unfähigkeit, sich in den Anderen hineinzuversetzen, hat in den Schulen laut Zeitungsberichten zugenommen. Die journalistische Beobachtung entspricht jedoch kaum empirischen Maßstäben. Trotzdem kann den Verfassern eine Wirklichkeitsabbildung der Schule aufgrund einschlägiger Geschehnisse unterstellt werden.

Im Folgenden skizziere ich gesellschaftlichen Veränderungen, welche das soziale Verhalten der Schülerinnen und Schüler erklären und somit soziales Lernen im schulischen Kontext begründen.

a) Veränderte Familienstruktur

Die veränderten Familienstrukturen bewirken sehr unterschiedliche Sozialisationen der Schülerinnen und Schüler. Die Ein-Eltern-Familien nehmen infolge erhöhter Zahlen von Ehescheidungen zu. Ebenso nahm die Klein-Familien zu.[34] Kinder und Jugendliche haben deshalb kaum die Möglichkeit, sich mit anderen, etwa mit Geschwistern auseinander zusetzen. Oft fehlen die Spielkameraden in der Nachbarschaft. Daraus erwächst für die Schulen die klassische Aufgabe der Sozialerziehung.

---

[32] Ministerium f. Kultus, Jugend u. Sport Baden-Württ. (1994): Bildungsplan für die Realschule, 10.

[33] a.a.O., 11.

[34] Vgl. Melzer, W. (1991): Zum Wandel familialer Lebensformen in Westdeutschland. In: Büchner, P./ Krüger, H.H. (Hg.): Aufwachsen hüben und drüben. Deutsch-deutsche Kindheit und Jugend vor und nach der Vereinigung. Opladen, 72ff. Vgl. auch: Melzer, W./Hurrelmann, K. (1990): Individualisierungspotentiale und Widersprüche in der schulischen Sozialisation von Jugendlichen. In: Heitmeyer, W./Olk, Th. (Hg.): Individualisierung von Jugend. Weinheim/München, 35-59.

b) Medieneinfluss und -konsum

Hinzu kommt eine ‚Überflutung' durch die Medienwelt[35], die nur eingeschränkte Primärerfahrungen ermöglicht. Medien fördern eine erhöhte Konsumhaltung: Musik z.B. wird nicht mehr selbst gemacht, sondern konsumiert. In den Vordergrund tritt ein Konsumverhalten, bei dem die Identität über ein ‚Sich dies oder jenes leisten können' gewonnen wird.

Pädagogen fordern für unsere Schulen die ‚Entwicklung von Gegenkräften'.[36] Bärsch, Präsident des Deutschen Kinderschutzbundes, formuliert deshalb:

> „Als Gegengewicht zur Verführung zum Konsum muss die Schule viele Möglichkeiten anbieten, in denen jeder einzelne von sich aus produktiv sein kann und auch eigene Entscheidungsspielräume hat. Wie anders sollen denn Kinder sonst das verantwortungsbewusste Handeln aus eigener Initiative lernen?"[37]

Insgesamt wächst die Sorge angesichts des Wertewandels und der Schwierigkeit, sich in einer pluralen Gesellschaft mit einer hohen Tendenz zur Individualisierung zu orientieren. Oft wird hierbei von Orientierungslosigkeit gesprochen.

> „Menschen könnten im Zug einer die Gesellschaft atomisierenden Entwicklung die Bereitschaft und die Fähigkeit verlernen, einander noch wirklich und im Ernst wahrzunehmen, miteinander umzugehen, aufeinander einzugehen; ineins damit könnte die Bereitschaft schwinden, Verantwortung für die gemeinsame Welt, für das Allgemeine zu übernehmen. Tendenzen hin zum Sozialverfall hat man diese Entwicklung genannt, die Unterrichtende in Schulen ebenso erkennen zu können glauben wie Jugendforscher und Politikwissenschaftler."[38]

c) Gewalt in der Gesellschaft

Gewalttätige Vorfälle in der Schule und in der Gesellschaft zeigen, dass soziales Lernen auch in der Schule erneut zu einem brisanten Thema geworden ist. Angesichts solcher Ereignisse haben sich Schulen bereits der Aufgabe gestellt und entwickeln Programme, um soziales Lernen bewusst zu fördern und solchen Vorfällen präventiv zu begegnen. Verschiedene Gründe für die Notwendigkeit, sich mit sozialem Lernen zu befassen, werden in der einschlägigen Literatur genannt. Gundara spricht von der ‚Wertkrise der Gesellschaft'[39]. Andere sehen diese Krise in der übertriebenen Selbstbezogenheit, der Individualisierung und dem Mangel an sozialer Verantwortung, was zu Vandalismus, Gewalt und Kriminalität führe.[40]

---

[35] Siehe: Busch, H.J. (1989): Kindheit am Ende oder Ende ohne Kindheit? In: Geulen, D. (Hg.): Kindheit. Weinheim/Basel, S. 34 ff - Vgl. auch: Rolff, H.G./ Zimmermann, P. (1992): Kindheit im Wandel. Weinheim/Basel, 2. Aufl., 79.

[36] Garlichs, A. (1989): Kinder im Mediennetz. In: Fölling-Albers, M. (Hg.): Veränderte Kindheit - Veränderte Grundschule. 3. Aufl. Frankfurt/M., 142.

[37] Bärsch, W.: Vorwort. In: Fölling-Albers 1989, 10.

[38] Rumpf, H. (1996): Was wir voneinander, miteinander wollen. Einleitung. In: Bohnsack, F./ Leber, St. (Hg.): Sozial-Erziehung im Sozial-Verfall. Grundlagen, Kontroversen, Wege. Weinheim u. Basel. 13.

[39] Vgl. Gundara, J.S. (1993): Leitlinien für interkulturelles kooperatives Lernen. In: Huber, G.L. (Hg.): Neue Perspektiven der Kooperation. Hohengehren., 37f.

[40] Vgl. Solomon, D. u.a. (1985): A Program to Promote Interpersonal Consideration and Cooperation in Children. In: Slavin, R. E. u.a. (Hg.): Learning to Cooperate, Cooperating to Learn. New York/London, 371ff.

d) Forderungen der Arbeitgeber

Die Unternehmen erwarten heute von ihren künftigen Mitarbeitern, dass sie aus der Schule bereits Grundlagen mitbringen, wie ‚Teamgeist' bzw. ‚Teamfähigkeit'.[41] Die Schule hat immer schon die Aufgabe gehabt, zur Arbeitswelt hinzuführen. Die Industrie kritisiert aber an der Schule, dass sie ‚stupides Stofflernen' betreibe, statt fächerübergreifende Zusammenhänge auszumachen und ‚Kommunikationsfähigkeit und Kooperationsfähigkeit' zu vermitteln.[42]

e) Globalisierung und Weltverantwortung

Die globalen Anforderungen unserer Welt, denen sich Jugendliche zu stellen haben, lassen über Bildung neu nachdenken. Der weltumfassende Wandel insgesamt, die Explosion des Wissens, neue Kommunikationstechniken oder das Leben in der Einen Welt, die ökonomische und ökologisch-wahrgenommene Globalisierung stellen uns vor ungeahnte Herausforderungen. Im Hinblick auf Hunger-, Klima- und Umweltkatastrophen, den Erhalt des Friedens, der Fortentwicklung einer umweltverträglichen Technik oder auf den so genannten Generationenvertrag bekommt soziales Lernen eine zunehmend politische Dimension. Die Impulse zum interdisziplinärem Gespräch in Wissenschaft und Forschung nach ethischer Ausrichtung auch im Bereich Wirtschaft und Technik sowie für die Übernahme von Verantwortung über den fachlichen Bereich hinaus, sind ein Indiz für diese Entwicklung.[43]

f) Schlüsselprobleme der Gegenwart

In der gegenwärtigen Diskussion herrscht weitgehend Konsens darüber, dass es nicht mehr - in einem verengten Verständnis - ausschließlich um die klassische Vorstellung einer auf das Individuum abgestimmten Allgemeinbildung, also um die „idealistische Ausbildung des einzelnen Menschen" in der „reinen und strengen Entwicklung der inneren Eigentümlichkeit" (Humboldt) gehen kann.[44] Klafki versteht dem gegenüber Bildung als Aneignung der die Menschen gemeinsam angehenden Frage- und Problemstellungen ihrer geschichtlich gewordenen Gegenwart und der sich abzeichnenden Zukunft sowie als Auseinandersetzung mit den gemeinsamen Aufgaben, Problemen und Gefahren. Diese gemeinsamen Aufgaben zeichnen sich in den ‚epochaltypischen Schlüsselproblemen' ab.[45] Klafki versteht den Menschen als Sozialwesen, das durch die Gemeinschaft nicht nur geformt wird, sondern auch Verantwortung trägt für den anderen und das Ganze durch die Fähigkeit zu Selbstbestimmung, Mitbestimmung und Solidarität.

Vor dem Hintergrund der genannten Herausforderungen wird deutlich, wie komplex die Aufgabe der Schule im Bereich des sozialen Lernens ist. Hinzu kommen im nächsten Unterkapitel drei Grundfragen, die die Problematik sozialen Lernens im schulischen Kontext differenzieren.

---

[41] Vgl. Huber, G.L. (1993): Europäische Perspektiven für kooperatives Lernen. In: Huber, G.L. (Hg.) Neue Perspektiven der Kooperation. Hohengehren, 253f.

[42] Tillmann, K.-J. (1993): „Leistung muss auch in der Schule neu definiert werden". Ein neuer Reformdialog zwischen Pädagogik und Wirtschaft?. In: Pädagogik, H. 6, 6-8. Vgl. auch: Krauß, E. (1999): Leistung fördern, fordern, messen und beurteilen. In: SchulVerwaltung BW. Nr. 1, 4-11.

[43] Vgl. Lenk, H. (1987): Über Verantwortungsbegriffe und das Verantwortungsproblem in der Technik. In: Lenk,H./Ropohl, G. (Hg.): Technik und Ethik. Stuttgart, 112ff.; Mohr, H. (1987): Natur und Moral - Ethik in der Biologie. Darmstadt.

[44] Vgl. Humboldt, W. v. (1960): Werke in 5 Bänden, hg. v. A. Flitner u. K. Giel. Darmstadt, 419f.

[45] Klafki, W. (1991): Neue Studien zur Bildungstheorie und Didaktik. Weinheim: Beltz, 2., erw. Aufl.

1.3 Grundfragen sozialen Lernens im schulischen Kontext

Auf der einen Seite wünschen sich Bildungspolitiker aufgrund des so genannten Werteverfalls bei der Jugend und des Gewaltwachstums in der Gesellschaft die konsequentere Umsetzung sozialen Lernens als Werteerziehung in der Institution Schule und die zielbewusstere Förderung der sozialen Kompetenzen, wie dies in den Bildungsplänen schon seit Jahren gefordert wird. Auf der anderen Seite behaupten viele Praktiker und Praktikerinnen, soziales Lernen geschehe doch immer automatisch dort, wo Menschen versammelt sind, also auch in der Schulklasse. Ich schließe mich beiden Extremen nicht an, sondern frage zunächst kritisch an: Inwiefern ist soziales Lernen in der Schule überhaupt möglich?

1.3.1 Die Frage nach der Lehrbarkeit der Inhalte

In welchem Sinn ist soziales Denken und Verhalten lehrbar? Genügt eine Beschränkung auf intellektuelle Information über Verhaltensregeln? Reichen Kenntnisse von und Reflexionen über Normen und Werte aus? Inwiefern entspricht das Gelernte unmittelbar auch dem Gelehrten?

Soziales Lernen kann nicht nur mittels Informationsaufnahme geschehen: Gefühle, Verhalten, Charakter, Wertorientierung, Reflexion, Haltung, Urteilen und Handeln gehören ebenso zum sozialen Lernen. Lernen ist in hohem Maße von den Lernenden gesteuert. Dies bedeutet, dass soziales Lernen z.B. in seiner besonderen Form der ethischen Bildung bzw. Werteerziehung nicht an den Lernvoraussetzungen und Deutungsmustern der Kinder und Jugendlichen vorbei möglich ist. Sozialen Lernens beachtet intensiver das Gefühl bzw. den Bereich des Emotional-Affektiven als die Werteerziehung. Soziales Lernen führt zu Schlüsselqualifikationen, wie Empathie, Kooperationsbereitschaft oder Teamfähigkeit. Soziales Lernen ist somit nicht als ein Determinationsvorgang zu verstehen, der von außen zielsicher zu lenken wäre. Es geht also um einen Vorgang, für den die Eigenaktivität der Lernenden entscheidend ist. Die Möglichkeiten sind aufgrund der Natur sozialer Lernprozesse von vornherein begrenzt.

Die Frage nach der Lehrbarkeit sozialer Kompetenzen hängt auch vom inhaltlichen Verständnis sozialen Lernens ab: Es geht sicher nicht nur um ein bestimmtes Verhalten (traditionell ‚Tugenden' genannt), welches durch Lohn und Strafe konditioniert werden soll. Ebenso wenig geht es um ein bloßes Wissen von Normen und Werten, das dem Fühlen und Handeln der Persönlichkeit äußerlich bleibt. Werteerziehung bewirkt selbstständiges Urteilen und mündiges Reflektieren und zielt dadurch auf verantwortliches Handeln. Auch soziales Lernen lässt sich nicht bloß auf die Diskussion sozialer Fragestellungen reduzieren. Auch ist mit sozialem Lernen kaum der harmonische Umgang in der Klassengemeinschaft allein gemeint.

Die Frage nach der Lehrbarkeit stößt in der postmodernen Pluralität an eine besondere Grenze: Soziales Lernen wie jedes Lernen fordert beim handlungskompetenten Lehrenden ethische Orientierungen.[46] Nun sind Orientierungen und Werte in der Postmoderne vielfältig und einigermaßen gleichwertig vorhanden. Welchen Wertekonsens gibt es in einer Gesellschaft, in der

[46] Vgl. Feiks/Krauß 2001, 66f.

alles gleich gültig bzw. gleich wertvoll und erstrebenswert ist? Die gesellschaftliche Entwicklung (z.B. Gentechnik) verursacht jedoch auf der anderen Seite einen erhöhten Bedarf an ethischen Antworten. Ich will hier nicht auf die Grundwertediskussion der 70er Jahre eingehen.[47] Der heutige vorfindbare Pluralismus resultiert aus der Ausdifferenzierung der Gesellschaft in unterschiedliche Lebenswelten und somit auch aus dem Gedanken des Individualismus. Der steigende Bedarf an ethischer Orientierung sieht sich einer entgrenzenden Dispositionsfreiheit des einzelnen Individuums gegenüber und nicht einer gleichermaßen gewachsenen Fähigkeit zur ethischen bzw. sozial verantwortlichen Beurteilung.

1.3.2 Die Frage nach den angemessenen Lehr- und Lernformen

Ist die intentionale und inhaltliche Seite im Lehr-Lern-Prozess sozialen Lernens geklärt, stellt sich der Zusammenhang zwischen Ziel und Weg sozialen Lernens.

Die Form des Verhaltenstrainings als Abrichtung zu prosozialem Verhalten widerspricht ethischen Handelns, wenn das Ziel die selbstständige Urteilsfähigkeit bzw. verantwortliche Mündigkeit ist. Die Allgemeine Pädagogik beschreibt dieses Kriterium so, dass nur solche Formen des Lehrens oder Erziehens als legitim anzusehen sind, die das Subjektsein der zu Erziehenden zu erreichen suchen, indem sie es immer schon voraussetzen.[48] Über Lohn und Strafe konditioniertes Verhalten führt nicht zum Ergebnis einer verantwortlichen Persönlichkeit. Das Ziel dieser Disziplinierung liegt in der bloßen Konformität des Verhaltens. Es kann sich hier lediglich um die Voraussetzung, nicht aber um eine Grundform sozialen Lernens handeln. Die Strafe ist kein Mittel ethischer Bildung, sondern die Grenze ethischer Erziehung. Die Frage angemessener Lehr- und Lernformen ist somit keineswegs gelöst, sondern in vieler Hinsicht erst gestellt.

Als diejenige Form, die das Subjektsein des anderen am ehesten anerkennt, gilt weithin das Gespräch. Im Bereich der Werteerziehung geht es beispielsweise um das intersubjektive Aushandeln von Normen. Was aber bedeutet ein solches Gespräch mit Kindern und Jugendlichen, die noch nicht über die erforderlichen diskursiven Fähigkeiten verfügen? Das Verhältnis zwischen dem erst noch zu erreichenden und doch bereits vorauszusetzenden Subjektsein der Kinder und Jugendlichen stellt eine pädagogische ‚Grundparadoxie'[49] dar. Vor dieser Paradoxie steht die Pädagogik unausweichlich. Sie ist weder außer Kraft zu setzen noch durch eine bestimmte Erziehungsmethode auflösbar, sondern muss in allem pädagogischen Handeln bewusstgehalten werden. Soziales Lernen im schulischen Kontext benötigt somit ein pädagogisch verantwortetes Erprobungsfeld bzw. ein Moratorium, in dem soziales Denken und Handeln geprüft werden kann.

---

[47] Vgl. hierzu Fees, K. (2000b): Werte und Bildung. Wertorientierung im Pluralismus als Problem für Erziehung und Unterricht. Opladen: Leske + Budrich, 86-104.

[48] Vgl. Benner, D. (1987): Allgemeine Pädagogik. Eine systematisch-problemgeschichtliche Einführung in die Grundstruktur pädagogischen Denkens und Handelns. Weinheim: Juventa, 67.

[49] Ebd.

1.3.3 Die Frage nach der Schulstruktur

Neben den inhaltlichen und methodischen Grundfrage ist nach der schulischen Struktur zu fragen: Ist die Schule in ihrer jetzigen Struktur für soziales Lernen geeignet?

Die Schule ist so organisiert, dass Unterricht ihr Zentrum bildet und dass dieser Unterricht weithin wissenschaftlich-disziplinär ausgerichtet ist. Zwischen dem Anspruch sozialen Lernens in der Schule und ihrer häufig faktischen Begrenzung auf die Vermittlung fachlicher Kenntnisse liegt ebenso eine Spannung wie zwischen dem Unterricht und dem Schulleben. Die Benotung und die Darbietung in den Zeugnissen können in einen Konflikt mit sozialem und kooperativem Lernen geraten. Soziales Lernen als Prozess und als Ergebnis eines Lernprozesses entziehen sich nicht selten einer objektiven Bewertung.

Das Schulleben (z.B. Feste, Feiern, Gottesdienst) wurde traditionell als wichtiger Ort für soziales Lernen[50] bezeichnet. Dieser schmale außerunterrichtliche Bereich ist jedoch oft durch ökonomische Einsparungen bedroht (z.B. Arbeitsgemeinschaften, Schullandheimaufenthalt). Für außerunterrichtliches bzw. außerschulisches Arbeiten, für schülerorientierte Projektarbeit und für im Lehrerteam angeleitetes, fächerverbindendes Arbeiten sind organisatorische Veränderungen des schulischen Alltags unumgänglich. Hier dementiert die ‚Verlässlichkeit der Schule' sowie die personale Ausstattung oft den innovativen Ansatz einer Weiterentwicklung der Schulkultur und -atmosphäre. Im schlimmsten Fall wird soziales Lernen zur Freizeit- und Feierabendsbeschäftigung einzelner.

[50] Vgl. Weber, E. (1979): Das Schulleben und seine erzieherische Bedeutung. Donauwörth; Lassahn, R. (1969) (Hg.): Das Schulleben. Bad Heilbrunn: Klinkhardt.

1.4 Die ethische Dimension sozialen Lernens

In der Weiterentwicklung der geisteswissenschaftlichen Pädagogik betont W. Klafki die ethische Durchdringung der Allgemeinbildung mit den Zielsetzungen Selbst- und Mitbestimmungs- sowie Solidaritätsfähigkeit.[51] Das Erreichen dieser Ziele biete die Grundlage, um die ‚epochaltypischen Schlüsselprobleme'[52] wie Friedensproblematik, Umweltfrage, soziale Gerechtigkeit, Nord-Süd-Gefälle oder Deutsche und Ausländer in Deutschland zu bearbeiten. Die ökumenische Bewegung greift seit Jahren innerhalb ihres konziliaren Prozesses ebenfalls die generativen Themen der Zukunft auf: Frieden, Gerechtigkeit und Bewahrung der Schöpfung.[53] Das Thema ‚Weltethos' von H. Küng ist längst implizit wie explizit in alle Schularten eingezogen.[54] Die Maxime, den Menschen menschlich zu behandeln, ebenso der kategorische Imperativ nach I. Kant oder die Goldene Regel aus der Bergpredigt sind längst grundlegende, generationenüberdauernde Normen zwischenmenschlichen Zusammenlebens geworden. Selbst die naturwissenschaftsorientierten Fachdidaktiken und Fachwissenschaften nehmen verstärkt die ethische Dimension zur Förderung der Orientierungs- und Handlungsfähigkeit auf (z.B. Bioethik). Soziales Lernen kommt ohne die ethische Dimension nicht aus.

Soziales Lernen findet zwischen Individuum und Gesellschaft/Gruppe statt. Das Subjekt denkt, urteilt und handelt individuell. Die Interpretation sozialer Lernprozesse im Rahmen des sozialen Lernens ist auf das ‚sich selbst bildende Subjekt' angewiesen. Das Subjekt entscheidet über die Relevanz der vorfindbaren Werte. Es bildet sich die Werte selbst in dem es die überkommenen Konventionen verarbeitet. Somit sollte der instruktionsorientierte Begriff ‚Werteerziehung' exakter durch den subjektorientierten Begriff ‚Wertebildung' ersetzt werden. Ein nordamerikanisches Lehr-Lern-Programm, welches die eigenen gebildeten Werte durch Fragebögen bewusst macht und eine entsprechende Sprachfähigkeit stärkt, verwendet den Begriff der ‚Wertklärung' (Values Clarification).[55] Die Pädagogik verwendet zu den genannten Begriffen noch die ‚Werterziehung'. Soll dieser nicht synonym für ‚Werteerziehung' stehen, so meint ‚Werterziehung' eine Erziehung, die überhaupt ein Wertbewusstsein zur Folge hat. Werterziehung betont eher die funktionale Seite, Werteerziehung die materiale Seite ethischer Erziehung in der Schule. Alle Arten der Werte-Vermittlung und Werte-Aneignung unterstützen soziales Lernen im schulischen Kontext.

Soziales Lernen ist somit auf eine ethische Dimension angewiesen. Ohne die ethische Dimension verlieren die Bereiche der sozialen Denkweisen, der sozialen Einstellungen, der sozialen Urteilsfähigkeit und des sozialen Handelns ihre Begründung und damit ihre Qualität, sie erscheinen formal oder gar beliebig. Nahe liegend für soziales Lernen wäre in einer christlichen Tradition die Orientierung am ‚Nächsten' als Mitgeschöpf oder im Sinne Bubers als ‚Du-

[51] Vgl. Klafki, W. (1985): Neue Studien zur Bildungstheorie und Didaktik. Beiträge zur kritisch-konstruktiven Didaktik. Weinheim: Beltz, 17.
[52] Klafki 1985, 21.
[53] Vgl. Böhm 2001a, 30ff.
[54] Praktische Beispiele aller Schularten finden sich in: Geschwentner-Blachnik, I. (2000): Das Projekt Weltethos in der Schule. Einführung und Arbeitshilfen. hg. v. Hessisches Landesinstitut für Pädagogik (HeLP). Wiesbaden: Zentralstelle Publikationsmanagement.
[55] Vgl. Darstellung und Diskussion in: Oser, F./Althof, W. (1992): Moralische Selbstbestimmung. Modelle der Entwicklung und Erziehung im Wertebereich. Stuttgart: Klett-Cotta, 475-516.

Beziehung'.[56] In Anlehnung an Kant und Habermas unterscheidet Kohlberg in seiner Theorie der Entwicklung des moralischen Urteils Regeln und Prinzipien. Prinzipien sind für ihn universelle Leitlinien für moralische Entscheidungen. Gerechtigkeit ist die grundlegende Leitlinie des moralischen Handelns.

> „Von zentralem Stellenwert für Gerechtigkeit sind die Forderungen nach Freiheit, Gleichheit und Reziprozität. Ein Interesse an Gerechtigkeit gibt es auf jeder Moralstufe."[57]

Neben Gerechtigkeit ist Verantwortung ein weiterer zentraler Begriff der ethischen Dimension des sozialen Lernens. In Bezug auf die Verantwortung ist zu unterscheiden zwischen Gesinnungs- und Verantwortungsethik.

> „Gegenstand der Ethik sind die Handlungen des Menschen und die sie leitenden Normen. Man kann entweder auf die Einstellung sehen, aus der eine Handlung hervorgeht (Gesinnungsethik) oder auf die Wirkungen, die eine Handlung erzeugt (Verantwortungsethik)".[58]

Wenn im sozialen Lernen ein Bogen von sozialen Denkweisen, Einstellungen und Urteilen zu sozialem Handeln gespannt werden soll, dann sind beide Ethiken besonders bedeutsam: Die Gesinnungsethik zielt eher auf die Werteorientierung, Wertebildung und ihre Transformation in Normen, nach denen gehandelt wird. Sie kennzeichnet die Retrospektive sozialen Lernens. Die Verantwortungsethik bedenkt und reflektiert eher die Folgen von Handlungen und weist auf die Prospektive sozialen Lernens. Verantwortungsbereiche sozialen Lernens können sein:

> „1. Selbstverantwortung: Die Verantwortung für das eigene Leben, für persönliche Entfaltung, materielle Sicherung der Lebensführung, Biographiegestaltung mit anderen.
>
> 2. Soziale Verantwortung: Die Verantwortung im gesellschaftlichen Nahbereich: Verantwortung z.B. für soziale, politische und natürliche Lebensgrundlagen im lokalen Bereich; Einsatz für Solidarisierungs- und Gemeinschaftsformen im Gemeinwesen, prosoziales Verhalten.
>
> 3. Globale Verantwortung: Die Verantwortung für die Erhaltung der weltweiten natürlichen Ressourcen, für Gerechtigkeit und Frieden zwischen Bevölkerungsgruppen und Ethnien, Nationen und Erdteilen."[59]

---

[56] Buber, M. (1984): Das dialogische Prinzip. Heidelberg. 5. Aufl. - Vgl. auch: Bohnsack, F.: Grundlegende Thesen zum Sozialen Lernen. In: Bohnsack/Leber 1996, 170.

[57] Kohlberg, L. (1987): Moralische Entwicklung und demokratische Erziehung. In: Lind, G./ Raschert, J. (Hg.) Moralische Urteilsfähigkeit. Eine Auseinandersetzung mit Lawrence Kohlberg über Moral, Erziehung und Demokratie. Weinheim u. Basel, 25.

[58] Füller, K. (2001): Von den Sichtweisen der Ethik. In: Lehren und Lernen, 27. Jg., H. 2, 3.

[59] Vgl. Weingardt, M. (2000): Soziale Verantwortung wahrnehmen - ein Lernbereich Jugendlicher. In: Weingardt, M./ Böhm, U./Willrett, S./ Stöffler, F.: Soziale Verantwortung lernen. Stuttgart, 12: Weingardt gewinnt vor dem Hintergrund der Auseinandersetzung mit dem „Prinzip Verantwortung" bei H. Jonas diese Einteilung. Siehe: Jonas, H. (1984): Das Prinzip Verantwortung. Versuch einer Ethik für die technologische Zivilisation. Frankfurt.

1.5 Übersicht über die Arbeit

Die in 1.1. skizzierten fünf Ansätze verschränken sich teilweise. Aus analytischer Sicht habe ich sie jedoch getrennt betrachtet. Sie weisen jeweils mindestens einen Mangel infolge ihrer spezifischen Reduktion auf. Die Gewichtung der Inhalts- und Beziehungsebene im schulischen Kontext ist ihr bleibender Problembereich. Dies führt zu folgender retrospektiven Bewertung:

> „Im Rückblick wird heute festgestellt, dass es zwar eine Reihe z.T. kontroverser Ansätze gibt, es aber bisher nicht gelungen ist, soziale Lernziele als feste Bestandteile fachlich-inhaltlicher Curricula zu etablieren und eine Gesamtkonzeption zu entwickeln. Erwartet werden jetzt Konzepte sozialen Lernens, die die Lücke zwischen dem lebensfernen, zweckrationalen Unterricht und der fehlenden Erziehungskraft der Lebenswelt der Schüler schließen helfen.“[60]

Meine Arbeit stellt sich dem Versuch, die im letzten Zitat wahrgenommene *Lücke* zwischen Unterricht und Erziehung, zwischen Zweckrationalität und Lebenswelt, zwischen kognitivem und sozial-emotionalem Lernen sowie zwischen Lerninhalt und Lebenserfahrung zu schließen.

Das erste Kapitel dieser Arbeit benannte die Problemfelder sozialen Lernens im Sinn einer Hinführung. Zunächst skizzierte ich fünf wesentliche *Ansätze*, die unterscheidbare Vorstellungen des Begriffs ‚Soziales Lernen' verwenden. Anschließend gab ich einen Überblick über die gegenwärtigen und vermuteten zukünftigen *Herausforderungen* und stellte wichtige *Grundfragen*. Ich erweiterte abschließend den Gegenstandsbereich durch die *ethische Dimension*. Diese Dimension findet sich nicht explizit in den fünf oben dargestellten Ansätzen. Sehr wohl gehen die dahinterliegenden Theorien und die darauf aufbauenden Konzeptionen von ethischen Prämissen aus. Somit ergänzte ich die genannten Ansätze um einen sechsten: den *ethisch-sozialen* Ansatz.

In zweiten Kapitel folgen im Rahmen der theoretischen Grundlegung historische Betrachtungen zum *‚Erziehenden Unterricht'*, zum *‚Schulleben'* und zur *‚Gemeinwesenorientierten Schule'*. Die praxisbezogenen Modelle des zweiten Teils basieren im Wesentlichen auf diesen drei Konzeptionen. In historisch-systematischer Hinsicht untersuche ich danach im gleichen Kapitel drei kategorial unterscheidbare Konzeptionen der letzten 30 Jahre: *schultheoretische* Konzepte, *Trainingsprogramme* und *Materialsammlungen* zum sozialen Lernen. Das dritte Kapitel der theoretischen Grundlegung gilt *psychologischen* und *soziologischen* Aspekten im Rahmen sozialen Lernens.

Der praxisbezogene Teil beschäftigt sich mit Modellen und Bausteinen sozialen Lernens im Rahmen von *sozialem Engagement* in der Gesellschaft. Ausgehend vom Unterricht wird die Verbindung zu gesellschaftlichen Institutionen und Handlungsfeldern aufgezeigt. Drei exemplarische Modelle, die mittlerweile ähnlich in verschiedenen Bundesländern durchgeführt werden, erläutert das fünfte Kapitel und stellt ihre jeweiligen *empirischen* Studien dar. Das

[60] Schaub/Zenke 2000, 518.

sechste Kapitel behandelt das in Baden-Württemberg seit dem neuen Bildungsplan von 2005 verpflichtenden *Projekt* ‚Soziales Engagement'.

Mein Ansatz soziales Lernens verknüpft die ethische Dimension menschlichen Denkens und Handelns mit *Verantwortungsübernahme* im Kontext sozialen Engagements in gesellschaftlichen Handlungsfelder. Hierzu eignet sich folgende *Definition* sozialen Lernens:

Soziales Lernen ist ...

> „... Vermittlung und Reflexion von Erfahrungen mit Menschen und Sachangelegenheiten, von Wissen und Kenntnissen über Strukturen und Funktionen gesellschaftlich-historischer Handlungsfelder sowie Umsetzung von Erfahrungen und Wissen in Verhalten, Handlungsstrategien und Zukunftsentwürfe"[61].

[61] Schaub/Zenke 2000, 517.

2 Konzeptionen Sozialen Lernens - Historische und systematische Betrachtungen

In der Literatur finden sich Formen ethischer Bildung und Erziehung, die sich in schulpädagogisch relevante Konzeptionen sozialen Lernens einfügen lassen. Zur besseren Übersicht stelle ich in einer Synopse die wesentlichen Formen und Modelle ethischen Lehren und Lernens dar, die in einschlägigen Übersichten der Literatur aus den 90er Jahren auffindbar sind. Es handelt sich dabei um fünf *Grund*formen ethischer Erziehung und Bildung, da sie sich historisch ableiten lassen und bis heute in der Praxis auffindbar sind. Mein Ansatz ergänzt die in 1.1 dargestellten fünf Ansätze sozialen Lernens um einen ethischen Ansatz sozialen Lernens. Die Darstellung der Reihenfolge in der Synopse entspricht der Systematik bei F. Schweitzer.[62]

Die ersten beiden Formen (Wahrnehmungsbildung und Modelllernen) klammere ich in diesem Kapitel aus, da er eher sozial- und lernpsychologischen Ursprungs ist und ich im dritten Kapitel die psychologischen Aspekte bearbeite. Ich beschränke mich in diesem Kapitel auf drei schulpädagogische Konzeptionen sozialen Lernens:

Erziehender Unterricht - Schulleben - Gemeinwesenorientierte Schule.

Diese drei Konzeptionen stehen zwar in Beziehung zueinander, sind jedoch in drei Bereiche getrennt:

Erziehender Unterricht	unterrichtlicher Bereich
Schulleben	außerunterrichtlich-innerschulischer Bereich
Gemeinwesenorientierte Schule	außerschulischer Bereich

Diese drei Konzeptionen begründen sich aus historischen Überlegungen und lassen sich gegenwärtig in der Praxis ausfindig machen. An manchen Stellen überschneiden sich die genannten Bereiche.

Die weiteren drei Konzeptionen in diesem Kapitel sind in den letzten 30 Jahren erschienen: Zum ersten sind es explizit schultheoretische Konzepte, die diskutiert und publiziert wurden. Als zweites entstanden vor allem Ende der 90 Jahre Trainingsprogramme, in denen u.a. Sozialkompetenz erworben wird. Die letzten Konzepte weisen sich dadurch aus, dass sie Unterrichtssequenzen darstellen und Material für soziales Lernen bieten.

Das zweite Kapitel schließt mit einer kritischen Würdigung dieser sechs Konzeptionen sozialen Lernens. Dabei sind die drei Grundfragen des ersten Kapitels die relevanten Kriterien.

Die Synopse der ethischen Grundformen berücksichtigt folgende Literatur:

Rekus, J. (1993): Bildung und Moral. Zur Einheit von Rationalität und Moralität in Schule und Unterricht. Weinheim: Juventa, 135-181

Schweitzer, F. (1996): Grundformen ethischen Lehrens und Lernens in der Schule. In: Adam, G./ders. (Hg.): Ethisch erziehen in der Schule. Göttingen: Vandenhoeck & Ruprecht, 62-80

[62] Vgl. Schweitzer, F. (1996): Grundformen ethischen Lehrens und Lernens in der Schule. In: Adam, G./ders. (Hg.): Ethisch erziehen in der Schule, Göttingen: Vandenhoeck & Ruprecht, 66-79. Vgl. im selben Band: Adam, G. (1996): Methoden ethischer Erziehung, 110-128.

Adam, G. (1996): Methoden ethischer Erziehung. In: ders./Schweitzer, F. (Hg.): Ethisch erziehen in der Schule. Göttingen: Vandenhoeck & Ruprecht, 110-128

Harecker, G. (2000): Werterziehung in der Schule. Wege zur Sinnfindung im Unterricht. Wien: WUV/Universitätsverlag

Ethische Grundformen	**Rekus (1993): Ansätze zur Wert- und Normorientierung in Schule und Unterricht**	**Schweitzer (1996): Grundformen ethischen Lehrens und Lernens**	**Adam (1996): Methoden ethischer Erziehung**	**Harecker (2000): Werterziehung in der Schule**
1. Prosoziale Wahrnehmungsbildung		Sittliche Elementarerziehung (Pestalozzi)	Soziale Interaktionsansätze: - Soziale Perspektivenübernahme (Selman) - Von der Empathie zur Solidarität (Hoffmann)	- Entwicklung der sozialen Perspektive
2. Modelllernen		Lernen von Vorbildern (Bandura)		
3. Ethische Erziehung und Bildung im Fachunterricht	Erziehungstheoretisch akzentuierte Ansätze: - Lifeline-Project (McPhail) - Values Clarification (Raths, Harmin, Simon) Bildungstheoretisch akzentuierte Ansätze: - Ethikunterricht - Wertvermittlung	Erziehender Unterricht (Herbart): - Wertklärung (Raths, Harmin, Simon) - Stimulierung des moralischen Urteils/Dilemmamethode (Kohlberg)	Moralische Urteilsbildung: - Moralische Diskussion in der Klasse (Kohlberg) - Wertklärung - Fallstudie - Sittliche Urteilsfindung/Streitgespräch/Debatte	- Sozialmoralische Erziehung (Kohlberg) - Wertklärung durch verschiedene Methoden (Raths, Harmin, Simon)

Ethische Grundformen	**Rekus (1993): Ansätze zur Wert- und Normorientierung in Schule und Unterricht**	**Schweitzer (1996): Grundformen ethischen Lehrens und Lernens**	**Adam (1996): Methoden ethischer Erziehung**	**Harecker (2000): Werterziehung in der Schule**
4. Soziales Lernen im Lebensraum Schule	Organisationstheoretisch akzentuierte Ansätze: - Außerunterrichtliches Schulleben: Soziale Dienste	Gesinnungsbildung/Schulleben (Schleiermacher)	Gemeinschaftsbezogene Ansätze: - Entwicklung von Schulklima und Schulethos (Fend, Rutter)	
5. Demokratisches Lernen in der Schule	- Just-Community-School (Kohlberg)	Schule als gerechte Gemeinschaft (Kohlberg)	- Schule als gerechte Gemeinschaft (Kohlberg)	

Tab.: Ethische Formen und Modelle

Ich übernehme nicht die in der ersten Spalte gewählten Bezeichnungen der Grundformen, sondern betrachte die schulpädagogischen Konzeptionen ‚Erziehender Unterricht' (unterrichtlicher Bereich) - ‚Schulleben' (außerunterrichtlich-innerschulischer Bereich) - ‚Gemeinwesenorientierte Schule' (außerschulischer Bereich). Dadurch erfasse ich alle Bereiche im Rahmen der Schule.

Die zwei letzten ethischen Grundformen integriere ich in die Konzeption ‚Schulleben', da sie sich auf den außerunterrichtlichen, aber innerschulischen Bereich beziehen. Das Modell ‚Just Community-School' gehört dann aus systematischen Gründen zu diesem innerschulischen, außerunterrichtlichen Bereich des Schullebens. Die Sozialdienste rechne ich anders als Rekus dem außerschulischen Bereich zu, auch wenn diese Sozialdienste zum Salemer Schulprogramm gehören. Der Bereich bzw. Ort, in dem die Schülerinnen und Schüler tätig werden, leitet mich bei meiner systematischen Unterscheidung. Die Konzeption ‚Gemeinwesenorientierte Schule' fokussiert auf den Bereich, der erneut in den 90 Jahren am stärksten sich ausprägte.

Im Anschluss an die historisch-konzeptionelle Arbeit zu diesen drei Grundformen stelle ich die verschiedenen Konzeptionen der letzten 30 Jahre dar. Ich arbeite die Unterschiede und Gemeinsamkeiten der Ziele, Prinzipien und Formen heraus. Diese Konzeptionen sozialen Lernens lassen sich seit 1970 in drei Kategorien unterscheiden:

1. Schultheoretische, vor allem sozialpädagogische Implikationen,

2. sozialpsychologische Trainingsprogramme zum Erwerb personaler und sozialer Kompetenzen und

3. Materialien für Unterrichtseinheiten, die soziales Lernen fördern möchten.

Das zweite Kapitel endet dann mit einem zusammenfassenden Rückblick sowie einer kritischen Würdigung aller sechs Konzeptionen sozialen Lernens. Die drei Grundfragen aus dem ersten Kapitel dienen als Kriterien der Betrachtung und Bewertung.

2.1 Der erziehenden Unterricht

2.1.1 Konzeptionelle Entwicklung des ,Erziehenden Unterrichts'

J.F. Herbart hat systematisch den ,Erziehenden Unterricht' und das Verhältnis von ,Unterricht' und ,Erziehung' im historischen Kontext nach der Aufklärung und während der industriellen Revolution entwickelt. Als Pädagoge bezieht er sich auf die damaligen wissenschaftlichen Disziplinen Ethik und Psychologie: Die Ethik bestimmt das Ziel der Erziehung; die Psychologie weist den Weg, zeigt die Hindernisse und Möglichkeiten. Die drei Mittel der Erziehung sind die ,Kinderregierung' (z.B. Vermeidung von Schaden für das Kind, Drohung, Strafe), der Unterricht und die ,Zucht' (z.B. Konsequenzen des Handelns, Vorbildwirkung, Aufmunterung).

Ich lege meinen Schwerpunkt hier auf die Beschreibung des erziehenden Unterrichts. In einem zweiten Schritt stellte ich die unterstützende Funktion der Zucht dar. Die Erörterung der ,Kinderregierung' entfällt, da selbst Herbart unsicher war, ob die ,Kinderregierung' überhaupt zur Pädagogik gehöre.[63]

Den Zusammenhang von Erziehung und Unterricht sieht Herbart folgendermaßen:

> „Und ich gestehe gleich hier, keinen Begriff zu haben von Erziehung ohne Unterricht; so wie rückwärts ... keinen Unterricht anerkenne, der nicht erzieht."[64]

Somit ist das Verhältnis von Wissensvermittlung und ethisch-moralischer Persönlichkeitsbildung in jedem pädagogischen Prozess bestimmt: Im schulischen Unterricht ist soziales Lernen als ethisch-moralisches Lernen Unterrichtsprinzip; in der Erziehung innerhalb der Familie geht es immer auch um Kenntnis- und Fähigkeitszugewinn. Trotz diesem Zusammenklang ist aus systematischer Sicht eine theoretische Trennung von ,Erziehung' und ,Unterricht' nötig.

a) Vielseitiges Interesse

Das Ziel des erziehenden Unterrichts ist die ,Vielseitigkeit des Interesses'. Das individuelle Subjekt benötigt diese Allgemeinbildung, um in der technisierten Moderne seine Identität auszubilden und mündig zu werden. Die Interessensvielseitigkeit bildet die Gedankenkreise des Subjekts durch Tätigkeit aus:

> „Interesse ist Selbsttätigkeit. Das Interesse soll vielseitig sein, also verlangt man eine vielseitige Selbsttätigkeit."[65]

Nach Herbart geschieht das tätige, vielseitige Interesse in den zwei Bereichen ,Erkenntnis' und ,Teilnahme':[66]

[63] Vgl. Herbart 1806, 30.
[64] Herbart 1806, 22.
[65] Herbart 1841, 185.
[66] Vgl. u.a. Herbart 1806, 58.

Erkenntnis (sachbezogen)	**Teilnahme** (personenbezogen)
a) Mannigfaltiges: Sachen, Begebenheiten (empirisches Interesse)	a) Menschheit: die anderen, der Mitmensch (sympathisches Interesse)
b) Gesetzmäßigkeit: Zusammenhänge, Gesetzlichkeiten (spekulatives Interesse)	b) Gesellschaft: Gemeinschaft, Familie (soziales Interesse)
c) ästhetische Verhältnisse: das Gute, Wahre, Schöne (ästhetisch-moralisches Interesse)	c) Verhältnis beider zum höchsten Wesen: Gott und die Beziehungen zu ihm (religiöses Interesse)

Die Entwicklung des ‚Interesses' geschieht in vier Schriten:

1. ‚Merken': Der Lernende nimmt den Gegenstand wahr und vertieft sich in ihn.

2. ‚Erwarten': Er erkennt die Relationsvielfalt des Gegenstandes und stellt einzelne Verbindungen her.

3. ‚Fordern': Das subjektive Interesse begehrt nun die Zusammenschau, die systematische Darbietung.

4. ‚Handeln': Das Subjekt ist fähig, selbstständig tätig zu werden, da der Gegenstand in seinen Besitz kam.

Herbart unterscheidet in analoger Weise auch vier Schritte der ‚Vielseitigkeit':

1. ‚Klarheit': Die sachliche, objektive Vertiefung eines Gegenstandes erfolgt dadurch, dass der Gegenstand vereinzelt, von seiner Relationsvielfalt isoliert, anschaulich dargestellt und damit geklärt wird.

2. ‚Assoziation': Die einzelnen Entdeckungen werden mit den individuellen Erfahrungen verknüpft und objektiv verbunden.[67] Das geklärte Einzelne wird vertieft.

3. ‚System': Durch selbstreflexive Besinnung wird das in seiner Klarheit und Relationalität Erkannte der bisherigen Erfahrung zugeordnet und als System geordnet.

4. ‚Methode': Das Neue kann handlungskompetent benutzt werden.[68]

Die folgende Grafik gibt Herbarts Stufen und Schritte sowie die Termini und ihre Relationen anschaulich wieder:

[67] Herbarts Psychologie basiert hier auf Bewusstseinsvorgänge, die aus Vorstellungen abgeleitet werden und untereinander Verknüpfungen (‚Assoziationen') herstellen. Herbarts psychologisches Denken besitzt Affinitäten zu heutigen gehirnphysiologischen Betrachtungen.

[68] Ähnlich ist der Begriff ‚Methode' bei J. Dewey als mündige Handlungsfähigkeit zu verstehen, wenn er als Ziel setzt: Der Schüler habe Methode. Bildungstheoretisch wünscht sich das baden-württembergische Kultusministerium den handlungskompetenten Menschen in ethischer Verantwortung.

		Weg des erziehenden Unterrichts		
Interesse			**Vielseitigkeit**	
2 Stufen	*4 Schritte*		*4 Schritte*	*2 Stufen*
Interesse	Merken	⇔	Klarheit	**Vertiefung**
(objektiv)	Erwarten	⇔	Assoziation	(objektiv)
	⇩		⇩	
Begehrung	Fordern	⇔	System	**Besinnung**
(subjektiv)	Handeln	⇔	Methode	(subjektiv)
	⇩	*Ziel des Unterrichts*	⇩	
		Vielseitiges Interesse		
	Teilnahme		**Erkenntnis**	
	sympathisch		empirisch	
	sozial		spekulativ	
	religiös	⇩	ästhetisch-moralisch	
		Ziel jeglicher Erziehung		
		Sittliche Charakterstärke		
		Mittel der Erziehung		
Kinderregierung	⇨	Unterricht	⇦	Zucht

Für den erziehenden Unterricht ergibt sich aus dieser Bestimmung der Vielseitigkeit des Interesses in *formaler* Hinsicht die Notwendigkeit, dem Schüler sowohl eine objektive Vertiefung in den Lerngegenstand als auch eine handlungsbezogene Besinnung auf das Gelernte zu ermöglichen. In *materialer* Hinsicht entwickelt der erziehende Unterricht ein vielseitiges Interesse dadurch, dass er die Lerngegenstände nach den Reihen der Erkenntnis und der Teilnahme ordnet. Dabei knüpft er an die sachbezogenen (empirischen) und personenbezogenen (sympathischen) Vorerfahrungen der Schüler an bzw. nimmt sie als Ausgangspunkt. Diese Anknüpfung ist aber nicht als bloße Motivation für eine daran anschließende Lernsequenz misszuverstehen: Dem erziehenden Unterricht geht es um die *Erweiterung von Erfahrung und Umgang.* Dahiner steht wiederum der Anspruch, den einzelnen über seinen herkunftsbezogenen Erfahrungs- und sozialen Umgangsbereich hinauszuführen und vielseitig im Hinblick auf die veränderte Lebenswelt in der Gesellschaft zu bilden.

b) Sittliche Charakterstärke durch Zucht

Aus seinem ethischen Denken leitet J.F. Herbart das Ziel jeglicher Erziehung und damit auch jeden Unterrichts ab: die ‚Charakterstärke der Sittlichkeit'. Sie ist das Gesamtziel, welches auch durch das vielseitige Interesse erworben wird. Je mehr die Individualität mit Vielseitigkeit verschmolzen ist, desto leichter wird der Charakter seine Herrschaft im Individuum behaupten.[69] Die ‚Zucht' unterstützt den ‚erziehenden Unterricht', indem der Erzogene dem eigenen Willen gehorcht bzw. nach eigener Einsicht moralisch handeln lernt. Das bedeutet, dass die ‚Zucht' sowohl den Willen als auch den Gehorsam bzw. die Entschlossenheit gegenüber diesem Willen fördert. Herbart differenziert wie bei der Vielseitigkeit der Interessen in die Entwicklung des Charakters (formale Seite) und die Entwicklung der Sittlichkeit (materiale Seite).

Der ‚Charakter' ist in einen objektiven (‚Gedächtnis des Willens' und ‚Wahl') und in einen subjektiven Teil (‚Grundsatz' und ‚Kampf') gegliedert. Der objektive Charakter unterliegt der Erfahrung, d.h. er bildet sich im Lauf der Zeit als Korrespondenz zu den bisherigen Handlungen des Subjekts heraus. Im Gedächtnis werden die zeitlich vorangegangenen Entscheidungen aufgehoben. Die vorangegangenen Entscheidungen haben freilich auch eine Bedeutung für das künftige Handeln. Zwar bestimmen sie es nicht, aber sie führen dennoch gewissermaßen zu Verhaltensdispositionen. Diese Dispositionen sind „mannigfaltig, und nicht alles wird gleich fest und gleich stark gewollt. Durch Wahl bestimmen sich diese Abstufungen. Wahl ist Vorzug und Zurücksetzung. ... Dass übrigens jene Schätzung nur nach einem individuellen Maßstabe geschehen kann, fällt in die Augen."[70] Darüber hinaus kann der Mensch zu sich selbst in Distanz treten und zu seinen Handlungen Stellung nehmen. Das Selbsturteil wird nicht von den objektiven Entscheidungen bestimmt, sondern entspringt der Subjektivität. Dabei „kommt es darauf an. wie rein sich das Subjektive der Persönlichkeit vom Objektiven zu halten weiß".[71] Der subjektive Charakter hat daher die Freiheit, eigene Grundsätze für das Handeln aufzustellen. Korrespondieren die subjektiven Grundsätze mit den Verhaltensdispositionen, dann entwickelt sich die Sittlichkeit bruchlos. Kommt es dagegen zum Kampf, dann „glänzt die Stärke des Mannes, aber die geistige Gesundheit ist in Gefahr, ja am Ende auch die körperliche. .. Milderung desselben [des Kampfes, U:B:] lässt sich von den vorbauenden Maßregeln der Erziehung erwarten".[72]

Herbart unterscheidet nun bezogen auf ‚Sittlichkeit' einen positiven (‚Beurteilung' und ‚Wärme') und einen negativen Teil (‚Entschließen' und ‚Selbstnötigung'). Der positive Teil der Sittlichkeit ist auf die sittliche Beurteilung des objektiven Charakters gerichtet, aus deren Ergebnis eine Wärme für das Gute hervorgeht. Diese wiederum nimmt Einfluss auf die Wahl der Handlungsalternativen. Der negative Teil der Sittlichkeit besteht dagegen in der Auseinandersetzung des Subjekts mit seinem subjektiven Charakter. Mit der Entschließung wird der subjektive Charakter in Frage gestellt und auf dem Wege der Selbstnötigung kommt es zu Handlungen, die der Entschließung entsprechen.

Die Bildung des objektiven Charakters geschieht mit Hilfe der ‚Zucht', z.B. dem vorbildlichen ‚Ziehen' des Heranwachsenden zu moralischem Handeln. Der moralischen Erziehung

[69] Vgl. Herbart 1806, 48f.
[70] Herbart 1806, 105.
[71] Ebd.
[72] Herbart 1806, 106

kommt somit die Aufgabe zu, vornehmlich den objektiven Charakter zu bilden, und zwar so, dass das Urteil des subjektiven Charakters den *Selbstzweck* der eigenen Person und aller anderen Personen *anerkennen* kann.

Herbart unterscheidet vier funktionale Formen der Zucht:

1. Die *haltende* Zucht will den Zögling von voreiligen Handlungen abhalten, indem er zum Nachdenken über frühere Taten angehalten wird.

2. Die *bestimmende* Zucht bezieht sich auf die Wahl von verschiedenen Handlungsalternativen, die unter dem Aspekt der Wärme für das Gute zu prüfen sind. Die jeweilige Wahl wird durch entsprechende Maßnahmen der Zucht bestärkt bzw. bestraft.

3. Die *regelnde* Zucht ermöglicht, sobald der Zögling seine Wahl nach Grundsätzen treffen kann, dass Maßnahmen auch korrigierend auf den subjektiven Charakter wirken, damit der Zögling seinen objektiven Charakter selbst beurteilen kann.

4. Die *unterstützende* Zucht sichert die akzeptierten sittlichen Handlungsgrundsätze.

Durch die Interdependenz von objektivem und subjektivem Charakter einerseits und von Charakter und Sittlichkeit andererseits wird nach Herbart ein sittlicher Charakter ausgebildet.

c) Brücke zwischen Rationalität und Moralität

Rekus weist daraufhin, dass Herbart unbestimmt bleibt, inwiefern ein Zusammenhang zwischen dem Erkenntnisgewinn und dem sittlichen Handeln bestehe.[73] Die Verbindung von Rationalität und Moralität sei nicht eindeutig geklärt.

> „Wenn der Selbstzweck des Menschen nicht gefährdet werden soll, dann darf es keine vorgegebene oder einfach zu übernehmende Moralität geben“[74]

Das Grundproblem ethischer Erziehung bleibt erhalten, da die Verbindung von Denken und Handeln bzw. Kognition und Emotion nicht geklärt bzw. empirisch zu wenig erforscht oder zugänglich ist. Trotzdem hat Petzelt nach 1945 eine pädagogische Konzeption vorgelegt, in der er eine ‚Brücke' zwischen sachorientiertem Denken und ethisch-konsequentem Handeln baute.

Auch für Petzelt ist wie für Herbart das Hauptgeschäft der Pädagogik ‚Unterricht' und ‚Erziehung' sowie ihre unabdingbare Verbindung. Anders als bei Herbart ist die Moralität nicht Endziel allen pädagogischen Handelns, sondern Bedingung für pädagogisches Handeln. Moralität entfaltet sich im Lernprozess; sie bietet Orientierung für mögliche Ziele. Im Zentrum seiner Pädagogik steht die ‚Aktivität des Lernenden'. In der Aktivität lernt der Mensch Erkennen, Urteilen und Handeln.

Erkenntnisgewinn bzw. Wissenserwerb sind für Petzelt zwar rationale Prozesse, sie haben aber zugleich eine sittliche oder moralische Dimension. Denn das wie auch immer geartete Streben nach wahrem Wissen korrespondiert dem wie auch immer ausgeprägten Bemühen um *Wahrhaftigkeit* als Haltung, die mehr oder weniger gut bzw. schlecht ausgeprägt sein kann, also immer moralisch-ethischer Haltung entspricht.

---

[73] Vgl. Rekus 1993, 74.
[74] Ebd.

> „Sorgfalt, Nachlässigkeit, Aufmerksamkeit und Ablenkungsfähigkeil. Liebe und Abscheu gegenüber dem Lehrgute, wie die Termini alle heißen mögen, treffen die Haltung des Ich im Sinne von gut und schlecht. Diese Werte sind nicht sachlicher Natur, sondern treffen die Art unserer Stellungnahme, die Art unserer Akte ... Wir nennen sie ethisch.“[75]

Wissen und Haltung denkt Petzelt gewissermaßen im Prozess ihrer Konstitution als ‚genetisch' zusammengehörig, d.h. für ihn ist kein Lernprozess denkbar, der nur zu Wissen führt, ohne auch haltungsgebunden und -relevant zu sein. In der Art und Weise, wie das Subjekt sich Wissen aneignet, differenziert sich auch seine Haltung. Denn das lernende Individuum lernt, „in der Auseinandersetzung mit den Inhalten sich selbst zu bestimmen“[76]. Jeder neue Lernakt bringt daher nicht einfach einen Zuwachs an Wissen, sondern das Subjekt „macht sich in eigenen Akten neu“[77]. Beim Lernen erfolgt also nicht nur ein Neuordnung des Wissens, sondern auch das Subjekt ordnet sich selbst neu.

> „Die Frage nach sich selbst ist die Frage des Ich, das sich am Wissen ... selbst sucht.“[78]

In dreifacher Weise ist die Verbindung von Lernhaltung und Lerngegenstand in der Systematik Petzelts bestimmend:

1. Die moralische Haltung *begleitet* den Lernprozess.

2. Die Haltung *bildet sich* im Lernprozess, sofern deren Tugend geübt und dadurch ‚wahrhaftig' gelernt wird.

3. Der sachliche und der sittliche Aspekt werden im *‚Akt des Wertens'* ausdrücklich aufeinander bezogen. Das Werten-Können gehört wie das Argumentieren-Können, welches den Lerngegenstand sachlich erhellt, als Vermögen zu den Phänomenen der menschlichen Aktivität. Im Lernakt wird das Sachlich-Einsichtige mit der persönlichen Wertschätzung verbunden, d.h. mit der *sachlichen Deutung* wird zugleich nach der *sittlichen Bedeutung* für das eigene Handeln gefragt.

Neben der Aktivität des Wertens als Verbindung von Wissen und Haltung führt Petzelt eine weitere wichtige Aktivität ein, die als Brücke zwischen Haltung und Handlung gilt: die *Selbstbetrachtung*. Sie beinhaltet das Vermögen des Menschen, zu sich selbst Stellung zu nehmen. Das Subjekt erfüllt den Anspruch der Moralität dadurch, dass es sich selbst unabhängig macht von äußeren Einflüssen und sein Gewissen sprechen lässt. Das Urteil des Gewissens fordert moralisch verantwortbare Handlungsentscheidungen. Auch hier betont Petzelt wie Herbart den Selbstzweck des Subjekts beim pädagogischen Lernprozess. Sicher dient das interpersonale Verhältnis zwischen Lehrer und Schüler als ‚Stütze' des intrapersonalen Schüler-Lehrer-Verhältnisses. Die zweite Relation entspricht keiner Rollenverteilung, sondern einer ‚Ich-Doppelung'. Das Subjekt verkörpert bereits in sich selbst ein vollständiges Lehrer-Schüler-Verhältnis:

---

[75] Petzelt 1964, 22.
[76] Regenbrecht, A. (1974): Die Operationalisierung von Lernzielen und ihre Konsequenzen für eine lernzielorientierten Unterricht; in: Hülshoff, R. (Hg.): Bildungstheorie und Schule. Düsseldorf, 55.
[77] Petzelt 1964, 57.
[78] Petzelt 1957, 97.

„... dass das Ich, das sich selbst sich gegenüberstellt, um mit einem Sachverhalt allein in Selbstbetrachtung zu ringen, sein eigener Lehrer ist, sein Schüler zugleich. Es zergliedert sein Wissen und stellt das Resultat als gelernt sich gegenüber. Im Selbstunterricht der Selbstbetrachtung fallen Lehrer und Schüler im selben Ich zusammen“.[79]

In Anlehnung an Rekus[80] lassen sich die drei Aktivitäten, ihre Ziele und Funktionen zwischen Subjekt und Gegenstand so darstellen:

Lernaktivität	**intrapersonales Lehrer-Schüler-Verhältnis**	**interpersonales Lehrer-Schüler-Verhältnis**

Wissen

Gegenstandskonstituierende Aktivität (argumentieren)

(zu erkennender)

Subjekt ⟶ Gegenstand

sachbestimmtes *Argumentieren* des Gegenstandes führt zu richtigem Wissen	Selbst-Erziehung zur Bindung an die Wahrheit (Rationalität) Selbst-Unterricht als methodische Selbstführung zum Erkennen von richtigem Wissen	Erziehung als Hilfe zur Selbstbindung an die Wahrheit Unterricht als unterrichtsmethodische Hilfe zum Erkennen von richtigem Wissen

Haltung

Haltungskonstituierende Aktivität (werten)

(erkannter)

Subjekt ⟵ Gegenstand

subjektbestimmtes und subjektbestimmendes *Werten* des Gegenstandes führt zu guter Haltung	Selbst-Erziehung zur Bindung an das Gute (Moralität) Selbst-Unterricht als Erkennen und Anerkennen von Werten im Hinblick auf gute Haltung	Erziehung als Hilfe zur Selbstbindung an das Gute Unterricht als Hilfe zur Werteinsicht im Hinblick auf gute Haltung

[79] Petzelt 1964, 47.
[80] Vgl. Rekus 1993, 104 u. 114.

Handeln

Handlungskonstituierende Aktivität (sich entscheiden)

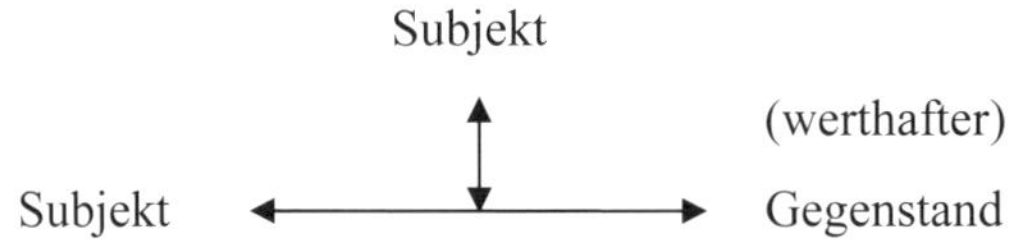

subjektbestimmendes *Entscheiden* im Überschauen des eigenen Verhältnisses von erkanntem Gegenstand und seiner Bewertung führt zu gutem Handeln	Selbst-Unterricht als Selbstbetrachtung der sachlichen und sittlichen Entscheidungsmotive und -folgen Selbst-Erziehung zur gewissenhaften Entscheidung für moralisches Handeln	Unterricht als Hilfe zur Betrachtung der möglichen Entscheidungsmotive und -folgen Erziehung als Hilfe zur gewissenhaften Entscheidung für moralisches Handeln

Es ist einsichtig, dass es sich nicht um einen chronologischen Prozess in drei Phasen handelt, sondern dass die drei Aktivitäten gleichzeitig stattfinden können, d.h. dass z.B. zur Aneignung von Wissen auch eine entsprechende Lernhaltung und das entschiedene Lernhandeln gehören. Da nach Petzelt Bildung grundsätzlich Selbstbildung ist, läuft jede Form von pädagogischer Technologie, die bestrebt ist, dem Subjekt die individuelle Anstrengung der eigenen Aktivitäten abzunehmen oder zu erleichtern, dem Bildungsprozess zuwider. Auch im Bereich sozialen Lernens sind Trainingsprogramme eher ungeeignet, um Wissen, Werten und Sich-Entscheiden bzw. Wissen, Haltung und Handeln zu fördern.

2.1.2 Erziehung im und durch Unterricht

a) Sozialpädagogische Kritik an der Schule

In den 70er Jahren entwickelte sich erneut der Gedanke des erziehenden Unterrichts vor allem aus sozialpädagogischer Orientierung.[81]

Prior kritisiert die Situation und Struktur der Schule bzw. des Schulwesens Ende der 70er Jahre:[82]

1. Dominanz von Wissensvermittlung und Leistungsanforderungen: Der soziale und emotionale Anteil des Lernens wird nicht wahrgenommen und Bedürfnisse der Schülerinnen und Schüler kaum berücksichtigt.

2. Einseitigkeit des Fachlehrer- und Fachunterrichtssystems: Eine Überbewertung der Fächer Mathematik, Deutsch und Fremdsprachen ist zu beobachten. Die musisch-ästhetischen bzw. sozial-ethischen Angebote der Schulen werden an den Rand - nicht nur zeitlich und stundenplan-organisatorisch - gedrängt.

---

[81] Vgl. Prior 1978, 7.

[82] Prior 1978,9ff.

3. Wissenschaftsorientiertes Curriculum und enzyklopädischer Unterricht: Z.B. Memorieren von Vokabeln und Gedichten sowie lange Lehrerdarbietungen sind häufiger zu sehen als Gruppenarbeit und Schülerexperimente, die selbstständiges und eigenverantwortliches Lernen fördern.

4. Lehrgang als vorherrschende Lehrmethode: Podiumsdiskussionen und Projekte kommen seltener vor als Lehrervortrag und Unterrichtsgespräche in der Form der Herbartianer.

5. Lehrplanfestlegung und Lehrplanabsprachen: Individuelles Lernen und Binnendifferenzierung werden von vorgegebenen Lernprogrammen bzw. einseitiger Verwendung von Schulbüchern verhindert.

6. Prüfen - Testen - Zensieren: Die Überprüfungsinstrumente verlangen, dass die Schüler den Punkten 1 bis 5 entsprechen bzw. nicht widersprechen, und fördern die Angst vor Versagen.

Die Kritik zeigt, dass der Wunsch nach einer Konzeption sozialen Lernens in den 70er Jahren humanitäre Bedeutung für das Schulwesen hatte.

> „Die wichtigste Erkenntnis für mich war die Wiederentdeckung des unbedingten Zusammenhangs von Erziehung und Unterricht.“[83]

Von progressiver Seite wird die sozialpädagogische Ausrichtung der Schule und von konservativer Seite mehr ‚Mut zur Erziehung' gefordert. Erziehung und Unterricht bewirken zusammen Bildung im Sinn von Mündigkeit. Sozialpädagogisch-orientierte Erziehung basiert eher auf ethischer Grundlage als der reine lehrende Unterricht. Diese Erziehung fördert die Individualität der Heranwachsenden und zeigt ihnen Orte in der Gemeinschaft und Gesellschaft, in denen ihre Fähigkeiten und Fertigkeiten zum Zuge kommen können.

b) Erziehender Unterricht wirkt ethisch-sozial

Soziales Lernen als Unterrichtsprinzip umfasst einen weiten didaktisch-methodischen Bereich: z.B.

- soziales Lernen als didaktische Dimension
- Unterrichtsinhalte, die sich z.B. mit den Schlüsselproblemen unserer Zeit befassen
- Reflexion über die Unterrichtsmethode
- Ausbildung eines Helfersystems im Klassenverband
- Übernahme von Verantwortung einzelner für andere.

Alle Unterrichtsfächer müssen sich den unterrichtlichen Aufgabe sozialen Lernens stellen:

> „Was nützt es, wenn ein Junge seine Chemieausbildung dazu nutzt, eine Bombe zu basteln, die er in einem Kaufhaus hochgehen lässt, nur um zu sehen, ‚was passiert'? Was haben wir von einer guten juristischen Bildung, wenn sie darauf verwandt wird, Steuergesetze zu missachten? Wozu ist Computerunterricht gut, wenn der hierdurch produzierte Sachverstand in der Rüstungsindustrie eingesetzt wird und mit dazu beiträgt, dass Abrüstung immer unwahrscheinlicher wird?“[84]

[83] Wolf Münkemüllers Äußerung aufgrund langjähriger Unterrichtspraxis; in: Prior 1978, 80.
[84] Lind 1987, 107.

Die ethische Dimension ist also in jedem Fach wesentlich und muss vom jeweiligen Fachlehrer mit in den Blick genommen werden. Dabei ist das ethische Denken bei den Lehrpersonen zu fördern. Jeder Fachlehrer sollte jeweils über seine Fachgrenzen hinaus bei der entsprechenden Vermittlung von Inhalten ein Verständnis für Probleme unserer Zeit anbahnen.[85]

Welche Relevanz die Auswahl der Unterrichtsmethode für das Sozialverhalten der Schülerinnen und Schüler hat, sei nicht weiter betont. Dietrich hat bereits 1971 in seiner Untersuchung festgestellt, dass kooperative Arbeitsformen das Sozialverhalten der Schüler anbahnen und positiv beeinflussen.[86] Ein von der einzelnen Schule entwickeltes Methodencurriculum baut bei Schülerinnen und Schülern nicht nur die notwendige Methodenkompetenz auf, sondern fördert die Kommunikation, die Teambildung und die Kooperation. Dies sind Qualifikationen, die nicht nur für die Berufsfähigkeit nötig sind. Einige Schulen haben dazu bereits Vorarbeit geleistet.[87] Ebenso unterstützt das Konzept ‚Lernen des Lernens' die Übernahme von Verantwortung für sich selbst und für seine eigene Lebensgestaltung. Viele Schulen haben diesbezüglich spezielle Modelle entwickelt und Lern- sowie Arbeitstechniken eingeführt.[88] Der Lernprozess wird zunächst begleitet, um individuelles Lernen und selbstständiges Arbeiten beim Lernenden zu fördern und zunehmend an seine Eigenverantwortlichkeit abzugehen.[89]

c) Werte und Widersprüche im erziehenden Unterricht

In der Schule ist die Klasse und damit der Unterricht der Klasse als zentraler Ort des sozialen Lernens anzusehen. Der Klassenverband ist für die Jugendlichen neben der Familie und der Freizeitgruppe die wichtigste soziale Gemeinschaft. Anders als die Lebensgemeinschaft ‚Familie', die sich als Haushalts- und Generationengemeinschaft im Alltag bewähren muss, ist die Klassengemeinschaft eher ein Zweckverband, der die gestellten Aufgaben bearbeitet. Dabei liegt die besondere Chance sozialen Lernens im Unterricht darin, „wie man mit denen auskommt, die man *nicht* mag"[90]. Unterricht ist eben mehr als nur Vermittlung von Fachwissen.

Das Lernen mit und von anderen kann auch zur wichtigen Erfahrung des Lernens in Widersprüchen führen. Jeder Schüler spielt aufgrund seiner Herkunft unterschiedliche Werte, Vorstellungen, Haltungen und Normen in den Unterricht ein. Im Diskurs wird dann die ethische Urteilsfähigkeit ausgebildet und gefördert. Dieser kommunikative Prozess kann im Unterricht, wenn die Lehrkraft die ethische Erziehung berücksichtigt, geschehen. Die von Herbart herkommende Bezeichnung des ‚erziehenden Unterrichts' impliziert heute die Berücksichtigung

[85] Vgl. Dietrich, J. (1999): Wissenschaftsethik in der Schule: Ein Überblick über die Ergebnisse des Projekts „Schule Ethik Technologie" (SET). In: Mittelstraß, J. (Hg.): Die Zukunft des Wissens: Workshop-Beiträge/ 18. Deutscher Kongress f. Philosophie. Konstanz.

[86] Vgl. Dietrich, G. (1971): Bildungswirkungen des Gruppenunterrichts. München. 2. Aufl.

[87] Vgl. Reinert, E./ Zimmermann, K. (2000): Methodenkompetenz im Unterricht? Ein Werkstattbericht zur Schulentwicklung an der Wilhelm-Hauff-Realschule Pfullingen. In: Lehren u. Lernen, 26. Jg., H. 1, 11-25. - Vgl. auch: Klippert, H. (1994): Methodentraining. Weinheim u. Basel; ders. (1995): Kommunikationstraining. Weinheim u. Basel; ders. (1998): Teamentwicklung im Klassenraum. Weinheim u. Basel.

[88] Exemplarisch: Realschule Enger (2003): Lernkompetenz Deutsch. Bausteine für das 5.-10.Schuljahr. Berlin: Cornelson Scriptor sowie diess. (2003): Lernkompetenz: Geschichte, Geografie, Politik, Religion. Bausteine für das 5.-10.Schuljahr. Berlin: Cornelson Scriptor.

[89] Vgl. Jürgens, E. (1999): Lehren und Lernen in Phasen Freier Arbeit. In: Lehren u. Lernen, 25. Jg., H. 2, 12-18.

[90] Giesecke, H. (2000): Zwischen Nähe und Distanz. „Soziales Lernen" in Familie und Schule. In: Die Deutsche Schule, 6. Beiheft, 187 (kursiv im Orig.).

der Subjektivität des Kindes durch den „auf Einsicht und begründetes Einverständnis zielenden Unterricht“[91]. Durch Erzählungen (z.B. Märchen, Biografien) oder Dilemma-Geschichten (z.B. Heinz-Dilemma bei L. Kohlberg) wird im Unterricht die ethische Dimension angesprochen. Der Erzählung und der Dilemma-Geschichte folgen das Gespräch und die Reflexion der eigenen Werte. Dadurch können die Wertvorstellungen der Schülerinnen und Schüler geklärt werden. Folgende Fragen aus dem Modell der Wertklärung haben sich nach G. Harecker im Fachunterricht bewährt:[92]

„Ist dies etwas, das du schätzt?“

„Bist du schon lange dieser Ansicht?“

„Ist das sehr wichtig für dich?“

„Tust du das oft?“

„Was meinst du mit ...?“

„Bist du froh darüber?“

„Welche andere Möglichkeiten gibt es?“

Weiterführend im Gespräch und als Anregung zur Reflexion des Gesagten ist die Spiegelung, d.h. den Gedanken der Schülerin bzw. des Schülers nochmals mit anderen Worten zu wiederholen („Sagtest du, dass ...?“). Zugleich ist dies auch eine Wertschätzung der Äußerung des Kindes.

Neben den Gesprächsformen und der Behandlung von Dilemma-Geschichten sind reflektiertes Rollenspiel und Gruppenarbeit mit unterschiedlichen Präsentationsformen sicher weitere geeignete Wege, um soziales Lernen im Unterricht einzuüben.

---

[91] Schweitzer 1996, 72.

[92] Entnommen aus: Harecker, G. (2000): Werterziehung in der Schule. Wege zur Sinnfindung im Unterricht. Wien: WUV/Universitätsverlag, 89f.

2.2 Das Schulleben

2.2.1 Geschichtliche Entwicklung des Begriffs ‚Schullebens'

Der Begriff ‚Schulleben' erlangte in der Reformpädagogik (z.B. Landerziehungsheime, Odenwaldschule, Jena-Plan) Bedeutung.[93] Nach Th. Dietrich war er für seine damaligen Studenten weitest gehend unbekannt.[94] Dietrich nennt hierfür drei Gründe:

1. Die *neubehavioristische Lerntheorie* verhindert das Verweilen und strebt nach Vermittlung der stoffgefüllten Lernziele sowie nach ihrer Evaluation. Das Unterrichten im Sinn des Belehrens dominiert.

2. Durch die Tätigkeit als *Zwei-Fach-Lehrer* eilt er von Klasse zu Klasse und übergeht dadurch wichtige personale Begegnungen.

3. Die *pädagogische Berufsvorbereitung* des künftigen Lehrers ist zeitlich so begrenzt, dass wesentliche Fragen der Erziehung wie z.B. die Gestaltung des Schullebens kaum behandelt werden.

a) Die Idee des Schullebens bei J. H. Pestalozzi

Die Schulordnungen aus der Reformationszeit sowie die Pädagogik der Philanthropen verdeutlichen, dass der Streit zwischen Erziehung und Schulleben auf der einen und zwischen Schulleben und Unterricht als Belehrung auf der anderen Seite schon im 18. Jahrhundert vorhanden war. J. H. Pestalozzis Erziehungspraxis geht von einer ‚Wohnstubenerziehung' aus. Wie ‚Gertrud' in der ‚Wohnstube' mit den Kindern über deren täglichen Bedürfnisse, Tätigkeiten und Erlebnisse spricht, soll auch der Lehrer die alltäglichen Erfahrungen zur Grundlage seiner Pädagogik machen.

J. H. Pestalozzi betont, die liebevolle Zuwendung zum Kind gehe allen pädagogischen Formen voraus. Die Erfahrung des Angenommenseins durch den Erziehenden bereitet eigenes Tun vor. Pestalozzi hat seine ‚sittliche Elementarbildung'[95] mit Kindern in Stans entwickelt. Das Gegenteil solcher ethischen Erziehung, das uns bis heute begegnet, ist die erfahrungs- und handlungsferne Belehrung im Unterricht, in dem über richtiges Handeln gesprochen wird. Belehrung allein ist jedoch weitreichend wirkungslos für das Verhalten von Kindern, Jugendlichen - und Erwachsenen. Vom Guten bloß zu reden, hilft nichts, wenn dessen Sinn nicht angesichts des eigenen Erfahrens und Handelns einleuchten kann.[96]

Diese Form ethischen Lehrens und Lernens ist primär von der bewussten Zuwendung der Lehrenden abhängig und ermöglicht die Verbesserung der Atmosphäre im Klassenzimmer.

---

[93] Vgl. Dietrich, Th. (1980): Schulleben oder Unterricht?. Eine 150 Jahre alte Auseinandersetzung; in: Gudjons, H./Reinert, G.-B. (Hg.): Schulleben, Königstein: Scriptor, 1.
[94] Vgl. ebd.
[95] Vgl. Pestalozzi, J.H. (1799): Pestalozzis Brief an einen Freund über seinen Aufenthalt in Stans. In: ders.: Ausgewählte Schriften, hg. v. W. Flitner (1961, 3. Aufl.). Düsseldorf: Küpper, 93-222.
[96] Vgl. Schweitzer 1996, 68.

Sie ist für die Grundschule grundlegend und für die weiterführenden Schulen Voraussetzung sozialen Lernen durch ethische Bildung. Die Erziehung und das Schulleben sind dann nicht mehr vom Unterricht losgelöst. Der Unterricht selbst verliert seine reine Belehrung und verändert sich in Richtung Lebensbegleitung.

b) ‚Schulleben' bei F. Fröbel

Nachdem der erzieherische Gedanke des Schullebens vor allem bei Pestalozzi auftritt und eng mit dem Unterricht verbunden war, verwendet F. Fröbel 1826 erstmalig das Wort ‚Schulleben'. In seiner ‚Menschenerziehung'[97] behandelt er in § 86 die ‚Einigung von Familien- und Schulleben'. Es geht ihm um die pädagogische Vereinigung bzw. Verknüpfung von häuslicher, familiärer Erziehung und schulischer, unterrichtlicher Bildung.

> „Einigung der Schule und des Lebens, Einigung des häuslichen, des Familien- und Unterrichtslebens, dies ist die erste und unzertrennliche Forderung der vollendeten, uns zur Vollendung führen sollenden Menschenentwicklung und Menschenbildung dieses Zeitraums (dieses Alters, U.B.)."

Die ‚Einigung des Familien- und Schullebens' ist die ‚ganz unerlässliche Forderung der Menschenerziehung'. Wie Pestalozzi ist es Fröbel wichtig, die Kinder nicht mit ‚fremdem Wissen, Kennen und Können herauszuputzen', sondern ihnen Wissen zu ermöglichen, das ihrem ‚eigenen Innern entkeimt'.

Der Unterricht solle deshalb auf den kindlichen Erfahrungen aufbauen. Daher legt Fröbel Wert auf die ‚Natur- und Außenweltbetrachtung', ausgehend vom Nächsten und Nahbereich. Für Fröbel folgt aus der Vereinigung des Schullebens mit dem Familienleben die Umgestaltung des Unterrichts, bei dem mehr Selbsttätigkeit stattfindet, und die Förderung des gemeinsamen Lebens in der Schule.

> „Selbsttätiges Denken wurde mit Misstrauen betrachtet, da es dazu führen könnte, die Tradition kritisch zu befragen".[98]

Dem preußischen Obrigkeitsstaat lag eher an der Unter- und Einordnung des Schülers sowie der Vermittlung der Überlieferungen an die nächste Generation als an geistiger Selbsttätigkeit. Allein der Elementarbildung wurde die Aufgabe zuerkannt, „dem praktischen Leben in Kirche, Familie, Beruf, Gemeinde und Staat zu dienen und für dieses Leben vorzubereiten"; alles „Unberechtigte, Überflüssige und Irreführende"[99] sollte ausgeschieden werden. Dies traf auch die Gedanken Fröbels.

c) Reduktion des Schullebens auf den ‚erziehenden Unterricht'

Aufgrund des schulpolitischen Sieges der konservativen Kräfte in Preußen hat sich der Unterricht als Belehrung und Tradierung überkommener Erfahrung durchgesetzt. J.F. Herbart fo-

---

[97] Fröbel, F. (1826): Die Menschenerziehung, die Erziehungs-, Unterrichts- und Lehrkunst angestrebt in der allgemeinen deutschen Erziehungsanstalt zu Keilhau, dargestellt von dem Stifter, Begründer und Vorsteher derselben, Friedrich Wilhelm August Fröbel. Keilhau; in: ders. (1951): Ausgewählte Schriften, hg. v. E. Hoffmann. Bd. 2. Düsseldorf: Helmut Küpper.

[98] Dietrich 1980, 3.

[99] „Grundzüge betr. Einrichtung und Unterricht der evangelischen einklassigen Elementarschulen", 3. Regulativ, 1854; abgedruckt in: Scheibe, W. (Hg.) (1974): Zur Geschichte der Volksschule. Band II, Bad Heilbrunn: Klinkhardt, 23ff.

kussiert seine Pädagogik auf den Unterricht und ergänzt ihn mit der ‚Bildung des sittlichen Charakters', wie unter 2.1.1 verdeutlicht. Moralität entsteht nicht aus der bloßen Erfahrung. Nur der Unterricht, der dem Schüler ethische Vorstellungen übermittelt, sei gesinnungsbildend.

> „Der eigentliche Kern unseres geistigen Daseins kann durch Erfahrung und Umgang nicht mit sicherem Erfolg gebildet werden. Tiefer in die Werkstätte der Gesinnung dringt gewiss der Unterricht."[100]

Somit ist der Unterricht erzieherisch und schützt vor Miterziehern, die auf die Charakterbildung negativ wirken. Der ‚erziehende Unterricht' ermöglicht sittliche ‚Gedankenkreise', welche die ‚Moralität' erzeugt. Die damalige Assoziationspsychologie bzw. Vorstellungspsychologie geht davon aus, dass der Lehrer nur die richtigen, sittlichen Vorstellungen übermitteln bzw. einflößen muss, um sittliche Empfindungen entstehen zu lassen.

> „Aus Vorstellungen werden Empfindungen und daraus Grundsätze und Handlungsweisen."[101]

Durch Übung und Wiederholung festigt sich die Sittlichkeit, so dass sich der Grad der Moralität mit zunehmendem Alter vergrößert. Leider gibt es in heutiger Sicht zahlreiche Gegenbeispiele. Die Herbartianer haben sich gegen Fröbels reformpädagogischen Gedanken durchgesetzt. Die moralische Erziehung wurzelt somit in einer intellektualisierten Auffassung von Unterricht. Der rationalistische Lernprozess verdrängte den Gedanken des Schullebens bzw. des Lernens aufgrund von Erfahrungen, alltäglichen Tätigkeiten und kindlichen Bedürfnissen. Die ‚Lernanstalt' löste die ‚Wohnstubenerziehung' ab. Die Schulleben-Konzeption erfordert eine völlig andere Gestaltung von Schule und Unterricht. Sie fordert Möglichkeiten zum selbstständigen und gemeinsamen Handeln in Schule und Unterricht.

d) Wiederentdeckung des Schullebens

C. G. Scheibert begründet seine Bürgerschule (1848) aus dem ‚Gemeinsinn' heraus.

> „Der Gemeinsinn kann und soll nicht gepredigt, sondern kann nur angelebt werden" (§ 21)

Sittliches, mitmenschliches Handeln soll in der Schule gelebt werden. Erst an das Tun schließt sich die Reflexion an. Für dieses Feld benötigt die Schule nach Scheibert ‚ein Schulleben', „auf welchem möglichst getreu die im bürgerlichen Leben geltenden Faktoren zur Übung und Geltung kommen können." (§ 21) Die Notwendigkeit des Schullebens begründet sich also aus dem Gemeinsinn und der Vorbereitung auf das Leben als Bürger.

In seiner Theorie des Schullebens (§ 67-84) unterscheidet Scheibert drei Formen des Schullebens, nämlich

1. ein Schulleben, das sich an den „Unterrichtsgegenständen entwickelt"; hier helfen sich die Schüler im Unterricht gegenseitig; „sie müssen sich als zusammengehörige, zur Erstrebung eines gemeinsamen Zieles berufene, zur Erreichung desselben vereinte, zur gegenseitigen Förderung und Hilfestellung Verpflichtete usw. ansehen lernen" (§ 67);

---

[100] Herbart, J.F.: Über die ästhetische Darstellung der Welt als Hauptgeschäft der Erziehung, 1802, 1. Satz.
[101] Herbart 1806, 23.

2. ein Schulleben, das sich an den Unterrichtsgegenständen ‚entfaltet'; hier kommen die Schüler aus ‚freiem Entschluss' zusammen und gehen ‚freien Tätigkeiten' nach; sie können also Arbeitsgemeinschaften (z.B. für Mathematik oder Geographie) gründen oder in Gruppen ihre Lieblingsbeschäftigungen betreiben;

3. ein Schulleben, das ‚selbstständig' neben dem Unterricht besteht; darunter fallen ‚Wochenandachten' und ‚Schulfeiern' usw.

Seit Scheibert ist der Begriff und die Idee ‚Schulleben' aus der pädagogischen Literatur nicht mehr fortzudenken. Deshalb räumt der Herbartianer W. Rein ein, dass die Schule neben dem Unterricht auch ‚Gelegenheit zum Handeln' geben müsse. Daher sind Veranstaltungen wie Schulwanderung, Schulandacht und Schulfeier hilfreich. Nach Rein dienen diese ‚Veranstaltungen des Schullebens' lediglich zur ‚Ergänzung des Unterrichts'; sie durchdringen ihn jedoch nicht.[102]

e) Unterricht und Schulleben

Die Forderungen Fröbels und Scheiberts sind in die Grundschulkonzeption nach dem 1. Weltkrieg eingegangen. Die preußischen Richtlinien nehmen nun Fröbels Gedanken auf:

> „Im gesamten Unterricht der Grundschule ist der Grundsatz zur Durchführung zu bringen, dass nicht Wissensstoff und Fertigkeiten bloß äußerlich angeeignet, sondern möglichst alles, was die Kinder lernen, von ihnen innerlich erlebt und selbsttätig erworben wird. Deshalb hat aller Unterricht die Beziehungen zur heimatlichen Umwelt sorgfältig zu pflegen."[103]

Die Grundlage solchen Unterrichts bildet das ‚Schul- und Unterrichtsleben'. Die Erfahrungen aus dem Schulleben gestalten den Unterricht um. Die Schule berücksichtigt ihre erzieherische Funktion, indem sie den Schülerinnen und Schülern das Zusammenleben und -arbeiten sowie sittliches Handeln ermöglicht.

Im ‚Jena-Plan' von P. Petersen trägt das Schulleben den Unterricht. Es bildet die Grundlage für den Unterricht; der Unterricht ist in das Schulleben eingebettet. Nach Dietrich fallen etwa 23 % der gesamten Wochenarbeit auf Gemeinschafts- und Gruppenarbeit und nur bis zu 33% auf Fachkurse (Fachunterricht).[104] Der Jean-Plan verwirklicht Schulleben, indem er den Gemeinsinn entwickelt, welcher dann auch das ganze Schul- und Unterrichtsleben durchdringt.

Petersen zufolge habe der Pädagoge „zuerst Erzieher und dann erst Lehrer zu sein"[105]. Gerade die Erziehung macht den Menschen zum Menschen. Humanitas muss jedoch geübt werden. Sie wird nicht durch Reden über Sittlichkeit erworben, sondern primär durch ‚Tathandlungen' (Pestalozzi), an die sich ein Überdenken anschließt. Schulleben bietet hierfür eine Fülle von Gelegenheiten. Die Schulverwaltung muss dafür sorgen, dass Lehrer ohne schlechtes Gewissen gegenüber der Stofffülle und -vermittlung die Möglichkeit haben, Schulleben zu verwirklichen, d.h. das Miteinander-Leben in der Schule und das Lösen von Lebensaufgaben zu fördern. Dadurch verändert sich die Schule von der ‚Lehranstalt' zur ‚Lebensstätte'.

---

[102] Zit. nach Dietrich 1980, 5.

[103] „Richtlinien zur Aufstellung von Lehrplänen für die Grundschule", 1921; abgedruckt in: Scheibe, W. (Hg.) (1974): Zur Geschichte der Volksschule. Band II, Bad Heilbrunn: Klinkhardt, 59ff.

[104] Vgl. Dietrich 1980, 7.

[105] Zit. nach Keck/Sandfuchs 1979, 18.

f) Schulleben und Schulgemeinde

Der Schüler darf nicht ‚Objekt' pädagogischer Handlungen sein, sondern soll ‚Subjekt' bleiben bzw. werden.[106] Deshalb ist es nur konsequent, wenn Hugo Gaudig ‚arbeiten' durch ‚leben' im Sinn von ‚Erleben des Bildungsgutes' ersetzt und so das freie, selbsttätige Lernen, Entfalten und Denken fördert.[107] Sein Ziel ist die Emanzipation, die Befreiung des Kindes aus erzwungener Rezeptivität, um der eigenständigen, geistigen Produktivität gerecht zu werden.[108] Schulleben impliziert als Gemeinschaftsleben eine gleichstufige Lehrer-Schüler- sowie Schüler-Schüler-Interaktion.[109]

Rollentheoretisch gesehen, zweifle ich an der Gleichstufigkeit von Lehrenden und Lernenden. Zwar kann der Lehrer sich als Partner und Freund dem Kind zuwenden, aber er bleibt in der Rolle des Lehrenden. Viel hilfreicher für das Gemeinschaftserleben ist die Akzeptanz und Toleranz aller am Schulleben Beteiligten. Durch die gegenseitige Wertschätzung sowie die Möglichkeit., Entfaltungsspielräume der individuellen Fähigkeiten einzuräumen, entsteht für Gaudig ein ‚Wir'-Bewusstsein.[110] Gemeinschafs(er)leben ist die Basis für gelungenes Schulleben.

Das Schulleben entwickelt sich dann, wenn

- Schüler sich wohl und heimisch fühlen,

- das Gefühl der Gemeinschaft unter den Schülern aufgebaut und

- ihnen Gelegenheit zur Selbsttätigkeit gegeben wird.[111]

Das Schulleben stellt in Geschichte und Gegenwart die Einheit von Erziehung und Unterricht wieder her. Die Reformpädagogen des 20. Jahrhunderts betonten den Ansatz des Zusammenlebens von Schüler und Erzieher. H. Lietz hat den Ansatz einer ‚Lebensgemeinschaft' in seinem ersten Landerziehungsheim bei Ilsenburg 1898 verwirklicht. Weitere Beispiele hierfür sind die Konzepte von Don Bosco, A. Makarenko, Father Flanagan, A. S. Neill, Padre Silva oder K. Wilker sowie die Kinderdorfbewegungen und andere Internatsformen. Neben Unterricht gehören Elemente wie gemeinsames Arbeiten, Diskutieren, Wandern, Reisen, Erkunden und Experimentieren, Spielen, Sporttreiben, Feiern, Basteln, Musizieren, Schauspielen, Kochen und Pflegen von Tieren und Pflanzen dazu. Die Schulgemeinde verwirklicht in ihrem Schulleben die Urformen der Reformpädagogik: Gespräch, Spiel, (Gruppen-)Arbeit und Feier.[112] Das gemeinsame Handeln in relevanten Projekten bietet den Erfahrungsraum, welcher die Kompetenzen für späteres bürgerschaftliches Engagement in der Gesellschaft fördert.

Th. Dietrich stellt fest, dass aufgrund der chaotischen Zustände nach dem Zweiten Weltkrieg die Beschränkung auf Unterricht in Deutschland nicht genügte, sondern dass die Schule im ersten Nachkriegsjahrzehnt „vor allem sozialpädagogische Aufgaben zu erfüllen" hatte. Ein

---

[106] Vgl. Gaudig 1923, 67.
[107] Vgl. Gaudig 1923, 68f.
[108] Vgl. Gaudig 1923, 73.
[109] Vgl. Gaudig 1923, 96.
[110] Vgl. Gaudig 1923, 111.
[111] Vgl. Struck 1980b, 3.
[112] Vgl. Dietrich, Th. (1978): Schule und Lehrerbildung nach 1945 (Bundesrepublik Deutschland und DDR); in: Hierdeis, H. (Hg.): Taschenbuch der Pädagogik. Teil 2, Baltmannsweiler, 666.

wichtiges Ziel war die „Humanisierung der Kinder durch Humanisierung ihres Gemeinschaftslebens“[113].

> „Daher stand die Gemeinschaftserziehung in der Schule obenan: Die Erziehung zur ‚Hilfsbereitschaft‘ (Bayer. Verf. 1946, Art. 131), zu, ‚Dienst‘ an der Schulgemeinschaft (Bremer Schulgesetz 1949), zur ‚Staatsbürgerlichen Mitverantwortung‘ (Volkschulgesetz Rheinland-Pfalz, § 2, 1955), zu ‚Gemeinschaftsverbundenheit‘ (Schleswig-Holstein, Richtlinien 1949/50).“[114]

Neben den ‚Fertigkeiten‘ ist die Bildung der ‚Gesinnung‘ schon für F. Schleiermacher eine wichtige Aufgabe der Schule. Es geht ihm um die Bildung eines Gemeinsinns für das Gemeinwohl. Das gesamte Schulleben ist dadurch betroffen: Feste und Feiern, Exkursionen, Projekte und fächerverbindendes Arbeiten, Arbeitsgemeinschaft und Elternarbeit sind heute schon praktizierte Wege. Epochenunterricht und der thematische Projekttag sind weitere reformpädagogische Ansätze, die in der Praxis noch zu selten vorkommen. Einige Schulen machen positive Erfahrungen mit Schülergottesdiensten. Doch Wunsch und Wirklichkeit innerhalb des Schullebens klaffen oft noch zu stark auseinander. Ein überschaubares, schriftlich konkretisiertes Schulprogramm[115] für die nächsten drei bis fünf Jahre wäre eine sinnvolle Hilfe für die Einzelschule, die sich weiter entwickeln möchte. Ein Schulprogramm spiegelt den gemeinsamen pädagogischen Konsens einer Schule wider und legt den Schwerpunkt der Arbeit für die Beteiligten fest.

Die Schule, die sich am Schulleben orientiert, wird zu einer Schulgemeinschaft von Lehrern, Schülern und Eltern. Die Schulgemeinde ermöglicht die Mitwirkung der Schüler- und Elternschaft auf unterschiedliche Weise. Noch in den 70er Jahren deckt H. v. Hentig die ‚Sozialpathologie‘ der gegenwärtigen Schule auf und kritisiert die staatliche Schule, die ihren Mitgliedern versagt bzw. erschwert, sich in ihr zu entfalten und in ihr befriedigende Beziehungen einzugehen.[116] Seine Bielefelder Laborschule war die Antwort auf eine Schule, die die Kinder ‚sozial unfähig‘ mache. H. v. Hentigs Schulleben berücksichtigt die Kategorien Motivation, Projektunterricht, Kooperation, Kommunikation, Sprachkompetenz, Solidarität, Sexualität, Toleranz und dauerhafte Beziehungen zu anderen Personen oder Sachen.[117]

Keck und Sandfuchs bestimmen Schulleben am Ende der 70er Jahre durch fünf Aspekte:[118]

- Schulleben bricht den formalisierten Umgang der Schule mit den Lernenden und den Lerngegenständen zugunsten von mehr Lebensnähe auf (Erkundungsstrategien).

- Schulleben bezieht Freizeit in die Unterrichtsgestaltung mit ein.

- Schulleben ermöglicht Selbstaktivitäten des Schülers durch Öffnen der Raumgegebenheiten (Schülerbibliothek, Medien- und Spielothek, Spiel-, Sport- und Freizeitflächen, Schaukästen, Gestaltung der Wände durch die Schüler).

---

[113] Ebd.

[114] Ebd.

[115] Vgl. Themenheft (1999): Pädagogik, H. 11 unter anderem mit Beiträgen von Bastian, J.: Schulprogrammarbeit. Knotenpunkte und Lösungsmöglichkeiten (6-9), Eikenbusch, G: Erste Hilfe(n) für die Schulprogrammarbeit (10-15) und Rolff, H.-G.: Verschriftlichung eines Schulprogramms. Hilfen und Übungen (25-27).

[116] Vgl. v. Hentig, H. (1976): Sozialpathologie der Schule; in: ders.: Was ist eine humane Schule?, München, 61.

[117] Vgl. v. Hentig 1976, 75.

[118] Vgl. Keck/Sandfuchs 1979, 22f.

- Schulleben ermöglicht den Gang aus der Schule heraus in Form von Praktika, Erkundungen, Ausflügen, Fahrten und Lehrspaziergängen.

- Schulleben verknüpft die Schule mit anderen Lernorten wie Elternhaus, Schullandheim, Betrieb, Theater, Museum, Bücherei und Kommunikationszentren.

E. Weber definiert deshalb Schulleben 1979 nicht mehr nur außerunterrichtlich, sondern als einen umfassenderen Begriff der schulbezogenen Situationen:

> „Schulleben, im weiten Sinne verstanden, meint das Insgesamt der mit erzieherischen Intentionen gestalteten bzw. betreuten unterrichtlichen und außerunterrichtlichen Situationen im Lebensbereich der Schule, zu denen noch unter schulischer Verantwortung außerschulische, erzieherisch bedeutsame Situationen hinzukommen können.“[119]

Diese neueren Aspekte des Schullebens beziehen sich nur zum Teil noch auf den Unterricht. Zunehmend entwickelt sich der Ansatz des Schullebens in die andere Richtung: Öffnung der Schule ins Gemeinwesen.

2.2.2 Schule als Gemeinschaft

a) Modell einer ‚Schule der gerechten Gemeinschaft'

L. Kohlberg sowie F. Oser und W. Althof haben Studien durchgeführt, in dem sie ‚Just Community-Schools' eingerichtet und die Wirkungen auf die Schulkultur, das soziale Klima und das prosoziale Verhalten untersucht haben.[120] In diesen Schulen haben die Kinder und Jugendlichen die Möglichkeit, sich durch eigenes verantwortliches Handeln in schulischen Vollversammlungen und in Schüler-Lehrer-Ausschüssen gleichberechtigt wie die Lehrenden einbringen zu können. *Demokratisches* Lernen erfolgt unter ‚Beteiligung der Betroffenen' (K. Lewin).

Die intensivste Grundform sozialen Lernens ist sicher die ‚Just Community-School'. Sie ist eine komplexe Form und beinhaltet deshalb einige Gefährdungen und interaktive Ungeschicklichkeiten, die das Gelingen verhindern können. Empirisch zu beobachten waren: mangelnde Disziplin im Unterricht, keine echten Alternativen bei Dilemma-Geschichten, Moralisierung oder Frage-Antwort-Unterricht bei den Vollversammlungen oder ein Thema, welches nur eine Teilgruppe interessierte.[121] Trotzdem nähern sich diese Schulen dem Gedanken der ‚Polis' (H.v. Hentig) und dadurch dem Ziel der Erziehung zur (demokratischen und moralischen) Mündigkeit an. Aufgrund dieses *partizipatorischen* ‚Modells der Gerechten Gemeinschaft' wird ein politisch-emanzipatorischer Zweig der inneren Schulentwicklung deutlich. Dieses Modell korrespondiert mit dem Ansatz einer teilautonomen Einzelschule und ihrer Verantwortung für die Erziehung und Bildung der Kinder und Jugendlichen zu mündigen Bürgerinnen und Bürgern im demokratischen Staat.[122] Viele Lehrkräfte verwenden Dilemma-

---

[119] Weber, E. (1979): Das Schulleben und seine erzieherische Bedeutung, Donauwörth, 64.
[120] Vgl. Oser/Althof 1992, 443-458.
[121] Vgl. Oser/Althof 1992, S. 453.
[122] Vgl. Oser/Althof 1992, S. 457.

Erzählungen und beobachten die affektiv-kognitive Wirkung.[123] War noch in den 80er Jahren Kritik und Skepsis (z.B. Übertragbarkeit und Generalisierbarkeit)[124] wahrzunehmen, so haben evaluierte Schulversuche in der Schweiz, England und in der BRD sowie viele zahlreiche Schulen, die Klassenrat und Schulversammlung eingeführt haben, gezeigt, dass das amerikanische Modell nach Europa übertragbar ist. Die Veränderung der schulischen Struktur in Richtung eigener Profilierung der Einzelschule kommt der Einführung des partiellen oder gesamten Modells einer ‚Just Community-School' entgegen.

b) Soziales Lernen im Schullalltag

Außerunterrichtliches Engagement der Schülerinnen und Schüler zeigt sich an manchen Schulen durch die Teilnahme an Arbeitsgemeinschaften (z.B. Chor, Zirkus, Garten, Sport). Leider hat die Schulverwaltung in diesem wichtigen Bereich Lehrerstunden eingespart. Die Einrichtung von Patenschaften für jüngere Schüler fördert prosoziales Verhalten älterer Mitschüler. Schülerinnen und Schüler werden ebenso wie die Elternschaft in Planung und Durchführung von Festen und Feiern einbezogen. Die Mitarbeit bei der Schüler- bzw. Schulzeitung stärkt ebenfalls das Schulleben.

Der Schulalltag selbst ist das Feld sozialen Lernens. Hier gilt es, den Schülerinnen und Schülern Verantwortung einzuräumen und zu übertragen. Verantwortung muss ihnen sowohl im Klassenverband als auch im System Schule zugetraut werden. So kann das Schulleben der Ort des Lernens im Dienst der Demokratie werden. Deshalb ist die Schülermitverantwortung in dieser Hinsicht als wichtige Einrichtung ernst zu nehmen.

Repräsentative Jugendstudien stellen fest, dass das schulische Engagement bei der Schülerschaft gering ist: Z.B. möchten 91% der Schüle nicht in der SMV mitarbeiten.[125] Dieses empirische Faktum provoziert sowohl die Frage nach der Motivation von Schülerinnen und Schülern als auch die Frage nach der Struktur der Schule. Möglicherweise ist jemand Klassensprecher geworden, weil es sonst niemand machen wollte, und deshalb identifiziert er oder sie sich nicht sonderlich mit dieser Rolle.[126]

> "Unklar bleibt, ob die Schülerinnen und Schüler nicht wollen, weil sie keine Lust haben oder weil sie sich noch nicht in der Lage sehen, Verantwortung zu übernehmen und Interessen erwachsenen Lehrpersonen gegenüber zu vertreten. Möglicherweise sind sie zu der Einsicht gelangt, dass der Lehrer das Sagen hat und ihre Mitarbeit ohnehin bloß kosmetische Funktion hat."[127]

Damit tritt eine weitere Fragerichtung hinzu: Die Frage nach dem Erwerb der Kompetenzen für soziales und partizipatives Engagement in der Schule.

---

[123] Vgl. jüngste Untersuchung: Kuld, L/Schmid, B. (2001): Lernen aus Widersprüchen. Dilemmageschichten im Religionsunterricht. Donauwörth: Auer

[124] Vgl. Leschinsky, A. (1987): Warnung vor neuen Enttäuschungen. Strukturelle Hindernisse für eine Schule der Gerechten Gemeinschaft. In: Die Deutsche Schule 49. Jg., S. 28-43.

[125] Jugendwerk der Deutschen Shell (Hrsg.): Jugend ′97. Zukunftsperspektiven. Gesellschaftliches Engagement. Politische Orientierung, Opladen 1997, 343ff.

[126] Vgl. Schelle, C. (1999): Schülervertretung - Stiefkind in der Schule?. Perspektiven für die Schulentwicklung aus Schülersicht; in: Pädagogik H. 10, 55.

[127] Ebd.

Jugendliche sollen sich mit ihrer Schule identifizieren können. Eine Möglichkeit, um dieses Ziel zu erreichen, liegt darin, mit allen am Schulleben Beteiligten ein Schulprofil zu erarbeiten und ein Leitbild zu erstellen. Darüber hinaus gibt ein Schulkodex, der gemeinsam formuliert und ausgehandelt wurde, eher Sicherheit im Verhalten und im Umgang miteinander als eine vorgegebene Schulordnung. Sowohl das Schulprofil als auch der Schulkodex unterliegt ständiger Überprüfung und Veränderung. Werden die Schülerinnen und Schüler dabei einbezogen und können bei der Erstellung und Modifizierung mitbestimmen, so ist die Motivation zur Umsetzung höher als wenn die Produkte lediglich auf der Erwachsenenebene entstehen.

Neben diesen partizipativen Aspekten des Schullebens ist der Umgangsstil in der Schule ebenso für eine gelungene Schulatmosphäre wichtig. Grundregeln des zwischenmenschlichen Handelns sind zu beachten, gerade weil Verhaltensformen der Höflichkeit nicht mehr selbstverständlich sind. Man darf nicht vergessen, dass Sozialverhalten im zwischenmenschlichen Umgang eingeübt werden muss, wie z.B. sich grüßen, sich verabschieden, sich bedanken, um etwas bitten, sich entschuldigen, um Verzeihung bitten.[128]

Konflikte lassen sich im Schulleben sowie im Unterricht nicht vermeiden. Wie aber diese Konflikte ausgetragen werden, ob sie gar in Gewalt eskalieren, hängt auch von der Konfliktkultur der jeweiligen Schule ab. In der Schulgemeinschaft wird alltäglich Konfliktfähigkeit eingeübt und erworben. Zudem haben viele Schulen Streitschlichtung institutionalisiert und Streitschlichter- bzw. Mediatorenausbildung als festes Programm aufgenommen.[129] So eröffnet sich gerade in diesem Bereich die Chance für eine Schule, ihre eigene Kultur zu entwickeln und eigene Programme zu erstellen, um soziales Lernen zu ermöglichen und Bereiche der Verantwortung zu eröffnen.

[128] Vgl. Keller/Hafner 1999, 38ff.

[129] Vgl. Jefferys-Duden, K. (1999): Das Streitschlichter-Programm. Mediatorenausbildung für Schülerinnen u. Schüler der Klassen 3 bis 6. Weinheim u. Basel

2.3 Die gemeinwesenorientierte Schule

2.3.1 Geschichtliche Entwicklung der Community Education

„Macht die Schule auf, lasst das Leben rein“ forderten schon 1986 Zimmer und Niggemeyer.[130] Sie verbanden diesen Aufruf mit der Darstellung englischer Stadtteil- und Nachbarschaftsschulen. Kein pädagogisches Thema hat vermutlich während der vergangenen 20 Jahre die Diskussion um die Schulreform so bestimmt wie der Topos, Schulen sollten sich öffnen.[131] Oftmals wird dieses Thema mit der Thematik bzw. Problematik der Ganztagsschule verknüpft. Bereits 1988 war allen nordrhein-westfälischen Schulen das Rahmenvorhaben ‚Gestaltung des Schullebens und Öffnung der Schule‘ (GÖS) zugesandt worden.[132] Die Autoren rekurrierten ausdrücklich auf die Tradition der ‚Community Education‘. Das Rahmenvorhaben erlaubte Versuche möglichst in allen Schularten. Als Innovationsinstrument sollte es die Entwicklungschancen der Einzelschule stärken. Im Fokus stand die ‚gute Schule‘, welche man über die gemeinwesenorientierte Bildungsarbeit erreichen wollte.

> „Eine systematische, kritisch reflektierte Darstellung dessen, was Öffnung von Schule für ein Kollegium, für Schülerinnen und .Schüler, für Eltern, für das Schulleben, den Unterricht, das schulische Umfeld etc. in der Praxis bedeutet ..., fehlt bisher völlig.“[133]

a) Entstehung des Ansatzes in USA und England

Der Ansatz der Community Education, einer gemeinwesenorientierten Bildung und Erziehung im schulischen Kontext, findet in Schulen statt, deren Kollegium sich auf Außenbeziehungen einlässt. Der Ansatz einer stadtteilorientierten oder einer nach außen und innen geöffneten Schule entstand im angelsächsischen Bereich. Er entwickelte sich keineswegs linear.

John Dewey wird gelegentlich auch als der geistige Vater bezeichnet. Dewey hat vor hundert Jahren in Chicago eine Bildungs- und Schulreform angeregt, deren Akzente die Ansätze der Community Education vorwegnahmen. Eine kritische Analyse der Institution Schule voranstellend, erkannte er den allmählich schwindenden bildenden Wert der Schule und die ansteigende Relevanz der außerschulischen Umwelt. Darum wollte er Schule und Leben als Einheit verstanden wissen.

Dewey[134] sieht Schulen als ‚social-centers‘, als ‚social-settlements‘. Die Vision hinter dem Gedanken von ‚Demokratie‘ und ‚Gesellschaft‘ liegt in einer ‚idealen demokratischen Gemeinschaft‘, einer lokalen ‚Gemeinde‘. Sie benötigt ‚shared values‘, denn ‚gemeinsame Wer-

---

[130] Zimmer, J./Niggemeyer, E. (1986): Macht die Schule auf, lasst das Leben rein. Von der Schule zur Nachbarschaftsschule, Weinheim.
[131] Vgl. Grunder 2001, 144.
[132] Vgl. zum Modellversuch: Kultusminister des Landes Nordrhein-Westfalen (Hg.) (1988): Rahmenkonzept Gestaltung des Schullebens und Öffnung von Schule. Düsseldorf.
[133] Buhren 1994, 2.
[134] Vgl. im Folgenden: Grunder 2001, 146.

te' realisieren gemeinschaftliche Ziele und lassen das gegenseitige Verständnis für soziale Verantwortung und Zusammengehörigkeit wachsen. Sich auf gemeinsame Werte zu verständigen, ist für Dewey zentral, zumal die Erziehung innerhalb dieses Gedankengangs dominiert: Sie soll die nachwachsende Generation in die Traditionen, die Ziele und die Interessen einer Gemeinschaft einführen. Die Schule entspricht bei Dewey einer ‚verkleinerte Gemeinschaft', als ‚embryonic society', mithin das soziale Ganze vertretend und insofern bereits eine Form des gemeinschaftlichen Lebens, des ‚community life'. Soziale Erfahrung bereitet die Heranwachsenden auf das gesellschaftliche Leben vor und trägt durch die gesellschaftliche Teilnahme und auch Teilhabe zur Demokratisierung der Gesellschaft bei. Schule, zugleich also sozialer Erfahrungsraum, ‚embryonale Form der Gesellschaft' und ‚social center' für demokratisches Lernen setzt der sozialen und kulturellen Entwurzelung ganzer Familien eigenständige pädagogische Konzepte entgegen, indem sie sozial destabilisierte und orientierungslose Kinder und Jugendliche stärkt. Die gemeinwesenorientierte Schule versucht sowohl wissenschaftsorientierte als auch alltagsrelevante Inhalte in einer sozial anspruchsvollen Lernumgebung zu vermitteln und verfügt darüber hinaus über die geeignete Infrastruktur, um permanente Weiterbildung und lebenslanges Lernen zu initiieren.

Bis zur Mitte der sechziger Jahre des letzten Jahrhunderts lagen zwei Varianten der Community Education vor: Die eine wurzelt in den USA.Sie geht auf sozialpädagogische und sozialreformerische Ansätze in den dreißiger Jahren des 20. Jahrhunderts zurück, wie sie etwa die Stadt Flint (Michigan) realisiert hat. Die zweite gründet in England, wo in Cambridgeshire das soziale Gefälle auf dem Land vermindert werden sollte, was zum Ausbau eines attraktiven und anspruchsvollen Bildungs-, Sozial- und Kulturangebots in den ländlichen Kommunen führte.

Die heutigen Vertreter der Community Education in den USA[135] berufen sich auf den Pädagogen Frank Manley und den Industriellen Charles Stewart Mott, deren Ansatz sozial motiviert war. In Flint (Michigan) initiierten sie über eine Stiftung das erste' Community Education Programme' (1935) unter dem Slogan ‚Helping people help tbemselves'. Angeboten wurden Kurse über Gesundheit, Freizeit und Weiterbildung. Die Schulen wurden zu kommunalen Bildungs- und Kulturzentren. Ihr soziales und kulturelles Angebot sollte die Infrastruktur der Gemeinden bereichern.

In England[136] war es der Pädagoge Henry Morris, der die Community Education begründet hat. Anfangs der zwanziger Jahre des 20. Jahrhunderts als ‚Chief Education Officer' für die Grafschaft Cambridge sah er sich damit konfrontiert, dass die staatliche Bildungsexpansion die ländlichen Gebiete weitgehend ignoriert hatte. Seine Sorge galt der ineffizienten und rückständigen Landschule, was ihn das ‚Village College' gründen ließ. Die Gründung bemühte sich um eine ‚rural education', welche die ländlichen Gegebenheiten respektiert. Zu diesen ‚Dorfschulen' gehörten neben einem Kindergarten Labors, Sportanlagen. Werkstätten und ein Lese- und Gemeindesaal. Dank der Village Colleges sollten Bildung und Erziehung nicht mehr schulisch-isoliert vom familiären Leben praktiziert werden.

> „Community Education bezeichnet ein Konzept zur Verbesserung der Lebensqualität. Ausgehend von gesellschaftlichen Defiziten und Missständen dient Commu-

[135] Vgl. im Folgenden Grunder 2001, 146f.
[136] Vgl. im Folgenden Reinhardt 1992, 67-72.

nity Education der individuellen und gemeinschaftlichen Entwicklung auf der Basis kollektiven Handelns."[137]

Dieses Bildungs- und Erziehungskonzept umschließt Menschen, welche einen oder mehrere emotionale, gesellschaftliche, ethnische oder lokale Sachverhalte verbinden, und ermöglicht individuelle und kollektive Entwicklung und Entfaltung in der sozialen, kulturellen und intellektuellen Dimension.

Sowohl der US-amerikanische als auch der englische Ansatz setzen auf die zweifache Nutzung der Schule durch Unterricht und eine gemeindeorientierte Weiterbildungsaktivität. Ende der 60er Jahre entdeckte man die ‚Village Colleges' wieder und Gedanke des lebenslangen Lernens und der Öffnung von Schule von Morris wurde reaktiviert. Nachdem in den USA die ersten ‚Community Education Programms' starteten, fanden sie im ‚Community School Development Act' Einzug. Jeder US-Staat besitzt mittlerweile ein ‚Community Education Department' und die Zahl der ‚Community Schools' ist landesweit auf mehrere Tausend gestiegen.[138]

b) Gründung von Community Education-Schulen in Deutschland

Die Community Education ist in Deutschland Mitte der siebziger Jahre erstmals diskutiert worden. Man verfolgte die Hinweise aus den Community-Schulen der englischen Großstädte Liverpool, Manchester oder Coventry, indem man diese als sozialpädagogische Anregung für die Schule sowie für die Stadtteil- oder Gemeinwesenarbeit aufnahm. Drei gesellschaftspolitische Sachverhalte haben die Debatte um die Community Education intensiviert: Der Streit um die ‚Bildungskatastrophe', die Migrationswellen ausländischer Arbeiter und die wirtschaftliche Rezession der siebziger Jahre. Dem proklamierten Bildungsnotstand folgte eine Bildungsreform, die darauf abzielte, Ungleichheit abzubauen, auf ein verwissenschaftlicht revidierbares Curriculum setzte und einen humanisierten pädagogischen Umgang verlangte.[139]

Die deutsche Einschätzung der Transformation des ‚Community Education'-Konzepts nach Deutschland ergab drei argumentative Positionen:[140]

1. Eine radikale (im Sinn von ‚an die Wurzel gehende') Linie, die der entsprechenden Position in Großbritannien nahe kommt. Neben einer Adaption des Konzepts der Gemeinwesenarbeit aus der *Sozialarbeit* wird sie durch Übertragungen aus der ‚Pädagogik der Benachteiligten' inspiriert. Zielte in Großbritannien das Konzept auf die Verbesserung der Erwachsenenbildung und der außerschulischen Jugendarbeit, so wird diese Linie in Deutschland vorwiegend auf der Veränderung der staatlichen Schule bezogen.

2. Eine reformorientierte Position, die an spezifischen Problemen der Institution Schule ansetzt und etwaige schulisch zu bewirkende Veränderungen des sozialen Umfeldes bestenfalls mittelbar im Sinn hat. Im Unterschied zum umfassenden, gebietsorientierten sozialpädagogischen Ansatz der radikalen Linie steht hier ein institutionsbezogener

[137] Buhren 1994, 10.
[138] Vgl. Grunder 2001, 147.
[139] Vgl. Grunder 2001, 149.
[140] Vgl. Reinhardt 1992, 33.

sozialpädagogischer Ansatz im Vordergrund. Im Kern geht es zum einen um eine Erweiterung von Bildungsprozessen durch eigene Praxis der Kinder und Jugendlichen und zum anderen um ein verstärktes Wahrnehmen des *schulischen* Erziehungsauftrags.

3. Eine ablehnende Position, die aufgrund einer Gemeinwesenorientierung bzw. Öffnung der Schule eine *Überforderung* der in der Schule Tätigen befürchtet oder aber die Schule dabei auf dem Weg zu einem *Vergnügungspark* oder gar als Stätte der Gesellschaftsveränderung sieht.

Die deutschen Schulen, welche Community Education als Konzept einführten, setzten bei den Misserfolgen der Bildungsreform an: Sosind Hauptschulen in Berlin-Kreuzberg, Essen und Gelsenkirchen mit einem Ausländeranteil von mehr als 50% in der Folge selbstinitiiert zu ersten Community Education-Projekten geworden. Sie versuchen, das Leben der multikulturellen Gesellschaft in die Schulen zu holen. Die Anwendungsfelder der Community Education sind breit angelegt: Stadtteilschule zu sein, kann bedeuten, dass eine Schule ihre Räume für Gruppen aus der Nachbarschaft freigibt, ihren Unterricht auf die außerschulische Umwelt ausdehnt, die Elternarbeit intensiviert und erwachsenenbildnerische Aufgaben oder Sozial- und Gemeinwesenarbeit übernimmt.

Die Idee, die Schulen zu öffnen, leitete in den achtziger Jahren in Deutschland die nächste Phase der Community Education ein, was dem bislang umfassendsten Versuch gleichkommt, Community Education bildungspolitisch zu verankern. Obwohl Nordrhein-Westfalen einen Modellversuch für die Schulen des Landes seit 1988 lanciert und in Hessen der Passus ‚Öffnung von Schulen' schon seit 1992 im Allgemeinen Schulgesetz erscheint, fehlt ein klar umrissenes Schulkonzept.

Immerhin sind vier Merkmale geöffneter bzw. offener Schulen im Kontext sozialen Lernens auszumachen:

- didaktisch-methodisch vielfältigerer Unterricht (z.B. Projekte),
- die Öffnung der Schule zum schulischen Umfeld hin,
- die als Lebensraum gestaltete Schule und
- ein intensiviertes Schulleben.

c) Chancen und Grenzen praktizierter Community Education

Das Grundproblem des radikalen Denkansatzes, welcher der Sozialpädagogik entstammt, liegt darin, dass die Schule zwar kompensatorische und präventive Funktionen partiell übernehmen kann, jedoch die edukative Kernfunktion in den Hintergrund tritt. Zudem kann über die Schule, auch über die gemeinwesenorientierte Schule, die Gesellschaft im Nahbereich nicht verändert werden, auf deren Grundlage die Schule selbst basiert. Das Ziel der Emanzipation Benachteiligter mag schulpädagogisch berücksichtigt werden, jedoch dürften die Ursachen nur aufgrund der Arbeit außerschulischer Sozial- und Jugendarbeit vermindert werden.

Die Ausgrenzung der Kinder und Jugendlichen aus dem gesamtgesellschaftlichen Erfahrungsraum, die Mediatisierung von Erfahrung und die Reduzierung von Eigentätigkeit und primären Erfahrungen begründen reformpädagogisch die Öffnung der Schule in Richtung (fremder) Lebenswelten und Gemeinwesen. In einer modernen Industriegesellschaft nehmen die Ernstsituationen im ‚Leben' ab. Der ‚Lebensraum Schule', den viele Reformpädagogen als Schonraum aufgefasst haben, verliert bei der Community Education seine Unberührtheit. Für Persönlichkeitsentwicklung und Identitätsfindung ist es notwendig, dass die schulische Praxis zunehmend ihres umfassenden Moratoriumscharakters entkleidet wird und in wesentlich größerem Maß in Zusammenhang mit Realsituationen des ‚Lebens' steht. Die moderne Schule ermöglicht und fördert die Teilhabe an gesellschaftlicher Praxis. Soziales Lernen findet dann in nur zeitweiser Begleitung durch die Lehrperson und in begrenztem pädagogischem Schutz statt.

Die geöffnete Form der gemeinwesenorientierten Schule löst sich dadurch nicht vom systematischen Lernen ab. Vielmehr geht es darum, dort wo es möglich, ist die Voraussetzungen dafür zu schaffen, dass dieses systematische Lernen in einem Verhältnis zum Erfahrungsraum der Kinder und Jugendlichen steht, ihnen nicht fremd und nutzlos erscheint. Eine gemeinwesenorientierte Schule gibt betrieblichen und sozialen Praktika sowie Projekten mehr Raum und Zeit und akzeptiert die Diversifizierung der Lernorte.

Die Konzeption der gemeinwesenorientierten Schule orientiert sich nicht am Spaßcharakter, hierzu ist die Umstrukturierung und organisatorische Gestaltung der Schule zu aufwändig. Sie verändert sich aufgrund der Herausforderung einer identitätsstiftenden Sozialisation Heranwachsender. Sie möchte sich nicht überfordern, indem sie meint, den gesellschaftlichen Bereich verändern zu müssen. Sie möchte jedoch die Defizite ihrer Schüler und Schülerinnen ernst nehmen und entsprechende innerschulische Angebote bieten oder geeignete außerschulische Kontakte vermitteln.

Ideal scheint ein doppelseitiger Prozess: Wie sich die Schule für den Stadtteil öffnet, öffnet sich der Stadtteil gegenüber der Schule. Wie dies konkret geschieht, zeigt ein Text einer sich geöffneten Schule:

> „Schulen können auf vielfältige Weise Verbindungen zur umgebenden Lebenswelt herstellen: sei es, dass Experten, Vertreter und Vertreterinnen außerschulischer Einrichtungen, Eltern oder direkt von einer Sache Betroffene in die Schule hineingeholt werden oder dass Schule den Lernort wechselt und selbst dorthin geht, wo für das schulische Lernen Interessantes geschieht. Die Auseinandersetzung mit Wirklichkeit aus erster Hand fordert Selbständigkeit und Selbsttätigkeit ebenso wie Sachverstand, Fachwissen und Koordinationsfähigkeit. Die Ernsthaftigkeit der eigenen Arbeit wird dabei in diesem unmittelbaren Bezug zur Lebenswelt deutlicher, als dies im Unterricht sonst häufig möglich ist. Beteiligen sich Schüler aktiv an der Gestaltung ihres sozialen und natürlichen Umfeldes, so lernen sie, Verantwortung für ihre Arbeitsergebnisse und -verfahren zu übernehmen. Etwaige kritische Reaktionen des Umfeldes müssen verarbeitet und bei weiteren Initiativen und Aktivitäten berücksichtigt werden. Dies gilt für eigene Initiativen und praktische Erfahrungen etwa bei sozialen Aktivitäten, bei kommunalem Engagement, im Bereich der Arbeitswelt oder in ökologischen Lemfeldern. Welche Vorhaben und Projekte werden intendiert, die mehr sind als Feste, Klassenfeiern, Veranstaltungen mit Eltern, Beteiligung der Schüler an der räumlichen und ästhetischen Gestaltung der Schul- und Klassenräune, welche auf eine nach innen offene Schule abzielen? Beispiele: Zusätzliche Angebot nachmittags (Arbeitsgemeinschaften. Freizeitprogramme), Ganztagsangebote mit ent-

> sprechenden Aktivitäten außerhalb des Schulhauses, der Versuch, die Schüler an einer demokratischen Verwaltung der Schule zu beteiligen."[141]

In dieser Beschreibung wird der Zusammenhang von Unterricht, Projekt und sozialem Engagement zur Unterstützung sozialen und demokratischen Lernens deutlich. Unterricht wird weder negiert noch in Frage gestellt, aber flexibler gerahmt und lernerorientiert perspektiviert. Denn Erfahrungskontakte, Außenkontakte sowie die kulturelle Nutzung des nachbarschaftlichen Umfelds der Schule sind erst dann möglich, wenn Kinder und Lehrkräfte nicht mehr im festen Korsett eines lehrerzentrierten Unterrichts sitzen. Ein nach innen und außen geöffneter Unterricht wird zum Kernstück einer geöffneten Schule.

Folgende Elemente zeichnen abschließend gemeinwesenorientierte Schulen aus:[142]

1. Zwischen Schule und Nachbarschaft bestehen unterstützende Beziehungen.
2. Räume und Einrichtungen werden sowohl von Schule und Gemeinde benutzt.
3. Die Schule arbeitet an einem spezifischen Schulcurriculum und verwirklicht dieses.
4. Die Schule unterstützt durch die Öffnung zur Erwachsenenwelt lebenslanges Lernen.
5. Die Schule kooperiert mit dem Umfeld und beteiligt die kooperierenden Nachbarn an Entscheidungsprozessen.
6. Die praktizierte Community Education ist ein Stück realisierte Gemeinwesenentwicklung.

Eine Schule der Community Education kann nicht mehr als ineffizient, klimatisch ungünstig und inhaltlich irrelevant und weltfremd bezeichnet werden. Am Anfang erfordert die gemeinwesenorientierte Schule von ihren Lehrkräften genügend Zeit für Absprachen und Klärungen sowie die Fähigkeit zur Kooperation und Organisation.

2.3.2 Soziales Engagement als Beitrag zur Gemeinwesenorientierung

Eine gemeinwesenorientierte Schule ermöglicht ihren Schülern Felder des sozialen Engagements innerhalb und außerhalb der Schule. Sie begleitet die Schüler in ihrer Reflexion über das Erlebte. Erlebnispädagogische Aspekte finden sich schon in dem Ansatz nach Kurt Hahn.

a) Erziehung zur Verantwortung bei K. Hahn

Unter dem Eindruck der Landerziehungsheim-Konzeptionen gründet Kurt Hahn selbst Reformschulen (z.B. Salem, Gordonstoun) und danach Kurzschulen, in denen Erfahrung und Reflexion zur Verantwortung für andere führen soll. Die Kurzschulen entsprechen der Tradition der ‚Outward Bound'-Schools. Spätere Gründungen (z.B. Atlantic Trust for the Education of

[141] Entnommen aus Grunder 2001, 150.
[142] Vgl. Grunder 2001, 151.

the Free) betonen vor allem den ‚Dienst am Nächsten'.[143] Begonnen hat dieser Gedanke bei Kurt Hahn[144] als ‚Rettungsdienst' (zunächst als Küstenwache in Schottland, dann als Dienst bei der Feuerwehr und als Bergrettungsdienst). Vorbild waren für ihn Erlebnisse und Eindrücke von engagierten Menschen für andere, die in aktueller Not sind. Zugleich entdeckte er diese pädagogische Form (neben leichtathletischer Pause, Projekt und Expedition) als Mittel gegen den ‚Verfall der menschlichen Anteilnahme'. Der Einsatz für andere ist für Hahn wirkungsvoller als eine Belehrung oder vorbildwirkende Person bzw. erzählte Biografie. Ebenso erwartet Hahn aufgrund des Ernstcharakters der Handlung, dass die Pubertät für den Jugendlichen leichter und konfliktloser gelinge.

> „Wir bilden uns nicht ein, dass sie genügt, um den werdenden Menschen in der staatsbürgerlichen Verantwortung zu üben. Was sie vermag, ist nicht mehr und nicht weniger, als die Hingabe des Kindes zu erhalten, das heißt, die Kraftquelle, aus der sich jeder Gemeinsinn speist. Für seine Entwicklung bedarf es eines Gemeinschaftslebens, an dessen Gestaltung die Jugend entscheiden mitwirkt."[145]

Die Schule ist für Hahn nicht eine ‚große Familie', sondern ein ‚kleiner Staat'. Ähnlich wie der Polis-Gedanken bei Hartmut von Hentig ist die Schule für Kurt Hahn ein Ort, dessen Wohl davon abhängt, ob die Schülerinnen und Schüler die Verantwortungen, die ihr anvertraut sind, zu ihrer eigenen Sache machen. Ist bei von Hentig die Begründung eher demokratischer Natur, so speist sich Hahns Motivation eher aus christlicher Orientierung: z.B. aus dem sog. ‚Gleichnis vom barmherzigen Samariter' (Luk 10, 30-35) und aus der Forderung ‚Hörer des Wortes' (Jak 1,22-25) zu sein.[146] Es dem ‚barmherzigen Samariter gleichzutun' und ‚Hilfe für den im Augenblick Schwachen' darzubringen, waren die Motive Hahns für den ‚Dienst am Nächsten'. Hieraus entspringt die ‚Erziehung zur Verantwortung'.

‚Verantwortung' ist für Hahn im weitesten Sinn immer ‚staatsbürgerliche' Verantwortung und beruht auf ‚tätigem Bürgersinn':

> „Dieses Verantwortungsbewusstsein des einzelnen Bürgers muss in einer Demokratie so stark entwickelt werden, dass es sich durch ein ‚zorniges Knurren' äußert, welches ‚aus der Tiefe eines Volkes aufsteigt, wenn immer die Regierung unrecht tut'."[147]

Sicher spiegelt sich in diesem Zitat Hahns Erfahrung während des Nationalsozialismus wider. Staatsbürgerliche Belehrung über die Pflichten genügt nicht, wenn nicht staatsbürgerliches Handeln eingeübt wird. Allein in der Art der Aufgabenstellung in der Kurzschule wie in der Internatsschule von den alltäglichen Pflichten bis zu Wagnis und Gefahr des Helfens ergibt sich die Notwendigkeit, in allen Situationen über sich selbst hinaus an den bzw. die anderen zu denken. In einer solchen Lebensgemeinschaft entdecken viele die Existenz eines ‚Wir'.[148] Sie erfahren die Einsicht, dass ohne eine verantwortungsbewusste Gemeinschaftsarbeit die

---

[143] Vgl. Hahn 1958, 97.
[144] Vgl. im Folgenden: Hahn, K. (1954): Erziehung zur Verantwortung; wieder abgedruckt in: ders (1958), 70-81.
[145] A.a.O., 78. Hahn bezieht sich mit ‚sie' auf die ‚Erlebnistherapie' mit den vier Elementen (Sport, Projekt, Exkursion und Rettungsdienst). Hahn ist auch für die Erlebnispädagogik ein wichtiger Pädagoge.
[146] Vgl. Schwarz 1968, 188f.
[147] Schwarz 1968, 45.
[148] Vgl. a.a.O., 46.

Existenz des Ganzen gefährdet ist. Ebenso verhält es sich im demokratischen Staat. Der Staat benötigt das bürgerschaftliche Engagement und die Einlösung der Pflichten ihrer Bürgerinnen und Bürger.

Hahn ist überzeugt, dass nur ein forderndes Gemeinschaftsleben, das die Jugend entscheidend mitgestaltet, die Voraussetzung für eine echte Erziehung zur Verantwortung liefern kann. Im Gemeinschaftsleben entfaltet sich zunächst auf Grund der Einsicht in die Notwendigkeit des Miteinanderauskommens der ‚Gemeinsinn' im Individuum. Dieser bedeutet zunächst nicht mehr und nicht weniger als der Sinn für Zusammenarbeit, für die Erfüllung eines Katalogs von Aufgaben, die für das Fortbestehen dieser Lebensgemeinschaft im Interesse aller notwendig ist. Daraus kann sich allmählich der ‚tätige Bürgersinn' entwickeln, der die freiwillige Übernahme von Aufgaben oder das Fällen von verantwortlichen Entscheidungen zum Wohl dieses kleinen Staates ‚Schule' einschließt. Somit ist Erziehung zur Verantwortung für Hahn ein Entwicklungsprozess, der sich äußerlich von der Übernahme kleiner Pflichten bis zu echten Verantwortungen und innerlich von der Entwicklung eines ‚Gemeinsinns' im Menschen bis zur Weckung eines ‚tätigen Bürgersinns' vollzieht.[149] Seine Erziehung ist damit letztlich in doppelter Hinsicht sowohl auf das Individuum wie auf den Staat ausgerichtet.

Diese Überlegungen über und Erfahrungen mit Erziehung in der Demokratie führen ihn zu der wiederholten Forderung nach einer - modern gesprochen - gemeinwesenorientierten Nachbarschaftsschule mit Ganztagsbetreuung:

> „Ich wiederhole die Forderung, die ich vor bald 30 Jahren zuerst auf stellte. Wir brauchen Stadtrandschulen, Tagesheime, die den ganzen Tag die Kinder unter ihre Verantwortung nehmen."[150]

b) Öffnung der Schule zur Kooperation

Bei der Darstellung der heutigen Situation orientiere ich mich exemplarisch am Bundesland Baden-Württemberg. Aufgrund des Bildungsplans von 1994 war jede Klasse einer baden-württembergischen, allgemein bildenden Schule verpflichtet, zumindest einmal im Schuljahr ein fächerverbindendes Thema zu behandeln. Beispiele waren ‚Mit Tieren leben', ‚Wasser - Grundlage des Lebens', ‚Verantwortungsvoller Umgang mit Energie', ‚Leben in der Einen Welt', ‚Ökologie und Ökonomie'.[151]

Besonders nachhaltig, so hat es sich herausgestellt, ist das Lernen in diesen Themenfeldern, wenn es in Projektarbeit geschieht, da die Eigenständigkeit, das selbstständige Lernen, die Kooperation mit anderen und dadurch die Kommunikation und Teamfähigkeit von dieser Arbeitsform fast selbstverständlich eingefordert werden und die Motivation besonders hoch ist. In projektartigen Arbeiten ist die Übertragung von Verantwortung sowie auch der Bezug zum ‚wirklichen Leben' und damit der Ernstcharakter intendiert. Erwähnenswert ist das an baden-

[149] E. Spranger unterscheidet ‚Verantwortung' bzw. ‚Erziehung zum Verantwortungsbewusstsein' in ‚Stufen der Bereitschaft'. Er benennt Vorübungen (z.B. Pflichten, Projekte) als ‚Vorschulen' späterer Verantwortungsübernahmen und differenziert in der Unterstufe nach ‚Auftragsverantwortung' bzw. ‚Ausführungsverantwortung' und in der Oberstufe nach ‚Initiativverantwortung'. Wer ein reifer Erwachsener bzw. mündig ist, übernimmt nach Spranger Verantwortung. Vgl. Spranger 1963, 100ff.

[150] Hahn 1954, 79.

[151] Vgl. die besonders beliebten Themen laut einer landesweiter Umfrage. Vgl. Ministerium für Kultus, Jugend und Sport (2001): RealSchule - Auf dem Weg zum Bildungsplan 2004. Renningen: Pfitzer, 18.

württembergischen Realschulen seit Ende der 90er Jahre eingeführte Projektfach ‚WVR' (Wirtschaften, Verwalten und Recht). Auffallend ist, dass viele Projekte von WVR, die das Kultusministerium veröffentlichte[152], die ethische Dimension berücksichtigen: z.B. ‚Patenschaft für einen Jungen aus Burkina-Faso', ‚Die Schöpfung im Reagenzglas', ‚Müll an unserer Schule - Abfall oder Werkstoff', ‚Gewalt an Schule - Wir wollen nicht wegsehen, sondern handeln!' oder ‚Hilfsaktion für ältere Menschen in Slupsk/Polen'.[153]

Bei projektorientiertem Arbeiten ist die Kooperation mit außerschulischen Partnern inzwischen selbstverständlich. Ein weiteres breites Feld der Kooperation in Baden-Württemberg ist mit der Berufsorientierung in der Realschule (BORS) gegeben. Über die Berufswelt hinaus kooperieren außerdem viele Schulen mit den unterschiedlichsten Vereinen[154], aber auch mit Sonderschulen und mit Behinderteneinrichtungen sowie Altersheimen u.a.m.[155] Bei der Sucht- und Gewaltprävention ist die Zusammenarbeit mit der Jugendkriminalpolizei äußerst wertvoll.

Seit dem Bildungsplan von 2004 sind vor allem in der baden-württembergischen Realschule vier themenorientierten Projekten eingeführt worden:

- Das Themenorientiertes Projekt „Technisches Arbeiten" (TOP TA) ist nach dem Artikelerlass des Kultusministeriums für Klassenstufe 5 oder 6 vorgesehen;

- das Themenorientierte Projekt „Wirtschaften, Verwalten und Recht" (TOP WVR) und

- das Themenorientierte Projekt „Soziales Engagement" (TOP SE) finden meistens in der Klassenstufe 7, 8 oder 9 statt;

- das Themenorientierte Projekt „Berufsorientierung in der Realschule" (TOP BORS) wurde traditionell in Klasse 9 durchgeführt.

Seit Ende der 90er Jahren gibt es in Baden-Württemberg die ministerielle Empfehlung zur Kooperation.[156] Davor existierten schon einige Beispiele gelungener Zusammenarbeit einzelner Schulen mit außerschulischen Einrichtungen.[157]

Schulische Lernprozesse können durch Kooperationen unterstützt werden. Die Realitätsnähe schulischer Inhalte und die Motivation der Schülerinnen und Schüler werden oft ver-

[152] Vgl. Ministerium für Kultus, Jugend und Sport (Hg.) (2000): TOP WVR 2000, Stuttgart. In dieser Broschüre sind auch weitere Informationen zur Umsetzung von TOP WVR enthalten.
[153] Vgl. auch die religionspädagogischen Modelle in: Bertsch, T./Böhm, U./Kopp-Engel, B. (2002): Religionsunterricht in der Schule. Fächerverbindende und ökumenische Projekte; in: Ministerium für Kultus, Jugend und Sport (Hg.): Lernende Schule. Innovativ denken - Real handeln - Qualität sichern, Donauwörth: Auer, 28-33.
[154] Vgl. Weingardt, M./Böhm, U. (Hg.) (1998): Lebensräume öffnen. Neue Schritte zum kreativen Miteinander von Jugendarbeit - Schule - Gemeinde. Dokumentation örtlicher Projekte, Stuttgart: Buch & Musik, 5., überarbeitete und erweiterte Auflage.
[155] Vgl. Ministerium für Kultus, Jugend und Sport (Hg.) (1999): Kooperation zwischen Jugendarbeit und Schule. Leitfaden 2: Praxisbeispiele, Stuttgart.
[156] Vgl. z.B. Ministerium für Kultus, Jugend und Sport (Hg.) (1997): Kooperation zwischen Jugendarbeit und Schule. Leitfaden 1, Stuttgart und Ministerium für Kultus, Jugend und Sport (Hg.) (1998): Kooperation zwischen Jugendarbeit und Schule. Leitfaden 2: Praxisbeispiele, Stuttgart.
[157] Vgl. exemplarisch für die Kooperation mit kirchlicher Jugend- und Gemeindearbeit: Böhm, U. (1996): Jugendarbeit und Schule, Essen: Die blaue Eule; Böhm, U./Weingardt, M. (Hg.) (1998): Lebensräume öffnen. Neue Schritte zum kreativen Miteinander von Jugendarbeit - Schule - Gemeinde. Dokumentation örtlicher Projekte, Stuttgart, 5., überarbeitete und erweiterte Auflage. Die Zusammenarbeit mit den Sportvereinen und Sängerverbänden sowie Musikschulen kann ebenfalls auf eine lange Tradition zurückblicken.

stärkt, wenn die Klasse aus Schulraum und Unterrichtsroutine ‚ausbricht' und andere Räume und Einrichtungen betritt - und sei es auch nur für wenige Stunden. Schulische Arbeit kann in den Augen der Schüler dank externer Partner eine deutliche Belebung erfahren und Lernbereitschaft, -ausdauer und -effekt erhöhen. Es lohnt sich, ‚Lernen' und ‚Leben' zu verknüpfen.

Die Chancen einer Zusammenarbeit unterschiedlicher jugendorientierten Institutionen mit der Schule liegen auf der Hand:

– Ein gemeinsames Konzept erleichtert den Jugendlichen das konstruktive und sinnvolle Umgehen und Experimentieren mit Freiräumen und gesellschaftlicher Komplexität.
– Die Kooperation der Institutionen bzw. der beteiligten Personen trägt zur Verknüpfung ‚vereinzelter' Lebensräume von Kindern und Jugendlichen bei und verhindert eine gesellschaftliche bzw. soziale Entfremdung.
– Es wird vermieden, dass infolge isolierten Handelns Lücken entstehen, für deren Lösung sich keine Institution aufgrund ihres originären Auftrags zuständig fühlt. Unbearbeitete soziale Konflikte und Problemlagen können durch kooperatives und vernetztes Handeln vermieden bzw. gemeinsam angegangen und gelöst werden.
– Die Zusammenarbeit motiviert die beteiligten Personen und Institutionen, ‚Ressourcen' freizusetzen, die es ermöglichen, den gesellschaftlichen Herausforderungen tragfähige pädagogische Konzepte gegenüberzustellen.
– Die gemeinsamen Überlegungen zu der Gestaltung von Nachmittags- und Freizeitangeboten erleichtern eine wechselseitige Abstimmung, verhindern Überschneidungen und erweitern so das gesamte Programmspektrum im Sinn der Jugendlichen.

Diese Aspekte werden ebenfalls bei der Einführung einer Ganztagsschule relevant. Nach der bildungspolitischen Reaktion auf die PISA-Studie sind vor allem Bundesmittel freigesetzt worden, womit die Bundesländer Ganztagsschulen baulich einrichten können. Schulpädagogisch ist diese bildungspolitische Entscheidung sicher ein Impuls für gemeinwesenorientierte Schulen. Denn: ohne Öffnung und Kooperationspartner sind Ganztagsschulen kaum möglich.

c) Gelingende Kooperation mit außerschulischen Partnern

Ans dem Konzept der Gemeinwesen- und Lebensweltorientierung ergibt sich der pädagogische Ansatzpunkt, zunächst die gegebenen Lebensverhältnisse der heranwachsenden Generation zu betrachten und auf der Grundlage dieser Analyse gezielt tragfähige Kooperationen in der Nachbarschaft, dem Stadtteil oder der jeweiligen Gemeinde, zusammen mit den betroffenen Jugendlichen, zu entwickeln. Zwar besitzen die einzelnen Bereiche unterschiedliche Strukturen, Traditionen und Aufgaben, aber - und das ist hier entscheidend - sie leben und arbeiten mit denselben Kindern und Jugendlichen.

Der Blick auf die Zielgruppe zeigt wesentliche Gemeinsamkeiten, denn Familie, Schule und Gemeindewesen

– nehmen eine wichtige Stellung im Prozess der Persönlichkeitsentwicklung Jugendlicher ein, die ihnen auch zahlreiche positive Einfluss- und Aktivierungsmöglichkeiten eröffnen,

- stehen ähnlichen Anliegen, Problemen und Themen im pädagogischen und kommunalen Alltag gegenüber,
- arbeiten mit gleichberechtigten gesellschaftlich-ähnlichen Aufträgen, aber unterschiedlichen Voraussetzungen und
- werden mit den gleichen Auswirkungen der gesellschaftlichen Veränderungen und Modernisierungsprozessen auf das jugendliche Verhalten konfrontiert (z.B. zunehmende Konsumorientierung, problematische Konfliktbewältigungsversuche durch Gewalt oder Sucht, sozialer Rückzug durch Unverbindlichkeit).

Alle Partner profitieren möglicherweise von einer institutionenübergreifenden Sicht- und Arbeitsweise, d.h. in eine breit angelegte Kooperation, in die jeder einzelne Partner seine ‚speziellen Möglichkeiten' einbringt und zur Entwicklung kreativer, alternativer Lösungsansätze beiträgt.

Die Konzeption ‚Gemeinwesenorientierte Schule' integriert die Konzeption ‚Schulleben', weil es die Lebenswelten von Schülern verbindet und Erziehungswirkungen der Schule fördert.[158] Die Schüler, die Lehrer und die Eltern bilden eine große ‚Gemeinschaft', die wiederum ein Teil eines größeren Gemeinwesens, eines Stadtteils, eines Bezirks oder einer Gemeinde ist.

> „Lebendige Schularbeit beruht unter anderem darauf, dass Schulen es verstehen, Beziehungen zu den Menschen, öffentlichen und privaten Einrichtungen (z.B. Betrieben) ihres Einzugsbereichs für ihre unterrichtlichen und außerunterrichtlichen Aktivitäten zu unterhalten und zu nutzen. ... Dort, wo diese Aktivitäten nicht auf Inhalte und Ziele des Unterrichts bezogen bleiben und auch nicht in thematisch fachübergreifende Ziele oder in allgemeine Erziehungsziele eingebettet sind, besteht die Gefahr, dass Unternehmungen, die man unter Berufung auf das Prinzip ‚Öffnung der Schule' legitimiert, zur leeren Betriebsamkeit und bloßen Spaßveranstaltung entarten."[159]

Diese kritischen Töne Aurins sind berechtigt, da die Kooperationspartner sich über ihre Ziele klar werden müssen. ‚Just for fun' ist für die Mühe einer Zusammenarbeit zu wenig, denn Kooperation leitet sich von lat. ‚operari' - ‚arbeiten, sich abmühen' ab. Zugleich wurde nochmals deutlich, dass eine gemeinwesenorientierte Schule auf den Intentionen des Unterrichts und den Wirkungen des Schullebens basiert.

Immerhin betonen zwei Kriterien von acht zur Vergabe des Carl Bertelsmann-Preises die Zusammenarbeit mit außerschulischen Institutionen zur Verbesserung der Schulqualität:

> „Die Schulen suchen den Austausch mit dem gesellschaftlichen Umfeld und kooperieren systematisch mit externen öffentlichen und privaten Partnern, u.a. mit Trägern der Jugend-, Kultur- und Sozialarbeit und der Wirtschaft."[160]

---

[158] Vgl. Aurin, K. (Hg.) (1991): Gute Schule - worauf beruht ihre Wirksamkeit? Bad Heilbrunn, 84.
[159] Aurin 1991, 84f.
[160] Bertelsmann Stiftung (Hg.): Schule neu gestalten. Dokumentation zum Sonderpreis „Innovative Schulen" im Rahmen des Carl Bertelsmann-Preises 1996 „Innovative Schulsysteme im internationalen Vergleich", Gütersloh 1996, 355.

> „Die Mitwirkung von Eltern und schulnahen Insitutionen am Schulleben verbessert kontinuierlich das schulische Angebot."[161]

Der Bildungsplan und die rechtlichen Vorgaben legen die Zielsetzungen auf Seiten der Schule bei einer Kooperation mit außerschulischen Institutionen fest und bestimmen sie. Die Ziele der Einrichtungen im Bereich der Kinder- und Jugendhilfe können ebenfalls durch das Kinder- und Jugendhilfegesetz definiert werden. Anders verhält es sich bei Kooperationspartnern der Schule wie z.B. Vereine und Verbände, kirchliche Jugendarbeit oder ehrenamtliche Personen. Sie besitzen meistens keine differenzierten Zielsetzungen - vor allem nicht im Rahmen einer Zusammenarbeit mit der Schule.

> „Jegliche Kooperation entscheidet sich an den jeweiligen Interessen der Partner. Ohne Verständigung über die Ziele und die Verantwortlichkeiten bei der Zusammenarbeit drohen Konkurrenz und Vereinnahmung für eigene Interessen. Benutzt die Schule die Jugendarbeit nur, um Betreuungsprobleme zu lösen, ihr ‚Schulprofil' zu gestalten oder schulische Probleme abzufedern, benutzt die Jugendarbeit die Schule nur, um ihre Existenzberechtigung zu sichern und ‚Kunden' zu bekommen, kann die Kooperation nur scheitern, weil sie dann nicht im Interesse der Kinder und der Jugendlichen eingegangen wurde."[162]

Angelehnt an Holtappels sieben Prozessfaktoren für die innere Schulentwicklung empfehle ich fünf Faktoren als Schritte einer gelingenden Kooperation für die beteiligten Partner übernehmen:[163]

1. Konzentration auf wesentliche Ziele
2. Entwicklung in kleinen Schritten
3. Gezieltes Hereinholen von Informationen und Kompetenzen
4. Die Innovation zur offiziellen Sache machen
5. Transparenz zu allen Beteiligten und Öffnung nach außen.

Eine wichtige Grundlage im Zusammenhang mit einer gemeinwesenorientierten, geöffneten Schule ist die ‚Teamarbeit'. Nicht nur die Schüler sollen teamfähig werden, sondern auch von den Lehrern wird Teamarbeit z.B. durch das fächerverbindende Arbeiten erwartet. Die Zusammenarbeit mit den jugendorientierten außerschulischen Institutionen kann auch einen Beitrag zur Teamentwicklung innerhalb der Schule leisten. Meine Erfahrung ist, dass z.B. Kooperationen zwischen Schule und Jugendarbeit auf die Kooperationswilligkeit und Kooperationsfähigkeit innerhalb eines Lehrerkollegiums einwirken. Dabei übernimmt jede Art von

---

[161] A.a.O., 358.
[162] Dam, H./Zick-Kuchinke, H. (Hg.): Evangelische schulnahe Jugendarbeit. Weil das Leben sich nicht im 45-Minutentakt verhandeln läßt, Neukirchen-Vluyn 1996.
[163] Vgl. Holtappels, H.G. (1995): Innere Schulentwicklung: Innovationsprozesse und Organisationsentwicklung; in: Rolff, H.G. (Hg.): Zukunftsfelder von Schulforschung, Weinheim. Beltz, 343.

Team selbstgesetzte oder übertragene Aufgaben, die sie „in eigener Verantwortung planen, durchführen und auswerten“[164]. Für diesen Dreischritt sind folgende Aspekte leitend:[165]

1. Gemeinsam werden Ziele gesetzt. Alle Mitglieder des Teams müssen bei der Zielsetzung mit entscheiden können.
2. Es werden Regeln für die verschiedenen Kooperationsphasen (z.B. Sitzungsverlauf, Aufgabenverteilung für die Durchführungsphase) gemeinsam festgelegt.
3. Es entsteht ein ‚Wir-Gefühl', welches gegen Einzelkämpfertum schützt und neue Möglichkeiten eröffnet.

Diese formalen Zielsetzungen stehen am Anfang jeder Kooperationsform. Die Voraussetzungen für eine Teamentwicklung sind an Schulen in freier Trägerschaft eher gegeben. Dort findet sich ein Lehrerkollegium, welches nicht durch Zufall entstanden ist. Ein schulinternes Gremium entscheidet über die Zusammensetzung des Kollegiums. Die staatliche Personalpolitik setzt hier noch Schranken.[166] Deshalb können Privatschulen auch eher ein Schulprofil ausprägen als staatliche Schulen.

Die bildungspolitisch richtungsweisende Denkschrift aus Nordrhein-Westfalen[167] verortet wichtige pädagogische Aufgaben der Schule im Aufbau sozialer Kompetenzen und gesellschaftlicher Verantwortungsbereitschaft. Angesichts veränderter Lebensbedingungen von Heranwachsenden sind außerfamiliäre Betreuungsformen und Aktivitätsmöglichkeiten zur Stärkung sozialer Erfahrungen und zum Aufbau und zur Stabilisierung sozialer Verantwortung notwendig. Strukturell geschieht dies durch den Ausbau von Ganztagsschulen und durch die Entwicklung von lokalen und regionalen Netzwerken bzw. ‚runden Tischen'. Dabei kann oftmals von vorhandenen Strukturen ausgegangen werden. Die Angebote kennzeichnen durch die Pluralität der Trägerschaften.

> „In diesem Zusammenhang sollte in immer stärkerem Maße auch die Neuorientierung der Jugendarbeit und ein Zusammengehen von Schule und Jugendarbeit bei Wahrung der Eigenart beider Bereiche in Zielsetzungen und Arbeitsstilen intensiviert werden.“[168]

Wie kann eine Kooperation gelingen? Wichtig ist bei einer Kooperation, dass die jeweilige Eigenständigkeit, das Profil und die Identität bewahrt bleiben. Kurz gesagt: Eine partnerschaftliche, zielorientierte Zusammenarbeit ist die Voraussetzung gelingender Projekte. Zur Zusammenarbeit müssen die einzelnen verantwortlichen Institutionen die finanziellen und personellen Ressourcen und den rechtlichen Rahmen bieten. Eine Kooperation kann jedoch nicht verordnet werden, sondern beruht auf freiwilligem Engagement an der Basis und vor Ort. Diese Kooperation bietet jedoch die Möglichkeit, dass Heranwachsende ein soziales Engagement in unterschiedlichen gesellschaftlichen Bereichen durchführen können. Für die Kooperationspartner sind zwei Hauptziele im Rahmen eines sozialen Engagements der Schüler

---

[164] Meyer, H. (1997): Schulpädagogik. Bd.2. Für Fortgeschrittene. Berlin: Cornelson Scriptor, 186.
[165] In Anlehnung an H.Meyer: vgl. ebd.
[166] Vgl. hierzu weiterführend Evang. Schulwerk in Württemberg/Päd.-Theol. Zentrum (Hg.) (1998): Lebensraum Schule. Birkacher Beiträge für Bildung und Erziehung 2, Stuttgart.
[167] Vgl. im Folgenden: Bildungskommission NRW 1995, 39f.
[168] Bildungskommission NRW 1995, 40.

und Schülerinnen leitend: Persönlichkeit stärken sowie ehrenamtliche Handlungsfelder für sich entdecken.

2.4 Schultheoretische Orientierung

2.4.1 Funktionen der elementaren Sozialerziehung (H. Prior)

Eine Arbeitsgruppe von Wissenschaftlern und Lehrkräften entwickelten eine Konzeption sozialen Lernens in einer ‚sozialpädagogisch orientierten Schule'[169]. Sie entstand aufgrund der Diskussion über die soziale Integration innerhalb der Gesamtschule.[170] Die Autoren und Autorinnen stellen sich erstmals einer grundsätzlichen Auseinandersetzung und ausführlichen Darstellung der breiten Thematik sozialen Lernens: „von historischen Ansätzen und Theorien über gesellschaftliche Rahmenbedingungen und psychosoziale Lernabläufe zu curricularen Vorschlägen, praktischen Ansätzen und Erfahrungen"[171]. Leitend waren zwei Fragestellungen:

> „1. Welche Chancen hat das Soziale Lernen - verstanden als bewusst und gezielt betriebene Sozialerziehung - innerhalb der gesellschaftlichen Sozialisationsbedingungen und innerhalb der pädagogischen Rigorosität der heutigen Schule?
>
> 2. Welche Wechselwirkungen bestehen innerhalb der Entwicklung und Förderung des Sozialverhaltens zwischen der mikrosozialen Interaktionsebene und der gesellschaftsstrukturellen Ebene; und daran anschließend: welche Abgrenzung ist zwischen dem sozialen und dem politischen Lernen möglich und notwendig?"[172]

Die ersten Frage verdeutlicht, dass soziales Lernen Mitte der 70er Jahre noch mit dem sozialerzieherischen Ansatz verbunden bleibt. Zugleich fragen die Autoren und Autorinnen kritisch, inwiefern soziales Lernen in der Schule durchführbar ist. Sie verknüpfen Schulpädagogik mit Sozialpädagogik. Ein zweite Verbindung zeigt sich darin, dass in der schulpädagogischen Konzeption sowohl die Mikroebene (Interaktion in der Schulklasse) als auch die Makroebene (Partizipation in der Gesellschaft) Berücksichtigung findet.

Das Buch gliedert sich in vier ‚Funktionsbereiche', welche für die Verfasser zugleich das konzeptionelle Programm sozialen Lernens in der Schule darstellen:

1. Soziales Lernen als *elementare Sozialerziehung* (z.B. Aufarbeiten gesellschaftlich bedingter Sozialisationsdefizite)

2. Soziales Lernen als *gruppendynamisch-interaktionistische Funktion* (Förderung des Interaktionsverhaltens)

---

[169] Diese Bezeichnung verwandt H. Pfaffenberger erstmals 1964 auf einer Tagung von Schulpsychologen. Vgl. Pfaffenberger, H. (1965): Zur Interaktion von Schule. Schulpsychologie und Sozialpädagogik; in: Ingenkamp, K.H. (Hg.): Schulkonflikt und Schülerhilfe. Weinheim: Beltz, 424.

[170] Die Diskussion um ‚Soziales Lernen' beginnt mit der Einführung der Gesamtschulversuche (etwa 1967). Vgl. Prior 1976, 362.

[171] Prior, H. (Hg.) (1976): Soziales Lernen. Düsseldorf: Schwann, 9. Mitarbeiter und Mitarbeiterinnen waren W. Biester, B. Irmischer, U. Junger-Wesselmann, G. Koch, J. Lewerenz, R. Marx, J. Oelkers, L. Schnelle, M. Schramme, M. Weigt und A. Wolter.

[172] Ebd.

3. Soziales Lernen als *sozialpädagogische und kompensatorische Funktion* (Verringerung von Defiziten in der Affekt- und Sozialbildung, Integration von ‚Randständigen')

4. Soziales Lernen als *emanzipative und politische Funktion* (Befähigung zum politischen Verhalten)

Die Funktionsbereiche untermauern das zu den beiden Fragestellungen Erwähnte. Die Autoren fordern die ‚Sozialpädagogische Gesamtorientierung der Schule'. Der erste Funktionsbereich begründet soziales Lernen aufgrund soziologischer und psychologischer Ansätze und Theorien. Es handelt sich dabei um psychoanalytische, behavioristische, makrosoziologische, soziolinguistische, interaktionistische, entwicklungspsychologische und erziehungssoziologische Beiträge, wie sie zu damaliger Zeit wissenschaftlicher Stand waren. Die Mindestanforderung einer sozialen Elementarerziehung sei der Erwerb von Sozialkompetenz bei Schülern und Lehrern und die sozialpädagogische Umgestaltung der Schule. Das Ziel sozialen Lernens sei gesellschaftliche wie individuelle Emanzipation.[173]

Der zweite Funktionsbereich ist die Vertiefung gruppendynamischer Interaktion und ihrer gesellschaftlichen Auswirkungen. Der dritte Funktionsbereich beschreitet den umgekehrten Weg: Die gesellschaftsbedingten Probleme fordern die sozialpädagogisch orientierte Schule. Er strebt die Integration der ‚Randständigen' an und richtet sich vor allem an die Kompetenz von Sozialpädagogen, Schulpsychologen und Therapeuten.

Der vierte Funktionsbereich umfasst alle drei anderen. Er nimmt die emanzipatorische Zielbestimmung wieder auf und analysiert auf diesem Hintergrund politikdidaktische Konzeptionen nach 1945. Die politische Bildung müsse zukünftig durch die Affekt- und Sozialbildung erweitert werden.

Das folgende Zitat der organisatorischen Bestimmung von Schule zeigt, dass die Autoren innerhalb damaliger bildungspolitischer Themenfelder argumentieren:

> „Eine zukünftige Organisation der Schule müsste den Funktionen des Sozialen Lernens entsprechen: Integrierte Gesamtschule als Ganztagsschule mit den notwendigen Bildungs-, Spiel- und Jugendarbeitseinrichtungen; Kooperation von Lehrern, Sozialpädagogen und Psychologen."[174]

Gesamtschule, Ganztagsschule und Schule als Erfahrungsraum (H. v. Hentig) waren neben den bildungspolitischen Entwicklungen (z.B. Chancengleichheit, Recht auf Bildung für alle) die schulspezifischen Hauptthemen der Fachwelt und in der Öffentlichkeit. Das Verhältnis von Schul-, Sozial- und Sonderpädagogik in diesem Zusammenhang greifen die Verfasser vor allem im dritten Funktionsbereich auf.

Die Vertreter der sozialpädagogisch orientierten Schule machen Emanzipation zum erkenntnisleitenden Interesse aller vier Funktionsbereiche. Emanzipation findet in drei ‚Fassungen' statt:[175]

1. in der Face-To-Face-Interaktion

2. als Bürger im Staat

---

[173] Vgl. Prior 1976, 74.
[174] Prior 1976, 50.
[175] Vgl. Prior 1976, 329ff.

3. aufgrund gesamtgesellschaftlicher Entwicklung

Folgende sieben Richtziele seien zwar nach „kognitiven Voraussetzungen (Kenntnissen, Fähigkeiten z.B. der Verhaltensbeobachtung und -beurteilung, der Konfliktlösung usw.) und affektiven Voraussetzungen (Einstellungen, Haltungen, Bewertungen)“[176] differenzierbar, aber nicht systematisch ableitbar:

- Identität
- Toleranz
- Kooperation
- Kritik
- Solidarität
- Sensibilität
- Sprache

Jedes Richtziel wird hauptsächlich psychologisch beleuchtet. Die pädagogischen Implikationen sind eher gering. Erwähnenswert ist, dass diese Ziele „auch zum Unterrichtsprinzip gemacht und auch in außerunterrichtlichen Veranstaltungen durchgeführt werden sollen“[177]. Als methodische Formen nennen die Autoren und Autorinnen unterschiedliche Spielformen (z.B. Rollenspiel, gruppendynamische Spiel), sozialwissenschaftliche Methoden (soziometrische Verfahren wie z.B. das Soziogramm), Gruppenarbeit und offene Unterrichtsverfahren (z.B. entdeckendes Lernen, projektorientiertes Lernen). Soziales Lernen sei nach Ansicht der Autoren und Autorinnen in jedem Fachunterricht möglich und ebenso im außerschulischen Bereich. Hierzu präsentieren sie Beispiele.

Die Repräsentanten der sozialpädagogisch orientierten Schule entwerfen ein Strukturgitter mit den Dimensionen ‚Sozialisationsfeld‘ und ‚Erkenntnisebene‘:

Erkenntnis-ebene / Soziali-sationsfeld	psychosozial	interaktionistisch	institutionell	historisch
Familie				
Schule				
Freizeit				
Beruf				

Tab.: Dimensionen ‚Sozialisationsfeld‘ und ‚Erkenntnisebene‘ nach Prior u.a. 1976, 375

176 Prior 1976, 84.
177 Prior 1976, 110.

Am curricularen Beispiel des Themas ‚Mitbestimmung' zeigen die Verfasser, dass das vorgelegte Strukturgitter zur Planung sozialen Lernens in der Schule hilfreich ist. Zugleich betonen sie die drei Prinzipien Erfahrung - soziologische Denkweise - Handeln:

- Erfahrung: Unterricht orientiert sich an der subjektiven Erfahrung der Kinder und Jugendlichen und an der historischen Erfahrung in der Gesellschaft.

- Soziologische Phantasie bzw. Denkweise: Der Schüler erwirbt die Fähigkeit, Strukturzusammenhänge der Dialektik zwischen Individuum und Gesellschaft zu begreifen.

- Handeln: Erkenntnisse und Fähigkeiten werden durch das Konzept ‚Learning by doing' umgesetzt.

Die grundsätzliche Darstellung der Arbeitsgruppe deckt Desiderate vor allem im empirischen Bereich auf: Einsatz von soziometrische Verfahren im Unterricht, Hinführung der Schüler zu sozialwissenschaftlichen Methoden. Die Gefahr besteht jedoch, dass der Lehrer zum sozialpädagogischen Therapeut wird. Positiv ist die umfangreiche Darstellung und Reflexion der vier Funktionen sozialen Lernens im schulischen Kontext.

2.4.2 Kritische Didaktik sozialen Lernens (B. Claußen)

Im Rahmen einer Analyse damaliger Konzeptionen sozialen Lernens stellt Claußen seine kritisch-emanzipatorische Didaktik sozialen Lernens dar. Er nennt sechs Konsequenzen für eine Didaktik des sozialen Lernens:

> „1. Didaktik des sozialen Lernens muss systematisch Ziele, Inhalte und Mittel solcher sozialen Lernprozesse begründen, legitimieren, bestimmen, formulieren und kritisch auf ihre Umsetzbarkeit und die daraus resultierenden Wirkungen untersuchen, die dem Individuum Adaption, Integration und Distanz in einem koordinierten Zusammenwirken ermöglichen.
>
> 2. Didaktik des sozialen Lernens muss eine Vermittlung zwischen dem Individuum (mit seinem Anspruch auf Artikulation, Differenzierung, Modifikation und Befriedigung von sozialen u. a. Bedürfnissen) und der Gesellschaft (mit ihrem Anspruch auf Reproduktion und Innovation) dem Ziel, dem Inhalt und der Form nach leisten.
>
> 3. Didaktik des sozialen Lernens muss soziale Lernprozesse auf der Ebene intra- und interindividueller Beziehungen, d. h. auf der Ebene der Person, Zweier- und Gruppenbeziehung sowie gesamtgesellschaftlichen Interaktion organisieren helfen.
>
> 4. Didaktik des sozialen Lernens muss die Aspekte direkter und struktureller Sozialität, also z.B. die Unmittelbarkeit menschlicher Begegnungen und die Wirksamkeit personell nicht dingfest zu machender gesellschaftlicher Zwänge, im Lernprozess thematisierbar machen.
>
> 5. Didaktik des sozialen Lernens muss in der Organisation intentionaler sozialer Lernprozesse die aktuellen sozialen Bedingungen der Lernsituation (Gruppen-

konstellation usw.) ebenso berücksichtigen wie die in der voraufgegangenen und parallel zur Erziehung sich ereignenden funktionalen Sozialisationsprozesse.

6. Didaktik des sozialen Lernens muss in ihrem Bemühen die Verschränkung kognitiver (Kenntnisse, Erkenntnisse), affektiver (Gefühle, Motivationen) und konativer Aspekte (aktives Gestalten, Handeln) intendieren."[178]

Im Zentrum dieser Didaktik steht die Vermittlung von Individuum und Gesellschaft unter Berücksichtigung psychosozialer Kontexte. Dabei betonen die drei prozessualen Begriffe Adaption, Integration und Distanz gesellschaftliche Interessen bzw. Funktionen:

Prozessbegriff	Erläuterung	Funktion
Adaption	auswählende, kritische Aneignung gesellschaftlicher Forderungen	praktische Funktion
Integration	Aufnahme des Individuums in die bestehende soziale Ordnung	technische Funktion
Distanz	bewusste, begründete, verantwortungsvolle Abwendung von Elementen des sozialen Ordnungssystems, wenn sich diese als nicht adaptions- und integrationswürdig erweisen	emanzipatorische Funktion

Tab.: Sozialisationsfunktionen nach Claußen 1978, 36f.

Die Sozialisationsfunktionen damaliger Theorien des sozialen Lernens berücksichtigen kaum die Aufgabe der Distanz.[179] Deshalb besteht für Claußen das Interesse, eine kritische Didaktik zu entwickeln, die alle drei Funktionen integriert. In einem Grobraster visualisiert er die Struktur der verwendeten und in den Konsequenzen angelegten Kategorien:

Sozialisationsfunktionen / **Lernfeld**	**Integration**	**Adaption**	**Distanz**
Umgang des einzelnen mit sich selbst (Individuum)	1	2	3
Partnerbeziehungen (Dualität)	4	5	6
Gruppenleben (mikrosozialer Bereich)	7	8	9
Gesamtgesellschaft (makrosozialer Bereich)	10	11	12

Tab.: Strukturgitter von Lernfeld und Sozialisationsfunktionen nach Claußen 1978, 104 (modifiziert)

[178] Claußen, B. (1978): Didaktische Konzeptionen zum sozialen Lernens. Übersicht und Vorüberlegungen zur Integration. Ravensburg: Otto Maier, 39.
[179] Ausnahme sind die Gruppentheorie und die Theorie des politisch-strategischen Lernens. Vgl. hierzu Kap. 1.1.

Diese 12 Felder unterteilt Claußen noch nach kognitiver, affektiver und konativer Qualität der Sozialisationsfunktionen innerhalb eines Lernfeldes. Somit löst Claußen weitest gehend seine oben zitierte Konsequenzen für eine Didaktik sozialen Lernens ein. Claußen füllt die Tabellenfelder durch ergänzungsbedürftige, für ihn noch unzureichend konkretisierte Zielperspektiven aus:

> „Fähigkeit und Bereitschaft zur
>
> 1. motivational begründeten Einordnung der eigenen Person in soziale Zusammenhänge und zur Koordination intellektueller, emotionaler und handlungsorientierter Strebungen;
>
> 2. realitätsgerechten und flexiblen Auswahl aus eigenen widersprüchlichen Strebungen im jeweiligen sozialen Kontext;
>
> 3. Hinterfragung eigener Strebungen nach den Kriterien von Bedürfnislage und sozialer Verantwortung sowie zur Formulierung, Begründung und Realisierung von Verhaltensalternativen;
>
> 4. diskursiven Einigung mit dem Zweck einer für beide Beteiligten befriedigenden Handlungsperspektive;
>
> 5. passiven oder aktiven Entsprechung akzeptabler Erwartungen und zur Unterstützung und Ermutigung des anderen;
>
> 6. Abkehr von einseitig-dominanten Anforderungen und zur friedlichen Verwirklichung eigener Bedürfnisse;
>
> 7. Unterstützung von Gruppenprozessen und zur Unterordnung unter gemeinschaftlich bestimmte Gruppenziele;
>
> 8. Diskrimination vernünftiger, der Befriedigung dienender Gruppenziele und -prozesse;
>
> 9. Veränderung von formalen und inhaltlichen Gruppenstrukturen und zur Abkehr von Gruppen;
>
> 10. Ausbildung einer Loyalitätshaltung gegenüber dem humanen gesellschaftlichen Selbstanspruch;
>
> 11. Unterscheidung zwischen positiven und negativen Aspekten gesellschaftlichen Selbstverständnisses und gesellschaftlicher Realität;
>
> 12. engagierten Beteiligung an Prozessen der friedlichen Überwindung irrationaler gesellschaftlicher Normen, Strukturen und Produkte.“[180]

[180] Claußen 1978, 105.

Diese genannten, exemplarischen Kompetenzen sind durch Haltungen und Fähigkeiten beschrieben und markieren die emanzipatorische Richtung seiner Didaktik. Die Prinzipien der Konzeption nach Claußen sind: kontroverses Denken, Mehrperspektivität, Erlebnis- und Erfahrungsorientierung, Freiwilligkeit sowie Integration kognitiver, affektiver und konativer Lernanteile.

Er nennt zudem für jede analytische Ebene bzw. Lernfeld ausgewählte Inhalte:[181]

Bezogen auf das *Individuum*:

- Genese der Persönlichkeit, Identitätsfindung
- Wirkung auf andere, Verhaltensmodifikation, Aggression
- Bedürfnisbefriedigung, Vorurteile

Bezogen auf die Dualität der *Partnerbeziehung*:

- Beziehungsstrukturen menschlicher Kommunikation, interpersonelle Wahrnehmung
- Kontextvariablen personaler Begegnung, Chancen gegenseitiger Verständigung
- wechselseitige Bedürfnisbefriedigung

Bezogen auf das *Gruppenleben*:

- Dynamik von Gruppenprozessen, Konkurrenz
- Hierarchien, Interessenkonflikte, Diskriminierung
- Handlungsstrategien, Bedürfniskoordination

Bezogen auf die *Gesamtgesellschaft*:

- Ordnungssysteme, Sozialisation und Erziehung, Historizität
- ungleiche Lebens- und Entfaltungschancen, Schichtung
- Konfliktregelung, Diskrepanz zwischen Sollen und Sein

Claußen kritisiert nicht die Schule, weil sie eine Institution ist, sondern wenn sie den Charakter von Entfremdung und Zwang aufweist. Diese Züge werden meistens nicht auf intentionaler Ebene, sondern ‚heimlich' durch die Struktur der Schule auf methodischer Ebene sichtbar. Methodische Konkretionen betrachten jedoch den Lehrenden oft aus der Objektperspektive. Eine solche Didaktik widerspreche dem emanzipatorischen Anspruch. Claußen determiniert seine Konzeption sozialen Lernens zwar nicht bis in feinste methodische Verästelungen, jedoch nennt er methodische Möglichkeiten, die dem emanzipatorischen Anspruch in den jeweiligen qualitativen Aspekten gerecht wird:

Bezogen auf den kognitiven Aspekt: Diskussionskreise, strukturierte Kurse, projektbezogene Arbeitsgruppen oder Sozialstudien

Bezogen auf den affektiven Aspekt: Verfahren des Psycho- und Soziodramas, metakommunikative Prozesse

[181] Vgl. Claußen, 1978, 107. Die nach Claußen unvollständige Aufzählung der einzelnen „Themen intentionalen sozialen Lernens" habe ich versucht zu gruppieren.

Bezogen auf den konativen Aspekt: Antizipation sozialen Verhaltens, Realisation und Reflexion antizipierten Verhaltens

Alle drei Aspekte bedingen sich und lösen sich prozessual zwischen Handeln und Reflexion ab. Intentionale soziale Lernprozesse laufen nach Claußen idealiter in einem Viererschritt ab:[182]

1. Kognitiv-affektive Bearbeitung sozialer Beziehungen und Begründung, Formulierung und Auswahl geeigneter alternativer Interaktionsmuster.

2. Die Antizipation setzt sich im sozialen Handeln um, welches parallel kritisch-reflektierend kontrolliert wird.

3. Erfolgreiches und bewusstes alternatives Handeln und dessen Antizipation haben die Funktion, den Willen zum Wandel wachzuhalten und utopisches Denken zu konkretisieren.

4. Die erneute Antizipation setzt sich in erweiterter Lebenspraxis um und wird weiterhin intra- und extrainstitutionell reflektiert. Somit werden außerinstitutionelle Lebenszusammenhänge einbezogen.

Claußen orientiert sich durchgängig an emanzipatorischer Theorie. Dadurch wird sein ideologiekritischer Aufbau von Ziel, Inhalt, Prinzipien und Methode in sich stimmig. Erfreulich ist, dass in einer Zielperspektive seiner Didaktik die ‚soziale Verantwortung' als Kriterium genannt ist. Jedoch konkurriert dieses Kriterium mit der ‚Bedürfnislage' des Individuums. Heutige Studien zur Wertorientierung Jugendlicher sehen zwischen sozialem Engagement und individuellem Lustgewinn kaum noch Gegensätze.

Die vier Lernfelder sind in analytischer Hinsicht zwar sinngebend, jedoch überschneiden sie sich bei Detailbetrachtungen: Lerninhalte auf der Individuumsebene sind kaum ohne Berücksichtigung des mikrosozialen Bereichs möglicht. Identitätsfindung geschieht in der Dynamik von Gruppenprozessen und Bedürfniskoordination. etc. Ebenso kann ich den didaktischen Prinzipien weitest gehend zustimmen. Kritisch befrage ich nur das Prinzip ‚kontroverses Denken': Als Gegenpol zu den im ersten Kapitel skizzierten Theorien des harmonistischen Pragmatismus und des harmonistischen Individualismus mag dieses Prinzip sicher die Theorie der Ideologiekritik fördern. Jedoch steckt in diesem Denkansatz ein ‚Eigentor': Ständig kontroverses Denken führt kaum zu einer geeigneten Antizipation bzw. ständige abduktive Antizipation führt kaum zur Handlung. Kontroverses Denken als Prinzip verhindert dann unter Umständen das soziale Handeln in der Gruppe und den Wandel in der Gesellschaft.

2.4.3 Soziales Lernen als sozialpädagogische Dimension der Schule (P. Struck)

Eine veränderte Gesellschaft benötigt eine veränderte Schule. Das folgende Zitat fasst Strucks gesellschaftswissenschaftliche Analyse zusammen:

> „Nach einem Zerfall der funktionierenden, arbeitsteilig strukturierten Großfamilie und nach dem Ende des kirchlichen Normenmonopols ist die pluralistische, nichttotalitäre Gesellschaft gekennzeichnet durch die geringe Erziehungskompetenz

[182] Vgl. Claußen 1978, 118f.

> der beengt lebenden, beruflich dezentralisiert wirkenden und durch eine Fülle von Normen und Verhaltensalternativen verunsicherten Kleinfamilie, die die Kirche als Obrigkeitsinstanz in Sachen Lebensführung nicht mehr anerkennen mag. Die pädagogische Institution Schule der bedeutsamste praktizierende Anwalt Erziehungswissenschaft, darf sich in dieser veränderten Situation, die ein Resultat gesellschaftlicher Weiterentwicklung ist, nicht mehr auf Unterricht, auf Lehre, auf Unterweisung, auf Wissensvermittlung allein beschränken."[183]

Struck belegt aufgrund gesellschaftlicher Veränderungen (z.B. veränderte Familienstruktur, zunehmende Suizidgefahr oder steigender Drogenkonsum) die Notwendigkeit, eine ‚Sozialpädagogik der Schule' zu entwickeln. Es handelt sich hierbei nicht um eine ‚Sozialpädagogik in der Schule', also um die Übertragung einer klassischen Sozialpädagogik. Struck wendet nicht die Sozialpädagogik auf die Schule an, sondern bemüht sich um die Bewusstmachung einer sozialpädagogischen Einstellung bei den Lehrpersonen und um die Wahrnehmung eines wechselseitigen Verhaltens zwischen Lehrenden und Lernenden.[184] Die Lehrkräfte benötigen hierfür die Fähigkeit, das eigene Rollenbewusstsein und -verhalten zu reflektieren und das soziale Verhalten in der Klasse und Schule zu diagnostizieren und zu fördern. Schultheoretisch knüpft Struck an den reformpädagogischen Ansatz des Schullebens an.[185] Die Schule selbst ist für Struck der ‚bedeutendste sozialpädagogische Faktor' (in) der Gesellschaft.[186] Deshalb entdeckt eine ‚Sozialpädagogik der Schule' die Schule als Erfahrungsfeld der sozialpädagogischen Wissenschaft. Soziales Lernen ist der schulpädagogische Begriff, welcher den Ansatz einer ‚Sozialpädagogik der Schule' am ehesten transportiert.

Soziales Lernen ist für Struck das funktionale (z.B. Sozialisationsdefizite bearbeiten) und intentionale (z.B. politisches Mündigkeit anbahnen) erzieherische Einwirken, welches auf Seiten der Schüler prosoziale, ethische und politische Einstellungs- und Verhaltensänderungen bewirkt und wesentliche Kompetenzen in den Bereichen Kommunikation, Interaktion und Verantwortungsübernahme ermöglicht.

Struck benennt erzieherische Defizite in der Schule: Den Lehrkräften mangelt es an sozialpädagogischer Kompetenz: Neben den schlechten strukturellen Bedingungen in der Schule reagieren die Lehrpersonen im Wesentlichen sanktionierend auf destruktives Fehlverhalten der Schülerinnen und Schüler. Hierzu gehören Nachsitzen, schriftliche Sonderarbeiten, Elternbriefe, psychische und z.T. physische Strafen, Suspendierung vom Unterricht oder Kollektivstrafen usw. In den seltensten Fällen sind die Maßnahmen sinnvoll und erzieherisch wirksam, wie z.B. Saubermachen und Papiersammeln bei Verschmutzung des Schulhauses.

Nach den sozialpädagogischen Defiziten skizziert Struck die Möglichkeiten einer ‚Sozialpädagogik der Schule': Neben dem bewussten methodischen Einsatz der *Sozialformen* (z.B. Partner- und Gruppenarbeit) bietet das Lernen im *Spiel* zahlreiche Interaktionschancen. Der *Projektunterricht* bzw. der projektorientierte Unterricht ermöglicht in besonderer Weise soziales Lernen.

---

183 Struck 1980a, 14.

184 Vgl. Struck, P. (1980a): Sozialpädagogik der Schule und soziales Lernen, Stuttgart: Kohlhammer, 49f. Vgl. hingegen Tillmann, K.-J. (Hg.) (1976): Sozialpädagogik in der Schule, München.

185 Vgl. Struck, P. (1980b): Pädagogik des Schullebens, München: Urban und Schwarzenberg.

186 Vgl. Struck 1980a, 10. An späterer Stelle spricht er vom bedeutendsten sozialpädagogischen Ort (vgl. a.a.O, 11).

> „Die sozialpädagogische Schule muss einspringen für die Ausfälle an Lebenserfahrung, an Geborgenheit, an Emotionalität, an Kommunikation und an vorgegebenen Orientierungsnormen, die die gesellschaftliche Veränderung mit sich gebracht hat. Die sozialpädagogische Schule muss selbst gegen den von ihr mitbewirkten ‚Schulstress' arbeiten und zwar durch eine Verstärkung der Elemente Sport, Spiel, musische und ästhetische Erziehung, Atmosphäre, Stil, Ton, Entspannung, Muße."[187]

Soziales Lernen zielt auf die Förderung von Sozialkompetenz und somit auf den Erwerb der sozialen Mündigkeit innerhalb einer Gemeinschaft. Nach Struck bereite soziales Lernen gleichzeitig die politische Mündigkeit für den abstrakteren Bereich der Gesellschaft vor.[188] Deshalb sei neben dem Projektunterricht, welcher demokratisches Lernen berücksichtigt, die ‚Integration' ein weiteres schulpädagogisches Merkmal einer sozialpädagogischen Schule: Integration von ausländischen Kindern, von leistungsschwachen und -starken Schülerinnen und Schülern oder von Kindern mit Behinderung. Ebenso ist schultheoretisch aber auch die Gesamtschule bei Struck gemeint: Integration als Auflösung des dreigliedrigen Schulsystems. Als Übergangsbeispiel weist Struck auf den Erfolg zweier integrierter Haupt- und Realschulklassen in Hamburg hin.

Sind *Projektarbeit*, *Integration* und *Schulleben* die schultheoretischen Merkmale einer Sozialpädagogik der Schule bzw. einer sozialpädagogischen Schule, so entnimmt Struck die didaktisch-methodischen Elemente aus der Reformpädagogik, vor allem Anfang des 20. Jahrhunderts: Feste und Feiern in der Schule, Kommunikation von Schule, Elternhaus und Gemeinwesen, Öffnung der Schule, Schullandheim und andere außerschulischen Unternehmungen, Durchführung eines Betriebs- oder Sozialpraktikums usw. Diese Schultheorie ist am ehesten noch als Ganztagsschule verwirklichbar. Der sozialpädagogischen Schule ist das Freizeitverhalten ihrer Schülerschaft wichtig. Durch Kooperation mit Vereinen, Verbänden und Kirchen regt diese Schule zu bewusster und sinnvoller Freizeitgestaltung an.[189]

Der sozialpädagogische Ansatz seiner Schultheorie besteht im Betonen des Schullebens. Struck ist interessiert an sozialpädagogischen Tätigkeiten, die über den Unterricht hinaus reichen. Dabei orientiert er sich an reformpädagogischen Elementen und verknüpft Unterricht und Erziehung. Sie sind gleichwertige schulpädagogische Aufgaben. Somit reduziert sich die Erziehung nicht auf den ‚erziehenden Unterricht' (J.F. Herbart). In Anlehnung an A. Makarenko übernimmt er für die staatliche Schule das Prinzip der „Erziehung im Kollektiv, durch das Kollektiv, zum Kollektiv".[190] Elemente einer sozialpädagogischen Schule bzw. einer Schule, der das Schulleben wertvoll ist, sind u.a. Fest- und Feieranlässe, Spiel-, Sport- und Freizeitmöglichkeiten, Praktika, Erkundungen, Ausflüge, Theater- bzw. Kinobesuche und Schullandheimaufenthalte, unterstützte Schülermitbestimmung und aufklärende Schülerzeitung, Kooperation innerhalb und nach außen, Schülerbibliothek und -mediothek sowie ein zugänglicher PC-Raum.

[187] Struck 1980a, 35.
[188] Vgl. Struck 1980a, 61.
[189] Vgl. Böhm, U. (1996) Jugendarbeit und Schule, Essen: Die blaue Eule; ders. (2003): Kooperation als pädagogischer Leitbegriff der Schule. Beiträge zur partnerschaftlichen Zusammenarbeit in und mit der Schule, Münster: Lit-Verlag
[190] Vgl. Struck 1980b, 61.

Schule als ‚Lebens- und Erfahrungsraum', als ‚Lebensstätte', oft auch als primäre Lebenswelt der Schüler ist von einem Schulethos aller Beteiligten geprägt. Die ethische Dimension kommt leider in den dargestellten Konzepten einer sozialpädagogischen Schule zu kurz. Vor allem in neuerer Zeit besteht im ethischen Bereich Handlungsbedarf, da, wie Struck selbst beobachtete, Orientierungsunsicherheit durch Abnahme der Normenmonopole einzelner gesellschaftlicher Institutionen entstanden ist. Soziales Lernen kann funktional ohne Ethik geschehen, jedoch trägt auch der Initiator sozialen Lernens die Verantwortung für die Wirkung sozialer Prozesse. Ebenso ist jede intentionale Erziehung substantiell ethisch geprägt. Struck ist jedoch zugute zu halten, dass er der Schule die Aufgabe gegen die in der Gesellschaft entstandene Bindungslosigkeit zuweist.[191] Bindung und Vertrauen sind dabei die schulpädagogischen Merkmale einer Sozialpädagogik der Schule.

[191] Vgl. Struck 1980a, 19.

2.5 Erwerb sozialer Kompetenz durch Trainingsprogramme

2.5.1 Erwerb sozialer Fertigkeiten durch Verhaltenstraining (Bremer Modell)

Eine Arbeitsgruppe an der Universität Bremen entwickelte ein Trainingsprogramm zum Erwerb von sozialer Kompetenz.[192] Das Ziel des Programms ‚FIT FOR LIFE' ist die „aktuelle und *präventive Förderung* von sozialen und berufsbezogenen Fähigkeiten und Fertigkeiten benachteiligter Jugendlicher"[193]. Das Trainingsprogramm ist nicht darauf ausgelegt, bereits vorhandene Auffälligkeiten im sozialen Verhalten individuell zu therapieren, sondern zielt auf ein breites Spektrum von Jugendlichen und jungen Erwachsenen. Es besteht aus 13 thematischen Modulen[194], die die Initiatoren für die Arbeit in relativ homogenen Kleingruppen von 5 bis 7 Jugendlichen konzipierten.[195]

Die Autoren betrachten ‚soziale Kompetenz' als individuelle Entwicklungsaufgabe. Eine sozial-kompetente Person reagiere situationsspezifisch, sei sozial akzeptierter als Personen mit sozialer Inkompetenz und weise vielfältige Schutzfaktoren auf, die vor psychosozialen Krisen oder psychischen Krankheiten schützen.[196] Soziale Kompetenz sei somit die Fähigkeit, „umweltbezogene und persönliche Ressourcen gezielt so einzusetzen, dass eine optimale Entwicklung möglich wird"[197]. Die Autoren nennen fünf wichtige Entwicklungsziele der Heranwachsenden:[198]

- Fähigkeit zur Perspektivenübernahme
- Erkennen des Stellenwertes von Freundschaften
- Problemlösestrategien für soziale Interaktionen
- Entwicklung von moralischen Wertvorstellungen
- Kommunikative Fertigkeiten

Durch das Trainingsprogramm ist soziale Kompetenz für die Bremer Psychologen nur insoweit erreichbar, wie es gelingt, soziale Fertigkeiten im Sinn von ‚social skills' einzuüben. Sie verwenden ‚soziale Kompetenz' somit als Oberbegriff für ‚soziale Fertigkeiten'. Wichtige so-

[192] Vgl. Jugert, G./Rehder, A./Notz, P./Petermann, F. (2001a): FIT FOR LIFE. Module und Arbeitsblätter zum Training sozialer Kompetenz für Jugendliche. Weinheim: Juventa und diess. (2001b): Soziale Kompetenz für Jugendliche. Grundlagen, Training und Fortbildung, Weinheim: Juventa.
[193] Vgl. Jugert u.a. 2001b, 5 (kursiv im Original).
[194] Es handelt sich dabei um die Module ‚Motivation', ‚Gesundheit', ‚Selbstsicherheit', ‚Körpersprache', ‚Kommunikation', ‚Fit für Konflikte (Teil I)', ‚Freizeit', ‚Lebensplanung', ‚Beruf und Zukunft', ‚Gefühle', ‚Einfühlungsvermögen', ‚Fit für Konflikte (Teil II)' und ‚Lob und Kritik'. Vgl. didaktisch-methodischer Kommentar in: Jugert u.a. 2001b, 59-66.
[195] Vgl. Jugert u.a. 2001b, 25 u. 41.
[196] Vgl. Jugert u.a. 2001b,10 in Anlehnung an Erkenntnisse von Niebank, K/Petermann, F. (2000): Grundlagen und Ergebnisse der Entwicklungspsychopathologie; in: Petermann, F. (Hg.): Lehrbuch der Klinischen Kinderpsychologie und -psychotherapie. Göttingen: Hogrefe, 4., vollst. überarbeitete u. erw. Aufl., 57-94.
[197] Jugert u.a. 2001b, 10.
[198] Vgl. Jugert u.a. 2001b, 11.

ziale Fertigkeiten operationalisieren die Verfasser in weitere Feinziele, welche trainiert und evaluiert werden können. Das Programm ‚FIT FOR LIFE' möchte als ein primärpräventatives Programm zum Erwerb sozialer Fertigkeiten und eventuell als ein verhaltenstherapeutisches Sozialtraining auch zur ‚Verbesserung des Lern- und Arbeitsverhaltens'[199] beitragen. Daher eignet es sich auch als Konzept im schulischen Kontext. Aufgrund lerntheoretischer Grundlagen (Modell sozial-kognitiver Informationsverarbeitung nach Dodge, sozial-kognitive Lerntheorie nach Bandura sowie das Modell der Selbstwirksamkeit) und unter Berücksichtigung der beruflich benötigten Schlüsselqualifikationen bearbeitet das Trainingsprogramm die Bereiche ‚Aufmerksamkeit und Ausdauer', ‚Lern- und Leistungsmotivation', ‚Selbst- und Fremdwahrnehmung', ‚Stabiles Selbstbild', ‚Selbstkontrolle und Selbststeuerung', ‚Sorgsames Umgehen mit dem eigenen Körper', ‚Erkennen und Ausdrücken von Gefühlen', ‚Einfühlungsvermögen (Empathie, Perspektivenübernahme)', ‚Kommunikation', ‚Kooperation', ‚Entscheidung und Planung (Beruf, Leben, Zukunft)', ‚Annehmen von Lob und Kritik', ‚Überwinden von Misserfolgen' und ‚Rationales (gewaltfreies) Verhalten in Konflikten'.[200]

Eine zentrale Trainingsmethode ist das *strukturierte Rollenspiel*, welches durch Videoauszeichnungen begleitet wird.[201] Die Teilnehmerinnen und Teilnehmer werden bei der Vorbereitungsphase beteiligt, indem sie das Zielverhalten und die Rahmenbedingungen mit den Trainern erarbeiten. Nachdem die Trainer die Jugendlichen an die Videoarbeit behutsam herangeführt haben, wird das Rollenspiel mit Rollentausch und Verhaltensalternativen durchgeführt. Die Durchführungsphase beinhaltet auch Feedbackformen. In der Auswertungsphase besteht die Möglichkeit, dass die Jugendlichen ihre Gefühle äußern können. Die Trainer leiten die Teilnehmer an, über die neuen Verhaltensweisen und Erkenntnisse zu reflektieren und dadurch eine individuelle kognitive Umstrukturierung vorzunehmen. Die Auswertung zielt darauf, die erarbeiteten Lösungsstrategien auf ihre realen Lebenssituationen zu übertragen und das im Rollenspiel neu gezeigte Verhalten in verschiedenen Lebensbereichen (Familie, Schule, Freizeit) anzuwenden. Dazu erhalten die Teilnehmerinnen und Teilnehmer einen Beobachtungsbogen.

Eine weitere Methode ist das *Erarbeiten von Verhaltensregeln*.[202] Das Bremer Modell unterscheidet persönliche Verhaltenregeln und Gruppenregeln. Individuelle Verhaltensweisen, die den Jugendlichen selbst ärgern, die in der Gruppe schaden oder die er ändern möchte, hält er als persönliche Regel schriftlich fest. Am Ende eines Trainings überprüfen der Trainer und der Teilnehmer die Einhaltung der persönlichen Regel. Gruppenregeln entstehen dort, wo erfolgreiches Arbeiten in der Gruppe erschwert wird. Folgende Merkmale sind bei der Formulierung zu beachten: Die Regel soll verständlich und positiv formuliert sowie leicht umsetzbar sein. Sie bezieht sich auf ein beobachtbares Verhalten und ist zeitlich begrenzt.

Als dritte wichtige Methode des Bremer Modells gelten die *Entspannungsübungen* durch progressive Muskelentspannung nach E. Jacobson. Sie gehört wie die Stimmungsabfrage, die Besprechung von Regeln und die Abschlussrunde zu den Trainingsritualen einer Sitzung.

Die Arbeitsgruppe der Universität in Bremen hat das Sozialtrainingsprogramm evaluiert und sieht ihre erwarteten Effekte bestätigt. Die kooperative Mitarbeit der Teilnehmer und Teil-

[199] Jugert u.a. 2001b, 26.
[200] Vgl.. Jugert u.a. 2001b,42f. Diese Bereich sind in die 13 Module aufgenommen.
[201] Vgl. im Folgenden: Jugert u.a. 2001b, 47ff.
[202] Vgl. im Folgenden: Jugert u.a. 2001b, 50f.

nehmerinnen stieg im Verlauf des Trainings. Das sozial-kompetente Verhalten korreliert sehr signifikant mit den Mitarbeitswerten.[203] Die Trainer beobachteten eine Steigerung sowohl im sozialen Verhalten als auch bei der sozialen Problemlösekompetenz.[204] Die Autoren bieten den Trainern ein Evaluationsinstrumentarium an.[205] Erwähnenswert ist, dass die Arbeitsgruppe ein Trainingsprogramm für Trainer sowie ein Selbsttraining und einen Leitfaden zur kollegialen Supervision entwickelt haben.

Inwiefern ist das Bremer Modell für die Schule geeignet? Zunächst ist eine Unterscheidung von pädagogischen und therapeutischen Anteilen des Programms erforderlich. Rollenspiel, Erarbeitung von Verhaltensregeln, progressive Muskelentspannung und Feedback-Runden sind Methoden, die in unterrichtliche Prozesse integrierbar sind. Das Gespräch über Gefühle und Stimmungslagen sowie einzelne Rollenspielsequenzen sind in unterrichtlicher Situationen ungeeignet. Ebenso ist die Videotechnik als Reflexionsmethode nur zeitlich begrenzt einsetzbar. Eine Grundvoraussetzung für Lehrpersonen ist jedoch, dass sie sich über die Ziele, Inhalte und Methoden auseinander gesetzt haben. Die einzelne Trainingsstunde erfordert eine intensivere Vorbereitung als es der lehrende Alltag bietet. Die Autoren erwarten von den Trainern, dass sie zunächst Vertrauen zu den Jugendlichen aufbauen und im Sinn der sozial-kognitiven Lerntheorie selbst ein Modell für sozial erwünschtes Verhalten darstellen. Dies erschwert den Einsatz des Trainingsprogramms in der Institution Schule mit ihrer Selektions- und Allokationsfunktion. Auf der einen Seite müssen die Lehrkräfte bewerten und benoten; auf der anderen Seite ist die Gestaltung des Sozialklimas ebenso wichtig für einen gelingenden Lehr-Lern-Prozess im Unterricht.

Die größte Schwierigkeit liegt in der Begrenzung der Teilnehmer, so dass das Bremer Modell nur im außerunterrichtlichen fakultativen Bereich angeboten werden kann. Die Übernahme des Trainingsprogramms nimmt in Kauf, dass der Lehrer zum Trainer mutiert. Mein Vorschlag wäre, dass die *Lehrkräfte* zunächst selbst ein Trainingsprogramm zum Erwerb von Sozialkompetenzen absolvieren, bevor sie ihre Schülerinnen und Schüler trainieren.

2.5.2 Programm zum Erwerb von Personal- und Sozialkompetenz (Verlag an der Ruhr)

In den 90er Jahren arbeiteten verschiedene Autoren und Autorinnen zum sozialen Lernen eher unterrichtsmethodisch bzw. pragmatisch. Der Verlag an der Ruhr (Mühlheim) begann 1996 mit einer Arbeitsmappe von Ch. Großmann.[206] Daraufhin entwickelt der Verlag einige Bücher für die pädagogische Praxis im Bereich Kommunikation und Konflikte.[207] In neuerer Zeit ü-

[203] Vgl. Jugert u.a. 2001b, 84. Neben qualitativen Interwiews und Fallberichtsanalysen fand auch eine quantitative Erhebung statt. Die Auswertung innerhalb der Stichprobe bezieht sich nur auf $34 \leq n \leq 118$.
[204] Vgl. Jugert u.a. 2001b, 82.
[205] Vgl. Jugert u.a. 2001b, 102-112.
[206] Vgl. Großmann, Ch. (1996): Projekt: Soziales Lernen. ein Praxisbuch für den Schulalltag Mühlheim: Verlag an der Ruhr.
[207] Vgl. z.B. Faller, K. u.a. (1996): Konflikte selber lösen. Trainingshandbuch für Mediation und Konfliktmanagement in Schule und Jugendarbeit. Mühlheim: Verlag an der Ruhr; Hoppe, S. u. H. (1998): Klotzen Mädchen!. Spiele und Übungen für Selbstbewusstsein und Selbstbehauptung. Mühlheim: Verlag an der Ruhr; Krabel, J. (1998): Müssen Jungen aggressiv sein?. Eine Praxismappe für die Arbeit mit Jungen. Mühlheim: Verlag an der Ruhr.

bersetzte der Verlag gleich drei amerikanische Unterrichtshilfen zum sozialen Lernen in Schule und Jugendarbeit vom Anfang der 90er Jahre.[208] Die Themenfelder dieser Literatur sind Gefühlswahrnehmung und -äußerung, Kommunikation und Kooperation, Selbstvertrauen, Teamarbeit und Konflikt-Management. Dabei ist die ‚Organisation von Gesprächskreisen', um die methodischen Bausteine inhaltlich einzuführen bzw. abschließend in der Gruppe zu reflektieren, ein durchgängiges Verfahren dieser Verlags-Konzeption. Der Vorschlag, die Gesprächskreise auf acht bis zwölf Personen[209] zu begrenzen, setzt unterrichtliche Grenzen. Trotzdem können Teile im Unterricht durchgeführt und im Klassenverband reflektiert werden.

Anhand der Publikationen von T. Akin u.a. möchte ich den konzeptionellen Ansatz vertiefen. Das Grundbedürfnis ‚Selbstvertrauen/Selbstwertgefühl (self-esteem)' bildet nach Maslow den „Übergang zwischen Grundbedürfnissen und den darauf aufbauenden Voraussetzungen zur Selbstverwirklichung"[210]. Selbstwertgefühl bzw. Selbstvertrauen ist Ausdruck der Meinung, die man von sich selbst hat. Dabei ist es durch die jeweilige Umgebung gefärbt. Ein Selbstwertgefühl kann Zuhause höher sein als in der Schule. Es ist die Summe aller Werte, die man sich selbst zuschreibt bzw. die persönliche Wahrnehmung unseres Wertes und unserer Würde.[211]

Die dem Selbstwertgefühl vorausgehenden Grundbedürfnisse sind: physische Voraussetzungen, Sicherheit, Liebe und Geborgenheit sowie die Wertschätzung durch andere. Die ersten zwei Lebensjahrzehnte legen den Grundstein für eine positive oder negative Selbsteinschätzung (Selbstwertgefühl versus Minderwertigkeitsgefühl).[212] Das Individuum verändert seine Selbsteinschätzung, dadurch dass es Fremdurteile wahrnimmt und verarbeitet sowie über die eigene Person reflektiert.

Wie können Pädagogen das Selbstwertgefühl fördern? Eine Grundvoraussetzung ist eine an der Menschenwürde orientierte Einstellung der Pädagogen und Pädagoginnen. Die Autoren gehen davon aus, dass sich diese anthropologische Grundhaltung im Umgang mit den Kinder und Jugendlichen widerspiegelt. Die dargebotenen Übungen zum Erwerb von Selbstvertrauen und sozialer Kompetenz basieren nach Ansicht der Autoren auf dem Grundsatz der Menschenwürde.[213] Die verbalen Kommunikationsprozesse, die das über 25 Jahre entwickelte Übungsprogramm für die ab 10-Jährigen anbietet, seien ein „wichtiger Schlüssel zur Aufrechterhaltung und Stärkung des Selbstvertrauens und Wohlbefindens"[214]. Zugleich verspreche das individualpsychologische Konzept Erfolgserlebnisse sowohl in Bezug auf das Endprodukt des Projekts oder der Übung als auch in Bezug auf die Würdigung des Weges.[215]

---

[208] Vgl. z.B. Akin, T. u.a. (2000a): Selbstvertrauen und soziale Kompetenz. Übungen, Aktivitäten und Spiele für Kids ab 10. Mülheim: Verlag an der Ruhr (Orig. 1990); . Schilling, D. (2000): Miteinander klarkommen. Toleranz, Respekt und Kooperation trainieren. Mülheim, Verlag an der Ruhr (Orig. 1993); Akin, T. u.a. (2000b): Gefühle spielen immer mit. Mit Emotionen klar kommen. Ein Übungsbuch. Mühlheim, Verlag an der Ruhr.

[209] Vgl. Schilling 2000, 10.

[210] Akin 2000a, 12.

[211] Vgl. Akin 2000a, 10, 14.

[212] Vgl. Akin 2000a, 12.

[213] Vgl. Akin 2000a, 15.

[214] Ebd.

[215] Vgl. Akin 2000a, 16.

Das Übungsbuch ‚Selbstvertrauen und soziale Kompetenz' antwortet auf drei anthropologische Fragen und diagnostiziert psychische Defizite, wenn diese Lebensfragen negativ beantwortet werden:[216]

1. Wer bin ich?	Mangel an Selbstbewusstsein oder Unterdrückung der eigenen Gefühle
2. Was kann ich?	Gefühl der Inkompetenz
3. Komme ich mit anderen klar?	Unfähigkeit, in seinem sozialen Umfeld zurechtzukommen

Die Stärkung des Selbstvertrauens und die Förderung der sozialen Kompetenzen beziehen sich auf die Bereiche ‚Bewusstsein', ‚Sozialverhalten' und ‚Selbstvertrauen'. Sprachlich verdichtet gibt das folgende Zitat die Methode und die Zielsetzung exemplarisch am in der Konzeption angelegten Prinzip ‚Gesprächskreis' wieder:

> „Die Kinder/Jugendlichen werden sich mündlich austauschen, da sie als Teilnehmer an einem Gesprächskreis verschiedene Themen diskutieren. Sie lernen außerdem zuzuhören und üben im Verlauf der Gespräche über wichtige Lebensfragen die Grundregeln der Kommunikation ein. Sie sammeln dabei wichtige Erfahrungen und erhalten die Gelegenheit, ihr Bewusstsein zu schärfen, erlernen einen vernünftigen Umgang miteinander und erfahren die Bestätigung ihrer Fähigkeiten (Selbstvertrauen)."[217]

Die Autoren erläutern anschließend die pädagogische Vorgehensweise in den drei genannten Bereichen. Sie setzen voraus, dass die Bestätigung der Fähigkeiten eintreffe und der Gesprächkreis den Mangel an Selbstvertrauen ‚automatisch' behebe, wenn bestimmte pädagogische Handlungsweisen beachtet würden: Akzeptanz der Gefühle und Gedanken, Erfahrung der Wirksamkeit eigener Denkfähigkeit und Handlungsmuster und Bewusstmachung eigenen Erfolgs. Die Erfolgsorientierung darf jedoch nicht durch Konkurrenzdruck begleitet sein, sondern solle Verantwortungsbewusstsein und faires Handeln einbeziehen.

Das an der Persönlichkeitsentwicklung (A.H. Maslow, C. Rogers) orientierte Konzept baut auf der ethischen Grundhaltung der Menschwürde auf. Die Gefahr der Machbarkeit durch Erfolgsdruck wird für den Leser nicht gänzlich ausgeräumt. Die zahlreichen vorgegebenen, im Buch kursiv gedruckten Äußerungen des Gesprächsleiters - als Hilfe verstanden - engen die Beteiligten m.E. unangemessen ein. Dies entspricht nicht dem Menschenverständnis der Konzeption. Im schulischen Rahmen können Lehrpersonen aus zeitlichen Gründen nur Bausteine des Programms verwenden. Erfreulich ist, dass ethische Akzente inhaltlich vorhanden sind, jedoch methodisch innerhalb des Programms kaum greifen.

216 Vgl. Akin 2000a, 17f.

217 Akin 2000a, 18.

2.6 Unterrichtseinheiten und -materialien zu sozialem Lernen

2.6.1 Arbeitshilfe basierend auf der ‚Themenzentrierten Interaktion' (M. Feigenwinter)

Die Erörterung des didaktisch-methodischen Konzepts von M. Feigenwinter begründet sich zweifach: Zum einen ist es wie kein anderes einschlägiges Buch in mehrfacher, inhaltlich unveränderte Auflage (1978, 1982 und 1990) erschienen. Die dritte Auflage erschien immer hin in einer Auflagenhöhe von 1450 Exemplaren. Zum anderen zeigt sich in dieser pragmatischen Darstellung sozialen Lernens die Verbindung von Theorie und Praxis. Für Feigenwinter sind die Zielsetzungen seit den 70er Jahren bis heute offensichtlich relevant geblieben. Er greift die Problematik von sozialer Wechselwirkung im Unterricht und in der Schule auf. Als Antwort auf die Beziehungsarmut im Lehr-Lern-Prozess entwickelte Feigenwinter seine Arbeitshilfe nach einem wesentlichen Hauptanliegen der ‚Themenzentrierten Interaktion' (TZI) von R. Cohn: Soziale Störungen wirken auf Lernen und Entwicklung und haben Vorrang vor der Wissensvermittlung. Es handelt sich hierbei um eine grobe Zielsetzung, die von Feigenwinter jeweils noch verfeinert wird:

„ - Die Schüler sollen lernen, miteinander zu handeln, miteinander zu arbeiten. ...
- Die Schüler sollen lernen, Interaktionsbeziehungen aufzubauen und die Fähigkeit entwickeln, sich in sozialen Situationen richtig zu verhalten (soziale Kompetenz). ...
- Die Schüler sollen lernen, sich mit sich selbst, mit Mitmenschen und mit der Umwelt auseinander zusetzen (kommunikative Kompetenz). ...
- Die Schüler sollen lernen, ihre Gefühle wahrzunehmen, zu ihnen zu stehen, mit ihnen zu leben und sie möglicherweise zu verbalisieren. ...
- Die Schüler sollen entdecken können, wer sie selbst sind und immer mehr selbstständig, immer verantwortlicher handeln lernen. ...
- Die Schüler sehen, dass ihr Verhalten gesellschaftlich bedingt ist. Sie lernen, gesellschaftliche Strukturen zu durchschauen und erfahren in der eigenen Klasse, wie Normen entstehen, Macht verteilt wird. Die Schüler erkennen ihre eigenen Möglichkeiten der Einflussnahme und nützen diese verantwortungsvoll."[218]

Ein Grundprinzip für Feigenwinter ist die Begegnung im Unterricht. Der Lehrer muss sich für die Anliegen, Ängste und Freuden der Schüler Zeit nehmen. Er muss für sie da sein - nicht umgekehrt. Als Raum für soziale Erziehung beschreibt er den Morgenkreis[219], das Ankommen vor dem eigentlichen Arbeiten, das gegenseitige Wahrnehmen im Kreis. Somit verwendet Feigenwinter im Umgang miteinander auch ‚prä-meditative Elemente', wie Stilleübungen,

---

[218] Vgl. Feigenwinter 1990, 11-14. Die Zielsetzung Feigenwinters lassen sich in die drei Verantwortungsbereiche Selbstverantwortung, soziale und globale Verantwortung sowie in die vier Kompetenz-Ebenen Wahrnehmungs-, Urteils-, Entscheidungs- und Handlungsfähigkeit einordnen.
[219] Vgl. Feigenwinter 1990, 15f.

Phantasiegeschichten. Konflikte im Unterricht sind nicht nur Störungen, sondern auch Übungsfelder für gelingende Bearbeitung von zwischenmenschlichen Konflikten. Hierfür muss jedoch curricular Zeit und Raum eröffnet werden. Jeder in der Klasse gestaltet „selbstständig, initiativ und verantwortungsvoll“[220] den Unterrichtsalltag mit. Feigenwinter weist auf das Gespräch hin, bei dem der Schüler und nicht der Stoff im Vordergrund steht.[221] Es gibt für ihn kein soziales Lernen ohne Gespräch. Gruppenarbeit bietet zudem für Feigenwinter die Möglichkeit, sich und andere kennen zu lernen und miteinander selbstverantwortlich zu arbeiten.[222]

Auch am Ende der 90er Jahre hat sich Gruppenarbeit als wichtige Sozial- und Arbeitsform sozialen Lernens im Vergleich zu frontalen Formen noch zu wenig durchgesetzt.[223] Ebenso zeigt die Veröffentlichung von Feigenwinter schulpädagogischen Handlungsbedarf: Morgenkreis, Gruppenarbeit und stoffunabhängige Gespräche sind Arbeitsformen nicht nur für den Klassenlehrer, sondern geeignete Maßnahmen sozialen Lernens im Unterricht aller Fächer. Ethische Themenfelder berücksichtigt der Autor auf inhaltlicher Ebene.

2.6.2 Sozialerziehung als Antwort auf Disziplinprobleme (A. Grillberger)

A. Grillberger legte zum sozialen Lernen bzw. zur Sozialerziehung ein kleines Buch vor, welches sie aufgrund ihrer Frustrationen mit ‚auffälligen Schülern’ vor allem in der Grundschule verfasste. Ebenso wie Feigenwinter verbindet sie den wissenschaftlichen Theorieteil mit einem ausführlichen methodischen Praxisteil und viele Materialien zum sozialen Lernen.[224] Da sie von den beobachteten Defiziten der Kinder ausgeht, versteht sie soziales Lernen als Prozess, „durch den das Kind Haltungen und sozial geforderte Verhaltensweisen, die den Bereich des zwischenmenschlichen Zusammenlebens betreffen, erwirbt“.[225] Sie geht von einem christlich-humanistischen Menschenbild aus. Noch 1980 findet sie zu wenige diagnostische und unterrichtsmethodologische Hinweise, damit Lehrerinnen und Lehrer die gewünschte „Gefühls- und Sozialbildung ... zusätzlich zur Sachbildung“[226] in der Schule einsetzen können. Sie stellt deshalb soziologische, sozial-, entwicklungs-, lern- und tiefenpsychologische Aspekte zur Entstehung sozialer Verhaltensweisen im Kindesalter dar. Sie nennt unterrichtspraktische Elemente, wie das Spiel (z.B. freies Spiel, Puppenspiel, Rollenspiel und Regelspiel), die (musisch-ästhetische) Gestaltung (z.B. Bildnerischer Ausdruck, Erzählen von Geschichten, rhythmische und tänzerische Elemente) und das Gespräch, um eine funktionierende Kommunikations- und Kooperationsfähigkeit der Schüler als Grundlage der Sachbildung zu erhalten. Die dargebotenen Bausteine, Elemente und Materialien sind geeignet, von verschiedenen Fächern übernommen zu werden und dabei die Sozialerziehung für die Lehrpersonen im Unterricht wach zu halten.

---

[220] Feigenwinter 1990, 20.
[221] Vgl. Feigenwinter 1990, 17.
[222] Vgl. Feigenwinter, M. (1975): Gruppenarbeit im Unterricht. St. Gallen: Arp.
[223] Vgl. exemplarisch empirisch: Bohl T. (2000): Unterrichtsmethoden in der Realschule. Eine empirische Untersuchung zum Gebrauch ausgewählter Unterrichtsmethoden an staatlichen Realschulen in Baden-Württemberg. Ein Beitrag zur deskriptiven Unterrichtsmethodenforschung. Bad Heilbrunn: Klinkhardt.
[224] Vgl. Grillenberger, A. (1980): Soziales Lernen (k)ein neues Schulfach. Frankfurt: Diesterweg.
[225] Grillenberger 1980, 10f.
[226] Grillenberger 1980, 9.

2.7 Kritische Würdigung

Die drei beschriebenen Konzeptionen Erziehender Unterricht - Schulleben - Gemeinwesen-orientierte Schule, in denen soziales Lehren und Lernen möglich ist, schließen einander nicht aus; zum Teil überlappen oder ergänzen sie sich. Zugleich blicken sie auf eine lange pädagogische Tradition zurück. Die historische Darstellung zeigte, dass sowohl die Beziehung der agierenden Subjekte als auch die Rahmenbedingungen für das Gelingen sozialen Lernens entscheidend sind.

Ebenso ist deutlich geworden, dass *Erziehung* und *Unterricht* als auch ihre Einbettung in das *Schulleben* sowie die *Öffnung der Schule* eine ethische Fundierung bedürfen:

- Zum einen ist jede Erziehung an eine Wertorientierung gebunden (z.B. Welches Menschenbild steht hinter dieser Erziehung? Welches sind die Ziele der Erziehung?);

- zum zweiten benötigen die Bezugspersonen, die den sozialen Lehr-Lern-Prozess verantwortlich begleiten, eine gemeinsame Wertgrundlage (z.B. Was fördert die Persönlichkeitsbildung? Von welchem pädagogischen Konsens gehen die kooperierenden Personen aus?);

- zum dritten beruhen institutionelle Vorgaben auf ethischen Zielen (z.B. im Schulgesetz, in den Bildungsplänen, in Vereinsstatuten, in den Grundsätzen einzelner Verbände).

Zugleich ist nicht zu verkennen, dass die Schule weithin noch immer zu einseitig als reine Unterrichtsanstalt im Sinn einer Vermittlungsbehörde verstanden wird. Daher liegt die Provokation des sozialen Lernens darin, sich auf eines der über den Unterricht hinausreichenden Formen der ethischen bzw. sozialen Erziehung und Bildung einzulassen: Gemeint ist etwa der reflexive und schulprogrammatische Blick auf das Schulleben oder die mutige Einrichtung von Just Community-Schools. Einzelkämpfertum auf Lehrer- und Schülerebene widerspricht gänzlich sozialem Lernen in der Schule, deshalb ist die Öffnung des Klassenzimmers ebenso überfällig wie die Öffnung der Schule.

Die *kollegiale* Zusammenarbeit in Lehrerteams wirkt vermutlich auf das soziale Verhalten der Schülerinnen und Schüler, wenn das Lernen am Modell ernst genommen wird. Die *systematische* Förderung des Sozialverhaltens der Schülerinnen und Schüler ist zunächst eine freiwillige Entscheidung des Lehrerkollegiums. Diese Entscheidung wird jedoch gesellschaftlich bedingt zunehmend notwendig. Bewegt sich nun eine Schule auf dieses Ziel der Förderung sozialer Kompetenzen zu, sind pädagogische Tage, die Erstellung eines Schulprogramms sowie überschaubare Evaluationen hilfreiche Maßnahmen. Das Schulprogramm sowie deren Evaluation gründen auf dem Wertekonsens der Pädagogen und entspringen ihrer ethischen Verantwortung für die Heranwachsenden.

Die *schultheoretischen* Ansätze bieten eine fundierte Gesamtschau pädagogischen Handelns für die Schule. Emanzipation bzw. Mündigkeit als Bürgerin und Bürger ist sicher ein ideales Ziel. Jedoch ist die *Operationalisierung* des Ziel zur Methode selten bijektiv. Es mangelt an Evaluationen, die die umgekehrte Richtung - von der Methode zur Zielsetzung - auch tatsächlich nachweisen. Sicher benötigen die Lehrkräfte neben den schulpädagogischen Fähigkeiten zunehmend sozialpädagogische Kompetenzen aufgrund der veränderten Gesellschaft, aber auch sonderpädagogische Kompetenzen, wenn es um Diagnose und Förderung geht.

Die *Trainingsprogramme* zum sozialen Lernen schließen im Gegensatz zu Schultheorien öfters Evaluationen ein. Sie wollen beweisen, dass ihre Übungen effektiv sind. Jedoch ist die trainierte Gruppe meistens kleiner als eine Schulklasse und die benötigte Zeit ist in der Schulwirklichkeit kaum vorhanden. Ebenso besteht die Gefahr einer pädagogischen Aporie: Mündigkeit erreiche ich beim sich selbst bildenden Subjekt kaum im Durchführen von Übungen, die von einem Trainer vorgegeben sind. Diesem ‚Skill'-Ansatz fehlt die Klärung seiner ethischen Grundlage und Position. Ethische Prämissen sowie anthropologische Grundlagen stellen die Autoren kaum explizit dar. Ebenso mangelt es an Kriterien, die die Wirkung sozialen Lernens aufgrund von ethischen Maßstäben evaluiert. Der Evaluation fehlt die anthropologische Sicht im Sinn einer Ethik der Evaluation.

Die dritte Konzeption, welche zahlreiche erprobte *Methoden* und *Materialien* für Unterrichtseinheiten liefert und manchmal auch kurze einführende theoretische Grundlagen enthält, behandelt häufig ethische Themenfelder. Vor allem die inhaltliche Seite der Materialien weist ethische Kategorien aus: Umgang mit Fremden, Toleranz gegenüber Andersdenkenden, Rassismus, Krieg und Frieden usw. Diese Konzeption bietet Materialien für einige gesellschaftsorientierte und ethisch-religiöse Unterrichtsfächer.

Die im ersten Kapitel gestellten drei *Grundfragen* bieten sich als Kriterien der kritischen Würdigung an. Ich entnehme den sechs systematisch dargestellten Konzeptionen, welche sich historisch herausarbeiten ließen (erziehender Unterricht - Schulleben - gemeinwesenorientierte Schule - schultheoretische Orientierung - Trainingsprogramme - Unterrichtsmaterialien), Antworten auf die Fragen nach Ziel, Weg und Schulstruktur.

Der Unterricht selbst ist und bleibt erziehend, da es um Begegnung und Beziehung geht. Die pädagogischen Ziele sind wertgebunden. Die Unterrichtenden müssen sich ihrer pädagogischen Werte und anthropologischen Einstellungen bewusst werden. Im Schulleben zeigen die Lehrenden, wie sie zusammenarbeiten. Zugleich entsteht im Schulleben ein Gemeinschaftsverständnis sowie eine Bewusstsein der Verantwortung fürs Ganze. Nur dank der Öffnung von Unterricht und Schule kann sich die Schulstruktur selbst systemisch-interaktionistisch und somit auch organisatorisch verändern.

Nicht allein Disziplinprobleme oder Störungen dürfen die Motive der Lehrenden für soziales Lernen sein. Jedoch sind aus dieser Anforderung an die Unterrichtenden gelungene Unterrichtssequenzen aus der Praxis für die Praxis entstanden. Sicher ist und bleibt der Unterricht das Hauptgeschäft der Lehrkräfte und der Schule, jedoch unterstützt sowohl das Schulleben (z.B. gemeinsames Essen in einer Ganztagsschule) als auch die Gemeinwesenorientierung nachhaltiges Lernen und die Förderung des *handlungskompetenten* Menschen, der in realen Situationen herausgefordert wurde und sich bewähren konnte. Damit der Heranwachsende die Handlungskompetenz *in ethischer Verantwortung* erwirbt, ist die schultheoretische Fundierung sozialen Lernens wichtiger als ein bloßes Trainingsprogramm zum Erwerb von Sozialkompetenz. Eine ‚Sozialpädagogik der Schule', eine Schule mit sozialpädagogischer Orientierung, ist ideologiekritisch, partizipativ und kompensatorisch. Aufgrund ihres kritischen Ansatzes ermöglicht sie eher die Verbindung von Inhalt und Methode bzw. von Ziel und Weg einzulösen. Sie vermittelt zwischen Individuum und Gesellschaft und ist deshalb ‚kategoriale Bildung' (W. Klafki) in der Schule. Sie nimmt evaluative Empirie, die den Weg an das gesetzte Ziel zurückbindet, auf und integriert reflexiv Module aus bewährten Trainingsprogrammen zum sozialen Lernen.

Somit ergibt sich aus den alltäglichen Herausforderung der Lehrkräfte (z.B. Disziplinschwierigkeiten, unterschiedliche Leistungsbedingungen) die Aufgabe, Konzeptionen sozialen Lernens inhaltlich und methodisch zu entwickeln, sie schultheoretisch zu fundieren und empirisch ihre veränderten und fördernde Wirkung zu evaluieren. Die ethische Dimension durchdringt dabei sowohl den Unterricht als auch das gesamte Schulleben und verändert diese beiden Bereiche durch die Öffnung zum gesellschaftlichen Umfeld.

Schon in der Hinführung (Kapitel 1) wurde deutlich, dass soziales Lernen in seiner ethischen Dimension auf drei Verantwortungsbereiche zielt: Selbstverantwortung, soziale und globale Verantwortung. So wichtig Unterricht und Schulleben für soziales Lernen in diesen drei Bereichen sein mögen, so wenig reichen sie aus, globale Zusammenhänge von häufig unanschaulicher Natur und Umwelt aufzunehmen. Sie führen zwar zu prosozialem Verhalten, aber nicht automatisch zur globalen Verantwortung im Sinn einer Überlebensethik. Dazu benötigt es die ‚Öffnung der Schule' in unterschiedliche gesellschaftliche Handlungsfelder, in denen globale Zusammenhänge lokal erfahrbar werden, also die ‚gemeinwesenorientierte Schule'.

3 Soziales Denken und Handeln als Lernprozess - Psychologische und soziologische Aspekte

Soziales Denken und Handeln ist ein Lernprozess, der durch soziale Einstellung, Urteilsfähigkeit, durch Empathie und Übernahme unterschiedlicher Perspektiven sowie durch Wertorientierungen bedingt ist. Soziales Verhalten ist individuell ausgeprägt. Das ‚sich selbst bildende Subjekt' entwickelt sich zwischen Autonomie und Verantwortlichkeit. Dabei kommt sicher dem moralischen Urteil eine wesentliche Verbindungsstelle zu. Neben den Erkenntnissen aus deutschen Jugendstudien werden in diesem Kapitel auch die Wahrnehmungspsychologie sowie die Entwicklungsstadien nach Kohlberg herangezogen, um den Prozess sozialen Lernens zu erhellen. Mein Relationsdiagramm verbindet die einzelnen Prozesse des Denkens, Urteilens und Handelns im Kontext sozialen Lernens in der Schule.

3.1 Soziale Einstellung, Urteilsfähigkeit und soziales Handeln

Sozialverhalten zeigt sich auf verschiedene Weise und zwar als Wissen um das Gute, das Moralische, als Einstellung, die sich an Werten orientiert, als soziale (moralische) Urteilsfähigkeit und als soziales Verhalten, als soziales Handeln. Zwischen Wissen, Einstellungen und tatsächlichem Verhalten besteht oft ein Bruch. Es lohnt sich in diesem Zusammenhang den Bezug zu Kohlbergs Theorie der moralisch-kognitiven Entwicklung herzustellen. Handeln muss ‚eingeübt' werden, es muss ein Handeln mit Ernstcharakter hinzukommen. Dies wird auch bei Kohlberg deutlich. Oser, der Kohlbergs Ansatz kritisch würdigt, stellt heraus:

> „Wer je an einem solchen Just Community Meeting in der Brookline High School oder an einer Curriculum-Einheit in der Cluster School teilgenommen hat, ist beeindruckt, wie der ganze Mensch im Wissen, Urteil und Handeln und auch im emotionalen Bereich herausgefordert ist. Verantwortung wird hier gelernt durch Übernahme von Verantwortung."[227]

Hierzu gehört auch die Entwicklung der Emotionalität im Sinn von Empathie. Empathie kann als die Wurzel der Moral angesehen werden.[228]Auch für Kohlberg besteht zwischen affektiven und kognitiven Aspekten des moralischen Handelns eine enge und positive Korrelation.[229]

So mag soziales Lernen auch eher den Weg andeuten, der zu dem Ziel führt, Sozialkompetenz zu erwerben und zu fördern. Denn: Wer Kompetenz besitzt, ist handlungsfähig. Er hat die Fähigkeit so tätig zu werden, dass er eine Absicht, ein Ziel unter Beachtung von Handlungsprinzipien, also Normen und Regeln, und mit Bezug auf konkrete, die jeweilige Situation bestimmende Bedingungen zu erreichen vermag. Er kann damit auch Situationen bewältigen, die zum Zeitpunkt der Ausbildung der entsprechenden Kompetenz noch nicht eindeutig vorauszusehen waren.[230] Damit wird deutlich, dass sich soziales Lernen, um Sozialkompetenz anzubahnen, auf verschiedene Ebenen beziehen muss und zwar auf soziale Denkweisen, auf soziale Einstellungen, auf soziale Urteilsfähigkeit und auf soziales Handeln. Als Voraussetzung für soziale Denkweisen, Einstellungen und letztlich dann auch für soziales Handeln ist fundiertes Wissen die Grundlage.

Mohr spricht vom verantwortlich handelnden Menschen in der Welt von heute, der Wissen in zweierlei Form besitzen muss, als ‚Verfügungswissen' und als ‚Orientierungswissen':

---

[227] Oser, F. (1987): Möglichkeiten und Grenzen der Anwendung des Kohlberg`schen Konzepts der moralischen Erziehung in unseren Schulen. In: Lind/Raschert 1987, 51.

[228] Vgl. hierzu: Goleman, D. (1997): Emotionale Intelligenz. München, 2. Aufl., 127ff.

[229] Vgl. Oser, F./Althoff,W./Garz, D. (Hg.) (1986): Moralische Zugänge zum Menschen - Zugänge zum moralischen Menschen, München, 158 - 179.

[230] Vgl. Lenzen, D. (Hg.) (1992): Enzyklopädie Erziehungswissenschaft. Bd. 1: Theorien und Grundbegriffe. Stuttgart: Klett, 2. Aufl., 472ff.

> „Verfügungswissen (Sachwissen) gibt die Antwort auf die Frage: Wie kann ich etwas, was ich tun will, tun. Orientierungswissen beantwortet die Frage, ob ich das, was ich tun kann, auch tun soll, tun darf." [231]

Verfügungs- und Orientierungswissen zu vermitteln, „ist ein unverzichtbarer Beitrag der Schule. ... Man denke nur an die komplizierten Probleme, die beim Umweltschutz anstehen. Wie soll ein Bürger verantwortlich handeln und urteilen, wenn er die Argumente der Experten nicht verstehen kann?"[232] Ist das Sachwissen die Grundlage für soziale Denkweisen, soziale Einstellungen und soziales Handeln, so ist die Anbahnung einer Wertorientierung unumstößlich. Erst wenn es gelingt, einen Wert zu erkennen, ihn erstrebenswert zu halten und zu begründen, ist es möglich, auch eigene Entscheidungen zu bewerten und abweichende Legitimationen anderer auf ihre Gültigkeit hin zu überprüfen. Nur so wird der Jugendliche diskursfähig. Die Kirchen leisten in diesem Zusammenhang zwar einen wertvollen Dienst am Bildungsauftrag der Schule, in dem sie christliche Werte vermitteln und Einstellungen anbahnen. Allerdings erreicht der Religionsunterricht nicht alle Schülerinnen und Schüler. Deshalb wird der Ethikunterricht um so notwendiger. Trotz allem ist der Weg von sozialen Denkweisen und Einstellungen auf dem Hintergrund von Wertorientierungen bis zum Handeln weit. Er kann nicht dem Religions- und Ethikunterricht allein überantwortet werden, sondern alle Fächer müssen sich auf den Weg des sozialen und ethischen Lernens begeben.

In Anlehnung an Argyle[233] ist soziales Verhalten in vier Dimensionen gegliedert: Motivation - Wahrnehmung - Beurteilung - Handeln. Grafisch kann der offene Prozess folgendermaßen veranschaulicht werden:[234]

Ich beschreibe die Dimensionen nach Argyle (Wahrnehmung - Beurteilung - Handeln) als Kompetenzen, da sie pädagogische Zielsetzungen umfassen. Motivation ist keine Kompetenz. Dabei teile ich in Anlehnung an Frau Ella Krauss[235] die Dimension ‚Beurteilung' in zwei Kompetenzen (Urteils- und Entscheidungsfähigkeit) auf. Das soziale Lernen umfasst somit drei Verantwortungsbereiche und vier Kompetenzen:

---

[231] Mohr, H. (1988): Bildung in der heutigen Welt - ein Plädoyer für das Wissen. In: Böhm, W./Lindauer, M. (Hg.): Nicht Vielwissen sättigt die Seele". Wissen, Erkennen, Bildung, Ausbildung heute. Stuttgart, 301ff.

[232] Lind 1987, 107.

[233] Vgl. Argyle, M. (1972): Soziale Interaktion. Köln 1972, 177ff.

[234] Vgl. Prior 1976, 84.

[235] Vgl. den Beitrag meiner Mitautorin in: Böhm, U./Hafner, K./Krauss, E.: Soziales Lernen in der Realschule; in: Ministerium für Kultus, Jugend und Sport (Hg.): Schulentwicklung Real. Neue Herausforderungen für die Lehrerbildung, Donauwörth: Auer, 2002, 136ff. Ich danke Frau Ella Krauss für zahlreiche weiterführende und vertiefende Gespräche im Bereich Sozialen Lernens.

Bereich / Kompetenz	**Selbstverantwortung**	**Soziale Verantwortung**	**Globale Verantwortung**
Wahrnehmungsfähigkeit	Stärken und Schwächen wahrnehmen und annehmen	Werte und Normen bewusst machen	globale Veränderungen und ihre lokale Wirkung wahrnehmen
Urteilsfähigkeit	anthropologische Sichtweisen durch religiöse bzw. weltanschauliche Prämissen entwickeln	religiöse bzw. weltanschauliche, soziale und ethische Haltungen überprüfen	vor dem Hintergrund ethischer Überlegungen Handlungsmuster entwerfen
Entscheidungsfähigkeit	in der Face-to-Face-Kommunikation eigene und andere Perspektiven entdecken und abwägen	im Gespräch und Interaktion innerhalb einer Gruppe werden Werte, Normen und Entscheidungen begründet	im Diskurs zu einer eigenen Entscheidung über Handlungsweisen in der Gesellschaft kommen
Handlungsfähigkeit	eigene Chancen fördern und Defizite durch Annahme eigener Schwächen mindern	Entscheidung in Handeln umsetzen sowie Handeln beurteilen	Entscheidung in Handeln umsetzen, Handeln beurteilen und zugleich die Folgen des Handelns mitbedenken

Tab.: Verknüpfung von Verantwortungsbereichen mit Kompetenzen

Diese vier Fähigkeiten stehen in wechselseitiger Verbindung zueinander. Während des Handelns wirkt z.B. die Urteilsbildung oder die Sensibilisierung weiter. Um sie empirisch greifen zu können, ist ein hypothetisches Konstrukt sozialen Lernens in linearer Abfolge hilfreich. Ausgehend von der gesellschaftlichen Problemsituation wachsen der Schule und den Schülern Aufgaben zu. Im Sinn einer Werterziehung erfolgt ein Bewusstmachen der eigenen impliziten Werte und subjektiven Theorien. Im Prozess der Wertebildung entstehen reflektierte Werte, die zu Normen als anzustrebende Handlungsmuster im Klassen- und Schulleben führen. Aus diesen Denkweisen und Handlungsmustern entspringt dann das Handeln in gesellschaftlichen Feldern. Der Weg setzt im kognitiven Feld an und berührt häufig das emotionale Feld. In der realen Situation des Handelns besitzt das emotionale Feld vermutlich eine stärkere Wirkung. Das ‚Soziale Lernen' ist punktuell auf den Unterricht und den schulischen Gesamtbereich reduziert. Selbstverständlich findet soziales Lernen auch in anderen gesellschaftlichen Bereichen statt. Den gesamten Prozess nenne ich ‚Ethische Bildung'. Im folgenden Diagramm versuche ich, den linearen Prozess und die terminologische Zusammenhänge darzustellen:

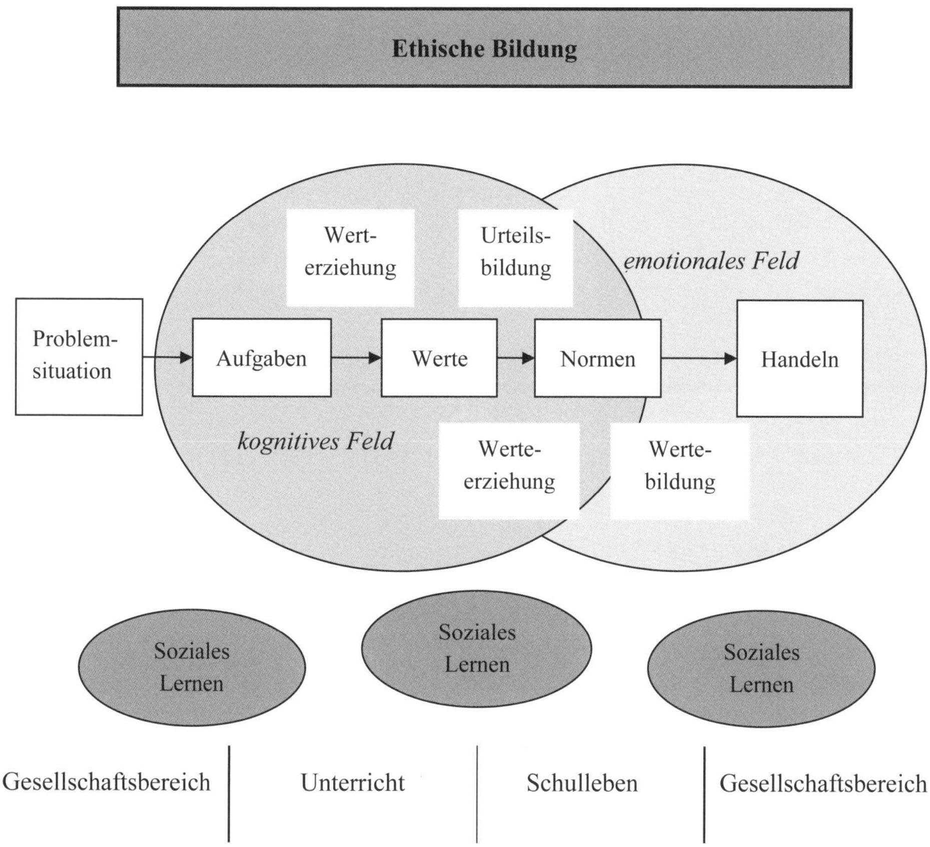

Abb.: Relations-Diagramm sozialen Lernens im schulischen Kontext

3.2 Soziales Verhalten als Ergebnis von Wertorientierungen

Früher war klar, was links und was rechts war, wer gut und wer böse war. Seit geraumer Zeit kommen diese pseudo-sicheren Eckpfeiler ins Wanken. Die alten Sortierungen greifen nicht mehr. Alte Gewissheiten weichen der Verunsicherung ob des rechten Weges, des guten Geschmacks, dessen, was bis gestern noch wahr war. Der Wertefächer der Nachkriegszeit, als Wachstum an sich noch ein Wert war, Wohlstand mit Wohlbefinden einherging und Fortschritt positiv konnotiert war, hat sich bei den Heranwachsenden ebenso aufgelöst wie der ‚Wertehimmel' der 68er-Generation. Wir haben es heute mit einem flexibleren Wertesystem zu tun, das aber zu sehr als Angebot und zu wenig als verpflichtend erlebt wird. In der wertpluralen Gesellschaft ist die sozialmoralische Entwicklung der Kinder und Jugendlichen wesentlich schwieriger geworden. Die ‚neue Unübersichtlichkeit', vor Jahren von Habermas in Aussicht gestellt, hat westliche Gesellschaften erreicht. Welche Wertorientierungen und ethische Handlungsbereitschaft im Jugendalter zeigen zeitgenössische repräsentative Studien?

3.2.1 Der individuelle Wertekosmos

Die formale Ebene der modernen Orientierungsmuster beschreibt Yvonne Fritzsche in der Shell-Studie 2000:

> „Jeder Jugendliche wird heute zum flexiblen Konstrukteur seiner eigenen Biografie mit einem persönlichen Wertekosmos, er muss und kann sich seine Identität und seine Wertorientierungen aus Versatzstücken selbst und eigenverantwortlich zusammenbasteln, sozusagen sein eigenes biografisches und ethisches ‚Gesamtkunstwerk' schaffen und inszenieren, ein Kunstwerk, dessen Inhalt er selbst ist."[236]

Die Werteinflation erbrachte den individuellen Wertecocktail. Somit handelt es sich nicht um einen Werteverlust, sondern um einen Wertewandel bzw. einen Wandel der intrapersonellen Dauerhaftigkeit und überindividuellen Gültigkeit von Werten.

Wie sieht die Werthierarchie aus? Auf die Frage nach wichtigen Eigenschaften und Verhaltensweisen von Menschen ergab sich bei der Shell-Studie von 1997 folgende Rangliste:[237]

1. eigene Fähigkeiten entfalten (68,8%)
2. pflichtbewusst sein (66,6%)
3. das Leben genießen (65,4%)
4. unabhängig sein (62,0%)
5. durchsetzungsfähig sein (61,9%)

[236] Fritzsche, Y. (2000): Moderne Orientierungsmuster. Inflation am „Wertehimmel". In: Jugendwerk der deutschen Shell (Hg..): Jugend 2000, Bd. 1. Opladen: Leske + Budrich, 95.

[237] Vgl. Fritzsche 2000, 299. In der Klammer ist der Prozentanteil der hohen Zustimmungswerte (Zustimmungswerte 6 und 7 auf einer Skala mit 7 Abstufungen) angegeben.

6. sich selbst verwirklichen (60,9%)

Alle genannten, tendentiell egozentrischen Äußerungen lagen immerhin bei über 60%. ‚Pflichtbewusst sein' fällt eher aus dem Rahmen. Danach folgen mit größerem Abstand altruistische Äußerungen:

7. anderen Menschen helfen (54,2%)
8. Rücksicht auf andere nehmen (51,7%)
9. Verantwortung für andere übernehmen (36,1%)
10. Tun und lassen, was man will (35%)

Auf der inhaltlichen Ebene zeigt sich in den 90er Jahren ein Trend in Richtung von Autonomiewerten. Die Selbstverwirklichung und Selbstthematisierung steht im Mittelpunkt.

3.2.2 Abschied von Wertehierarchien

In der jüngsten Shell-Studie wurde dieser Sachverhalt in induktiver Weise nochmals untersucht. Jugendliche ordneten 124 Aussagen nach Wichtigkeit. Faktorenanalytisch sind dabei folgende Wertedimensionen entstanden:[238]

1. Autonomie - Kreativität und Konfliktfähigkeit (24,6)
2. Berufsorientierung - gute Ausbildung und interessanter Job (24,3)
3. Familienorientierung -Partner, Heim und Kinder (24,1)
4. Menschlichkeit - Toleranz und Hilfsbereitschaft (22,2,)
5. Attraktivität - gutes Aussehen und materieller Erfolg (21,9)
6. Authentizität - persönliche Denk- und Handlungsfreiheit (21,5)
7. Selbstmanagement - Disziplin und Einordnungsvermögen (20,1)
8. Modernität - Teilhabe an Politik und technischem Fortschritt (18,7)

Geht man die Rangfolge durch, stellt man fest, dass neben hedonistischen Werten auch prosoziale auftauchen. Ohne dass ich hier auf Geschlecht, Alter und Schicht eingehe, scheint ein Nebeneinander von unterschiedlichen Wertorientierungen bei den Heranwachsenden (Autonomie - Familienorientierung) vorzukommen.

Diese These wird durch den Jugendsurvey des Deutschen Jugendinstituts in München bestätigt. Dort wurden 18 Items sieben Wertbereichen zugeordnet und mit einer Faktorenanalyse gruppiert. Die vier dadurch entstandenen Wertedimensionen sind:[239]

[238] Zahlen in Klammer geben den jeweiligen Skalenmittelwert zwischen 6 und 30 an. Der theoretische Wert liegt bei 18. Vgl. Fritzsche 2000, 98.

[239] Vgl. Gille, M. (2000): Werte, Rollenbilder und soziale Orientierung. In: dies./Krüger, W. (Hg.): Unzufriedene Demokraten. Politische Orientierungen der 16- bis 29jährigen im vereinten Deutschland. DJI-Jugendsurvey 2, Opladen: : Leske + Budrich, 143-203.

1. Selbstentfaltung:	eigene Fähigkeiten entfalten/sich selbst verwirklichen/unabhängig sein/sich gegen Bevormundung wehren/durchsetzungsfähig sein/kritisch sein
2. Hedonismus:	das Leben genießen/tun und, lassen was man will/ein aufregendes spannendes Leben führen
3. Konventionalismus:	pflichtbewusst sein/sich anpassen/etwas leisten/ehrgeizig sein/hohes Einkommen anstreben/auf Sicherheit bedacht sein
4. Prosozialität:	anderen Menschen helfen/Rücksicht auf andere nehmen/Verantwortung für andere übernehmen

Sozialwissenschaftler weisen nach, dass die Wertedimension ‚Selbstentfaltung' sowohl mit hedonistischen als auch mit prosozialen Werten korreliert. Selbstentfaltung bewegt sich somit in zwei seither divergierende Richtungen. Egoismus und Altruismus sind für Jugendliche gleichermaßen erstrebenswert; eigennützig und gemeinnützig, materiell und postmateriell sind keine Gegensatzpaare mehr. Zugleich bedeutet dies einen Abschied von der Vorstellung einer Wertehierarchie.

Das ‚Sowohl-Als-auch' rückt zunehmend an die Stelle des ‚Entweder-Oder' und das dynamische Offenbleiben ersetzt statische Endgültigkeiten. Jugendlichen gelingt die Parallelisierung von Werthaltungen, weil sie pragmatisch mit ihren Wertorientierungen umgehen.

3.2.3 Von den Wertvorstellungen zum sozialen Engagement

Führt die Auflösung der Werthierarchien und die Parallelisierung gegensätzlicher Wertvorstellungen bei Jugendlichen auch zu prosozialem Verhalten und sozialem Engagement? Der Freiwilligensurvey von 1999 des Bundesministerium für Familie, Senioren, Frauen und Jugend[240] sowie schon die Shell-Studie von 1997[241] weisen nach, dass das soziale Engagement eine fruchtbare Verbindung zum Selbstbezug und zur Selbstentfaltung aufweist. Bei der Frage nach den Gründen und Erwartungen, die für ein Engagement wichtig sind und die damit verbunden werden, kommt sowohl bei allen Jugendlichen[242] wie speziell bei den engagierten[243] neben dem Spaß- und Geselligkeitsfaktor vor allem der Selbstbestimmung und Selbstentfaltung eine herausgehobene Bedeutung zu. Im sozialen Engagement sehen die Heranwachsenden eine Erweiterung persönlicher Erfahrungen und eigener Kenntnisse sowie die Zunahme

---

[240] Vgl. Picot, S. (2000): Jugend und freiwilliges Engagement. In: Bundesministerium für Familie, Senioren, Frauen und Jugend (Hg.): Freiwilliges Engagement in Deutschland. Freiwilligensurvey 1999. Ergebnisse der Repräsentativerhebung zu Ehrenamt, Freiwilligenarbeit und bürgerschaftliches Engagement in Deutschland. Bd. 3: Frauen und Männer, Jugend, Senioren, Sport. Stuttgart: Kohlhammer, 111-207.

[241] Vgl. Fischer, A. (1997): Engagement und Politik. In: Jugendwerk der deutschen Shell (Hg.): Jugend ´97. Zukunftsperspektiven, Gesellschaftliches Engagement, Politische Orientierungen. Opladen: Leske + Budrich, 303-341.

[242] Vgl. Fischer 1997, 325.

[243] Vgl. Picot 2000, 157.

von Verantwortungsübernahme und Entscheidungsmöglichkeiten; somit auch ein größeres Maß an Selbstverwirklichung.[244]

Insgesamt spiegeln die Ergebnisse des Freiwilligensurveys ein nicht geringes faktisches Engagement Jugendlicher (37% der 14- bis 24-Jährigen; 37% der 25- bis 59-Jährigen)[245], das die Rede von rein hedonistischen, an gesellschaftlichen Vorgängen uninteressierten und unbeteiligten Jugendlichen Lügen straft.[246]

[244] Vgl. Picot 2000, 183.
[245] Vgl. Picot 2000, 27, 173.
[246] Vgl. auch: Hobelsberger, H. (2001): Wertorientierung und ethische Handlungsbereitschaft bei Jugendlichen. In: Katechetische Blätter, 126. Jg., 241-248:245.

3.3 Entwicklungsprozesse sozialen Denkens und Handelns

3.3.1 Soziales Verhalten als Weg und Ziel eines Lernprozesses

In Anlehnung an Döpfner u.a.[247] ist ‚soziale Kompetenz' definiert als die „Verfügbarkeit und Anwendung kognitiver, emotionaler und motorischer Fertigkeiten, die in bestimmten sozialen Situationen zu einem langfristig günstigen Verhältnis von positiven und negativen Konsequenzen führen"[248]. Die diagnostischen Methoden sind systematische Beobachtungsverfahren, Interviews mit Leitfragen und die Erhebung durch standardisierte Fragebögen.

> „Die Feinziele sozialer Fertigkeiten können nur erreicht werden, wenn die Betroffenen eine differenzierte Wahrnehmung entwickeln, eine angemessene soziale Urteilsfähigkeit herausbilden und schrittweise ein umfassendes Repertoire an sozialen Handlungsweisen aufbauen. Alle diese Voraussetzungen basieren auf Lernprozessen, die durch Verhaltenstrainings gezielt gefördert werden."[249]

Die substantielle Füllung dessen, was ‚soziale Kompetenz' bzw. ‚soziale Fertigkeiten' beinhaltet, entspricht vorgegebenen Werten. Was ist jedoch eine ‚angemessene' soziale Urteilsfähigkeit? Die Bewertung des sozialen Verhaltens hängt von Normen und Rollenerwartungen ab, die nach Alter, Geschlecht, Beruf und Status unterschieden werden.

In der Verhaltenstherapie ist ‚soziale Kompetenz' als Synonym für ‚soziale Fertigkeiten' ein wichtiges Trainings- bzw. Therapieziel in den Bereichen ‚Selbstsicherheit', ‚Durchsetzungsvermögen' oder ‚Kontaktfähigkeit'.[250] Die ersten deutschen Selbstsicherheitstrainings entstanden in den 70er Jahre. Sie basierten auf alltagsnahen Rollenspielen, die sozialkompetentes Verhalten bei Kindern, Jugendlichen und Erwachsenen förderten.[251] Kompetenztrainings basieren auf lerntheoretischen Grundlagen (z.B. kognitiv-behavioraler Ansatz, kognitiv-strukturgenetischer Ansatz, Konzept der Selbstwirksamkeit oder Modell der sozialkognitiven Informationsverarbeitung) und verwenden bzw. kombinieren verschiedene Methoden (z.B. Identifikation, Rollenspiel, soziale Verstärkung, Selbstinstruktionstechniken, Entspannungsübungen oder Übungen zum Alltagstransfer). Die deutschen Sozialtrainingsprogramme bearbeiten didaktisch-methodisch die Bereiche ‚Wahrnehmung', ‚Umgang mit Gefühlen', ‚Selbstsicherheit', ‚Kommunikation und Kooperation' sowie ‚Einfühlungsvermögen'.

Nach A. Bandura[252] ist es gar nicht möglich, als Lehrerin oder Lehrer kein Vorbild zu sein. Gewollt oder ungewollt werden die Unterrichtenden zu ‚Modellen' im positiven wie im negativen Sinn. Entscheidend ist deshalb ein reflektierter Umgang mit diesem Sachverhalt. Die

---

[247] Vgl. Döpfner, M./Rey, E.-R./Schlüter, S. (1981): Evaluation eines sozialen Kompetenztrainings für selbstunsichere Kinder im Alter von neuen bis zwölf Jahren - Ein Therapievergleich; in: Zeitschrift für Kinder- und Jugendpsychologie, H. 9, 233-252:234.

[248] Jugert u.a. 2001b, 9.

[249] Jugert u.a. 2001b, 13.

[250] Vgl. Jugert u.a. 2001b, 9 u. 14.

[251] Vgl. Jugert u.a. 2001b, 14f.

[252] Vgl. Bandura, A. (1976): Lernen am Modell. Ansätze zu einer sozial-kognitiven Lerntheorie. Stuttgart: Klett.

individuellen Grenzen einer Lehrperson sind zu beachten. Eine selbstkritische Einschätzung jedes Lehrenden ist aufgrund seiner Fragmentarität[253] menschlichen Seins zu bejahen, da die Begrenztheit und Unvollkommenheit einer pädagogische Verabsolutierung oder einem Vollkommenheitsglauben der Unterrichtenden entgegenwirkt. „Das wichtigste Curriculum des Lehrers ist seine Person“[254], meint H. von Hentig und versteht darunter, „wie ich mit der Kluft zwischen meinen Vorsätzen und meinen Tagen umgehe, ist für die, denen ich dies zeige, doch wieder hilfreich: Sie können dies ‚ehrlich' oder ‚eitel' oder ‚zweideutig' finden, und werden danach entscheiden, wie sie selber sein wollen“[255].

Nicht zu übersehen ist, dass das Modelllernen heute auch für die Medien als Sozialisationsagentur gilt. Die moralischen Medien-Angebote werden nach Ansicht der Soziologen Peter Berger und Thomas Luckmann nicht nur konsumiert, sondern in Familien kommunikativ verarbeitet, ausgewählt, verworfen oder den eigenen Umständen und Werthaltungen angepasst.[256] Ebenso spielt das Lernen innerhalb der Peer Group nicht nur im Jugendalter eine bedeutsame Rolle. Jugendliche bieten sich ‚Hilfe zur Selbsthilfe' durch Orientierungsmuster, Sicherheits- und Geborgenheitsgefühl und Stütze bei der Biografie-Gestaltung an.

3.3.2 Entwicklung des moralischen und sozialen Urteils (L. Kohlberg)

Lawrence Kohlberg verknüpft die Überlegungen von John Dewey und Jean Piaget und erweitert diese Ansätze zu einer Abfolge von drei Ebenen moralischer Entwicklung, zu denen jeweils zwei Stufen gehören. Das Stufenkonzept stützen Studien, die belegen, dass ein Zusammenhang der höheren Entwicklungsstufen mit dem zunehmenden Alter der Personen besteht.

> „Moralisches Denken ist eindeutig Denken; fortgeschrittenes moralisches Denken hängt deshalb von fortgeschrittenem logischen Denken ab. Die Stufe des logischen Denkens, die eine Person erreicht hat, setzt der Moralstufe, die sie erreichen kann, eine bestimmte Höchstgrenze.“[257]

Die Stufen sind hierarchisch angelegt, sie schließen jedoch das Denken auf einer darunterliegenden Stufe jeweils ein. Keine der Stufen ist moralphilosophisch minderwertiger als andere. Jede hat ihre eigene Dignität. Bei Kohlbergs Studie wurde das Überspringen einer Stufe oder ein Stufenrückschritt nicht beobachtet. Hier widerspricht Lind, denn ohne eine Förderung finde keine Entwicklung der moralischen Urteilsfähigkeit statt, es komme sogar zu einer Rückentwicklung dieser Fähigkeit.[258] Die Förderung der moralischen Urteilsfähigkeit ist deshalb wichtig.

---

[253] Vgl. Luther, H. (1992): Identität und Fragment. In: ders.: Religion und Alltag. Bausteine zu einer praktischen Theologie des Subjekts. Stuttgart: Radius, 160-182.

[254] Hentig, H.v. (1984): Vom Verkäufer zum Darsteller. Absagen an die Lehrerbildung. In: Becker, H./ders. (Hg.): Der Lehrer und seine Bildung. Beiträge zur Überwindung der Resignation. Frankfurt, 112.

[255] Hentig 1984, 114.

[256] Vgl. Berger, P./Luckmann, Th. (1995): Modernität, Pluralität und Sinnkrise. Die Orientierung des modernen Menschen. Gütersloh: Verl. Bertelsmann-Stiftung, 76.

[257] Kohlberg 1987, 29

[258] Vgl. Lind, G. (1987): Kohlberg auf dem Prüfstand. In: Lind, G./ Raschert, J. (Hg.) Moralische Urteilsfähigkeit. Eine Auseinandersetzung mit Lawrence Kohlberg über Moral, Erziehung und Demokratie. Weinheim, 93ff.

> „Moralische Urteilsfähigkeit entwickelt sich nur durch Bewältigung von Konflikten, auch von Konflikten und Problemen in und mit der Schule, die ein Teil der Gesellschaft und unseres Lebens ist.“[259]

Hier haben Dilemma-Geschichten in der Unterrichtsarbeit ihren Ort.[260] Jedoch ist moralische Urteilsfähigkeit allein noch wenig verhaltenswirksam.[261] Kohlberg selbst sagt dazu: „So wie logisches Denken eine notwendige, aber nicht hinreichende Bedingung für reifes moralisches Urteil ist, so ist reifes moralisches Urteil eine notwendige, jedoch noch keine hinreichende Bedingung reifen moralischen Handelns.“[262]

Die moralische Entwicklung eines Menschen ist das Resultat eines Wechselspiels von Umwelteinflüssen und Aktivität des Menschen, von sozialen Erfahrungen und kognitiver Aneignung sowie der eigenständigen Interpretation dieser Erfahrungen in den Bahnen fortschreitender Komplexität. In dieser Hinsicht ist der Mensch der Gestalter seiner eigenen moralischen Entwicklung. Lawrence Kohlberg zufolge geschieht diese Entwicklung in Stufen, die jeder Mensch bei individuellen Unterschieden gleichermaßen durchläuft. Moral ist in dieser Hinsicht nicht ein bestimmter Inhalt, sondern eine bestimmte Weise, moralische Sachverhalte zu erkennen, zu werten, zu deuten und zu strukturieren. Die Entwicklung dieser Urteilsstruktur ist streng genommen unabhängig vom Lebensalter. Deshalb spricht Kohlberg auch nicht von moralischer Reifung, sondern von Entwicklung. Gleichwohl besteht zwischen Moralverständnis und Alter in Kindheit und Jugend eine Korrelation.

Moralentwicklung verläuft nach Kohlberg von einer heteronomen zu einer autonomen, von einer außengeleiteten zu einer innengeleiteten Moral, von einer an Lohn und Strafe orientierten Moral über eine Regel-, Vertrags- und Gesetzesmoral hin zu einer prinzipienorientierten Moral. Schon Kinder haben ein einfaches Verständnis von Regeln, selbst wenn sie diese Regeln dann in der Argumentation noch nicht benutzen.

Kohlberg geht von folgenden Stufen aus:[263]

Präkonventionelles Stadium

Stufe 1: Strafe/Gehorsam

Erwachsene haben das Recht, die Regeln zu bestimmen, da sie groß sind, die Dinge überblicken und weil sie die Macht haben. Regeln werden eingehalten, weil bzw. wenn deren Übertretung mit Strafe bedroht ist. Die erste Stufe ist gekennzeichnet von egozentrischem Respekt vor überlegener Macht bzw. Vermeidung von Schwierigkeiten. Die Interessen anderer werden nicht berücksichtigt bzw. es wird nicht erkannt, dass sich diese von den eigenen unterscheiden. Zwei unterschiedliche Betrachtungsweisen werden nicht miteinander in Beziehung gesetzt. Verhaltensweisen werden ausschließlich nach ihrem äußeren Erscheinungsbild beurteilt, aber nicht nach den zugrunde liegenden Intentionen.

---

[259] Lind, G./Raschert, J.: Vorwort der Herausgeber. In: Lind/Raschert 1987, 8.

[260] Vgl. Kuld, L./Schmid,B. (2001): Lernen aus Widersprüchen. Dilemmageschichten im Religionsunterricht. Donauwörth.

[261] Vgl. Mieg, W. (1994): Verantwortung. Moralische Motivation und die Bewältigung sozialer Komplexität. Opladen.

[262] Kohlberg 1987, 30

[263] Vgl. Kohlberg, L. (2001): Moralstufen und Moralerwerb. der kognitiv-entwicklungstheoretische Ansatz (1976); in: Edelstein, W. u.a. (Hg.): Moralische Erziehung in der Schule. Weinheim: Beltz, 35-61.

Stufe 2: Instrumenteller Hedonismus

Richtiges Handeln ist jenes, das die Bedürfnisse des Ich und gelegentlich die der anderen instrumentell befriedigt. Es existiert ein Bewusstsein für die Relativität des Wertes der Bedürfnisse und der Perspektive aller Beteiligten. Es wird verstanden, dass hinter Regeln das Moment der gegenseitigen Fairness steht und Moral etwas mit Gegenseitigkeit, mit Wechselbeziehungen zu tun hat. Die Gegenseitigkeit wird zum Kriterium des moralisch Richtigen.

Konventionelles Stadium

Stufe 3: Gegenseitigkeit

Die Erwartungen und Meinungen der anderen, vor allem nahe stehender Menschen, werden zum Maßstab des moralisch Richtigen. Andere zu enttäuschen ist daher ebenso ein moralisches Versagen. Kinder bzw. Jugendliche sind bemüht, Beifall zu erhalten, anderen zu gefallen und ihnen zu helfen. Es wird anerkannt, dass richtiges und gutes Verhalten bedeutet, auch das Wohlergehen anderer Menschen im Auge zu haben. Die Orientierung erfolgt an den Standpunkten von Bezugsgruppen und den Bedürfnissen ihrer Mitglieder. Es kommt zu einer Konformität mit stereotypischen Vorstellungen bzw. mit dem Mehrheitsverhalten. Gemeinsame Gefühle, Übereinkünfte und Erwartungen erhalten den Vorrang vor individuellen Interessen.

Stufe 4: Feste Regeln/Soziale Kontakte

Es wird Rücksicht genommen auf die Erwartungen anderer. Der Mensch ist bestrebt, ‚seine Pflicht zu tun', Respekt vor der Autorität zu zeigen und die soziale Ordnung um ihrer selbst willen einzuhalten. Es besteht das Gefühl der Verpflichtung für irgendeine Art von größerem System. Entscheidendes Merkmal dieser Entwicklungsstufe ist die gesellschaftliche Sichtweise. Das Denken des Individuums löst sich aus seiner engen Bindung in zwischenmenschlichen Beziehungen und das moralisch Wertvolle wird aus der Perspektive der Aufrechterhaltung des gesellschaftlichen Ganzen definiert. Im Konfliktfall sind individuelle Interessen gesellschaftlichen Interessen nachgeordnet, um das Funktionieren der Institution zu gewährleisten, um einen Zusammenbruch des Systems zu vermeiden oder um dem Gewissen Genüge zu tun, das an die selbst übernommenen Verpflichtungen mahnt.

Postkonventionelles Stadium

Stufe 5: Orientierung an höheren Gesetzen

Das Prinzip der ‚Gerechtigkeit' bei der Entscheidungsfindung in Problemsituationen gewinnt an Bedeutung. Die Interessen von Individuen und der Gemeinschaft werden zusammengeführt. Ein Bewusstsein darüber entsteht, dass unter den Menschen eine Vielzahl von Werten und Meinungen vertreten wird und die meisten Werte bzw. Normen gruppenspezifisch sind. Das moralische Denken ist prinzipiengeleitet. Die Zweckbestimmung des Menschen besteht nicht mehr im Dienst an der Gesellschaft, sondern soziale Systeme haben den Zweck, ihren Mitgliedern Nutzen zu bringen. Pflicht wird vor diesem Hintergrund verstanden als Teil des Gesellschaftsvertrags. Eine willkürliche Komponente oder Basis von Regeln und Erwartungen wird zwar als Ausgangspunkt der zwischenmenschlichen Übereinstimmung anerkannt. Diese Regeln können jedoch, eben aufgrund ihrer Willkürlichkeit, auch wieder verändert werden. Im Allgemeinen strebt ein Individuum an, die Verletzung von Absichten oder Rechten anderer sowie von Wille und Wohl der Mehrheit zu vermeiden.

Stufe 6: Orientierung an universellen ethischen Prizipien

Der Mensch orientiert sich nicht nur an zugewiesenen sozialen Rollen, sondern auch an Prinzipien der Entscheidung, die an logische Universalität und Konsistenz appellieren. Es wird nach allgemeingültigen ethischen Prinzipien (universalen Prinzipien der Gerechtigkeit: z.B. alle Menschen haben gleiche Rechte, die Würde des Menschen ist unantastbar} gesucht, denen das Individuum folgt. Verstößt ein Gesetz aus den allgemeinen Rechtsgrundlagen des Staats gegen diese eigenen Prinzipien, wird in Übereinstimmung mit den Prinzipien gehandelt. Dominierend ist die Orientierung am Gewissen als leitende und treibende Kraft sowie an gegenseitigem Respekt und Vertrauen.

Jede Stufe repräsentiert einen qualitativ höheren Grad an Differenzierung des ethischen Denkens und moralischen Urteilens. Jede neue Stufe verfügt auch aufgrund der Entwicklung des kognitiven Denkens über eine umfassendere Perspektive der umgebenden Umwelt und Gesellschaft, z.B. auch die soziale Perspektive der Rollenübernahme. Der Erfolg von ethischem Unterricht ist nicht im Erwerb eines jeweils höheren moralischen Stufenniveaus erscihtlich, also nicht in der bloßen Veränderung der moralischen Argumentation. Sondern: Moralerwerb ist ein Prozess, in dessen Verlauf ein Mensch lernt, universelle moralische Grundregeln auf zunehmend komplexere soziale Kontexte hin anzuwenden.

Dilemma-Geschichten bieten moralpädagogisch die Möglichkeit der Förderung ethischen Urteilens, da sie kognitiv-moralische Konflikte beinhalten. Anders als Kohlberg sehen Kritiker einen Zusammenhang zwischen dem Inhalt der Dilemma-Geschichte und dem moralischen Urteil.

3.3.3 Lernen durch Verantwortlichkeit (C. Gilligan)

Als Mitarbeiterin Kohlbergs hat Carol Gilligan die ‚Moral der Gerechtigkeit und Fairness' anhand von Untersuchungen an weiblichen Probanden ersetzt durch die ‚Moral der Fürsorge und Verantwortung'. Nach Gilligan folgt diese moralische Entwicklung einem dreiphasigen Verlauf: von einer egozentrischen über eine gesellschaftsbezogene zu einer universalen Perspektive. Sie verläuft innerhalb eines charakteristischen Moralkonzepts:[264]

1. Stadium: Orientierung auf das individuelle Überleben

Maßgebend ist die Sorge um die eigene Person. Die durch strafende Autoritäten vermittelten physischen Konsequenzen und der Primat des individuellen Überlebens sind die Wegweiser für die jeweilige Entscheidungsfindung. Die Beziehung des Individuums zur Gesellschaft ist eher durch Abhängigkeit als durch aktive Mitgliedschaft gekennzeichnet.

Übergangsphase: Vom Egoismus zur Verantwortlichkeit

Die Haltung des ersten Stadiums wird als eine egoistische erkannt. Zugehörigkeit zu und Verbindung mit anderen werden nun handlungsleitend: ein wichtiger ‚Schritt zur gesellschaftli-

[264] Vgl. Gilligan, C (1983):Verantwortung für die anderen und für sich selbst - das moralische Bewusstsein von Frauen; in: Schreiner, G. (Hg.): Moralische Erziehung und Entwicklung. Braunschweig: Agentur Pedersen, 134.

chen Partizipation'[265]. Entscheidungen werden zu moralischen Entscheidungen, die sich dadurch auszeichnen, dass das Individuum sich um Integration der Verantwortung für andere und des Wunsches, etwas für sich selbst zu tun, bemüht. Empirische Untersuchungen belegen, dass Jugendliche sehr wohl die traditionell gegensätzlichen Werte wie Hedonismus und Prosozialität miteinander vereinen können.[266]

2. Stadium: Gutsein als Verzicht

Moral beruht auf gemeinsamen Normen und Erwartungen. Die Übernahme sozialer Werte bestätigt den Anspruch auf soziale Zugehörigkeit. Da dass Individuum sein Überleben von der Akzeptanz durch andere abhängig sieht, erfüllt es traditionelle stereotype Verhaltensweisen vom (weiblichen) Gutsein und fühlt sich der Fürsorge für andere verpflichtet. Der Verzicht auf die Befriedigung eigener Bedürfnisse begleitet die Unterdrückung eigener Wünsche.

Übergangsphase: Vom Gutsein zur Wahrheit

Die mit der Fürsorge für andere verbundene mögliche Selbstaufopferung oder auch Selbstaufgabe führt zu Unzufriedenheit. Diese leitet eine Neubewertung von Beziehungen ein und die eigenen Bedürfnisse werden mit mehr Ehrlichkeit sich selbst gegenüber wahrgenommen und berücksichtigt. Mit der Verlagerung des Urteilskriteriums vom Gutsein zur Ehrlichkeit sich selbst gegenüber wird die Diskrepanz zwischen der Verpflichtung zur Rücksichtnahme auf andere einerseits und einer möglichen Verletzung anderer durch Nichterfüllung dieser Verpflichtung andererseits in Einklang gebracht. Als Konsequenz verlagert sich die Entscheidungsinstanz von außen nach innen. Die Moralität einer Handlung wird nicht mehr unter dem Aspekt beurteilt, was andere dazu sagen werden, sondern nach ihren wahren Absichten und Konsequenzen.

3. Stadium: Die Moral der Gewaltlosigkeit

Anteilnahme und Fürsorge werden zu einem alle moralischen Handlungen und Urteile umfassenden Prinzip. Dies führt dazu, dass das Spannungsverhältnis zwischen Verantwortung und Egoismus abgebaut und das moralische Dilemma aufgrund der Gleichberechtigung des Selbst und der anderen aufgelöst wird.

Der spezifisch weibliche Charakter dieses Ansatzes ist deutlich hervorgetreten, obwohl Gilligan davon ausgeht, dass ähnliche Stadien bei männlichen Probanden auftreten. Trotzdem deckt sich dieser Ansatz mit meiner Beobachtung, dass gerade Mädchen sich eher um andere sorgen und zur sozialen Verantwortungsübernahme tendieren als Jungen.

Es wurde deutlich, dass Gilligan als Voraussetzung moralischen Handelns die Anteilnahme am anderen sieht sowie die Fähigkeit, zu verstehen, was ein anderer erlebt (Empathie). Gründet sich die Ethik der Gerechtigkeit bei Kohlberg auf eine deduktive ‚Logik gegenseitiger Rechte und Pflichten', so entspricht das Fundament der Verantwortungsethik eine psychologische ‚Logik der Beziehungen'. Verantwortung meint nach diesem Verständnis zu ‚antworten' und zu ‚reagieren' - und somit auch verantwortlich zu handeln.

[265] Gilligan, C. (1991): Die andere Stimme. Lebenskonflikte und Moral der Frau. München: Piper, 5. Aufl., 100.
[266] Vgl. Gille, M. (2000): Werte, Rollenbilder und soziale Orientierung. In: dies./Krüger, W. (Hg.): Unzufriedene Demokraten. Politische Orientierungen der 16- bis 29jährigen im vereinten Deutschland. DJI-Jugendsurvey 2, Opladen: : Leske + Budrich, 143-203.

3.4 Schüler als Subjekte sozialen Lernens - Bündelung aus pädagogischer Sicht

Ab der Vorpubertät überwiegt der Einfluss der Gleichaltrigen, der Freunde und der Klassenkameraden auf einen Jugendlichen. Infolgedessen vermindert sich der erzieherische Einfluss der Erwachsenen, der Eltern und Lehrer zunehmend. Dan der Möglichkeit, die Schülerinnen und Schüler im Schulalltag aktiv zu beteiligen, kommt die Schule diesen entwicklungsbedingten Veränderungen entgegen. Die Übernahme von verantwortlichen Aufgaben im Unterricht und in der Schule ist ein Übungsfeld sozialen Lernens mit allen Chancen und Gefahren.

Aus meiner Beobachtung nenne ich einige Beispiele subjektorientierter Partizipation:

Regelmäßig wechselnd und gleichmäßig verteilt, sind Schüler und Schülerinnen beispielsweise eigenverantwortlich für Tafel- und Kartendienst, Klassenbibliothek, Putzdienst, Klassenbuchdienst, Hilfestellung im Sportunterricht oder Pflege der Pflanzen, aber auch für Schülerpatenschaften zuständig. Jeder Schüler sollte innerhalb seiner Klasse eine gewisse Teilverantwortung als sein ‚Amt' übertragen bekommen. Klassendienste dürfen dabei nicht als Strafmaßnahme missbraucht werden.

Schüler und Schülerinnen sind in der Lage, den Unterricht aktiv mitzugestalten: z.B. Arbeitsblätter erstellen, Unterrichtsgespräche leiten, über Unterrichtsthemen mitentscheiden. Geht man von der Partnerarbeit aus, so können Diktate und andere Aufgaben erstellt oder auch korrigiert sowie selbstständig Tests entwickeln werden. Schüler und Schülerinnen können sachliche Fehler selber entdecken und dadurch bewusster wahrnehmen, als wenn dies durch die Lehrperson erfolgt. Auch ist Kooperation bei der Erstellung von Hausaufgaben (wobei hier nicht vom Abschreiben die Rede ist!) sinnvoll. Warum soll ein guter Matheschüler nicht einen weniger guten Mitschüler unterstützen? Vielleicht ist es in Englisch genau umgekehrt? Wenn ein Schüler mehrere Tage krank ist, sollte, wenn es die Umstände erlauben, ein Schüler die Betreuung für ihn übernehmen, um ihn schulisch auf dem Laufenden zu halten. Der Vorteil liegt auf der Sprachebene. Denn: Sie sprechen die gleiche Sprache wie ihre Mitschüler und können dadurch auf ihrer Sprachebene erklären.[267]

Ein weiterer Erfahrungsbereich sozialen Lernens ist angedeutet: die Kommunikation. Bei vielen Schülerinnen und Schülern ist die Kommunikationskompetenz wenig zufrieden stellend. Aktives Zuhören, die Entschlüsselung von Botschaften nach Inhalts-, Selbstoffenbarungs-, Beziehungs- und Appellaspekt[268] und die Bedeutung von Ich-Botschaften[269] sollten Bestandteil eines Kommunikationscurriculums sein. Die Aufklärung über Kommunikation, die Einübung in Metakommunikation und der Erwerb kommunikativer Kompetenzen ist zur Förderung von Mündigkeit in der Gesellschaft notwendig.

---

[267] Meine Frau berichtete mir, dass sie als Grundschülerin Anfang der 70er Jahre schwächeren Schülern im Auftrag der Lehrkraft half und dadurch ihr Wissen für sich selbst vertiefte. Solche Hilfsdienste waren damals verbreitet.

[268] Vgl. Schulz von Thun, F. (1981): Miteinander reden. Störungen und Klärungen. Allgemeine Psychologie der Kommunikation. Band 1. Hamburg: Rowohlt, 47-61.

[269] Vgl. Gordon, Th. (1998): Lehrer-Schüler-Konferenz. Wie man Konflikte in der Schule löst. München: Heyne,12. Auflage.

Im Klassenrat[270] werden regelmäßig aktuelle Konfliktfälle in der Klasse thematisiert. Dies geschieht nach einem festen Ablaufritual und zumeist in einem Kreisgespräch. Dieses Gremium tagt wöchentlich, um anstehende Pläne, Probleme und Konflikte zu besprechen. Der Klassenrat bietet die Gelegenheit, Emotionen, Spannungen und Wünsche zu äußern und so Konflikte einzelner oder auch der Gruppe zu artikulieren und zu bewältigen. Tagesordnungspunkte werden im Lauf der Woche am ‚Schwarzen Brett' gesammelt:

- Das möchte ich geklärt haben:
- Mir gefällt:
- Mir gefällt nicht:
- Was mir sonst noch einfällt

Schon nach kurzer Zeit sollte die Gesprächsleitung abwechselnd von Schülern übernommen werden. Das Ziel liegt darin, dass jeder Schüler diese Rolle irgendwann während des Schuljahrs ausgeübt hat. Lehrer sind während des Klassenrats gleichberechtigte Teilnehmer, die allerdings nicht bei allen Tagesordnungspunkten anwesend sein müssen. Empfehlenswert ist es außerdem, von jeder Klassenratssitzung ein Ergebnisprotokoll anzufertigen, welches für alle in einem Ordner zugänglich ist.

Um die Akzeptanz sozialer Normen im Klassenverband zu erhöhen, lohnt sich die Ergänzung der Schulordnung bzw. des Schulkodexes durch von der Klasse erarbeitete Regeln des Zusammenlebens. Dieser Klassenkodex wird von den Schülern und Klassenlehrern gemeinsam für das laufende Schuljahr erarbeitet, wenn nötig, auch ergänzt und im Klassenzimmer visualisiert.

Auf Schulebene lassen sich weitere subjektorientierte Modelle sozialen Lernens benennen: Jeder Schüler der Eingangsstufe wählt sich einen Schüler einer höheren Partnerklasse als Mentor aus, der ihm in allen schulischen, aber auch in außerschulischen Anliegen und Problemen als Ansprechpartner dient. Infolge der sich verringernden Lehrerdominanz geht ein Teil der Verantwortung auf die Schüler über. Schüler führen sogar schulische Veranstaltungen auf Klassen- oder Schulebene durch (z.B. Schuldisco, Filmnacht).

An zahlreichen Schulen lassen sich Schüler zu Mediatoren ausbilden. Hierarchiegefälle, wie sie nun mal zwischen Lehrkräften und Schülern bestehen, spielen keine Rolle. Dafür kommen andere Grenzen ins Spiel (z.B. Sympathie - Antipathie, gleiche Clique oder anderer kultureller Lebensstil). Trotzdem kann der Einfluss von Gleichaltrigen auf Gleichaltrige genutzt werden, da sie als Jugendliche eben doch leichter, besonders wenn es um Verhalten und Einstellungen geht, voneinander lernen als von Erwachsenen. Schüler erleben sich so in der Rolle des Konfliktlösers anstatt, wie in der Schule sonst häufig, in der des Konfliktverursachers. Zu berücksichtigen ist allerdings, dass man Schüler und Schülerinnen in dieser Rolle nicht überfordert. Bei Konflikten, in denen Waffen, Verletzungen oder Drogen involviert sind, können Schüler nicht vermitteln. Für Schüler und Schülerinnen haben Jefferys/Noack[271] das Wesentliche dieser schülerorientierten Methode übersichtlich und klar zusammengestellt.

---

[270] Vgl. Katzenberger, P. (1998): Schulische Kultur im Alltag. Praxisbeispiel „Klassenrat"; in: Evang. Schulwerk in Württemberg/Päd.-Theol. Zentrum (Hg.): Lebensraum Schule. Birkacher Beiträge für Bildung und Erziehung Bd.2. Stuttgart , 89-93.

[271] Vgl. Jefferys, K./Noack, U. (1995): Das Schüler-Streit-Schlichter-Programm für die Klassen 5 bis 10. Lichtenau.

Im Rahmen der Streitschlichtung durch Schüler hat sich auch die Institution von Schüleranwälten bewährt: Die an einem Konflikt beteiligten Schüler nehmen sich zur Klärung einen ‚Anwalt' aus der Klasse, der ihre Interessen vertritt und ihnen darüber hinaus ‚psychologischen Beistand' leistet.

Ein Ergebnis von Klassenrat, Streitschlichtung oder Feedbackformen kann darin bestehen, einzelne Schülerinnen und Schüler auf dem Weg zu einer konstruktiven Atmosphäre in Unterricht und Schule zu unterstützen. Die subjektbezogene Darstellung verdeutlicht die Vielfalt der Formen, Felder und Modelle sozialen Lernens in der Schule und im Unterricht. Soziales Lernen ist bildungstheoretisch Ziel und Weg für die Heranwachsenden.

4 Ehrenamtliches Engagement in der Gesellschaft - Zugänge über den Unterricht

Das Thema ‚Ehrenamtliches Engagement in der Gesellschaft' fördert wichtige personale und soziale Kompetenzen im Rahmen einer sinnvollen Freizeitgestaltung. Das Arbeiten in einem Team wird daher betont und erprobt. Durch Freizeitreflexion und durch Darbietung kirchlicher Angebote werden darüber hinaus eigene Fähigkeiten und Fertigkeiten, Interessen und persönliche Ausdrucksformen entwickelt, erweitert und vertieft. Die kirchliche Jugendarbeit bietet in ihrer traditionellen Gruppenform und durch offene Kinder- und Jugendangebote für jede Schülerin und jeden Schüler individuelle Möglichkeiten an.

4.1 Pädagogische und didaktische Überlegungen

Entwicklungspsychologische Beobachtungen zeigen, dass Kinder und zunehmend Jugendliche in *gleichaltrigen Gruppen* Erfahrungen sammeln wollen. Dabei können Begabungen entwickelt, gegenseitige Achtung eingeübt und Handlungskompetenzen erworben werden. Vereine und Jugendarbeit bieten hier traditionell Übungsfelder an, die den schulischen Erziehungs- und Bildungsauftrag unterstützen und ergänzen.

Freizeitaktivitäten besitzen ihren sozialen Gehalt, wenn sie gemeinschaftlich mit anderen ausgeführt werden. Aktivitäten in der Freizeit, die alleine unternommen werden, besitzen durchaus ihre positive Bedeutung. Sie können jedoch auch zu Einsamkeit führen.

Die neuen Bildungspläne der einzelnen Bundesländer orientieren sich zunehmend an den zu erwerbenden Kompetenzen und greifen die entwicklungsbedingten Bedürfnisse der Jugendlichen auf. Zu *Kooperationen mit außerschulischen Institutionen* wird in den neuen Bildungsplänen an verschiedenen Stellen ermuntert. Die von den Kirchen verantworteten Bildungspläne heben die Zusammenarbeit mit kirchlichen Einrichtungen hervor. ‚Ehrenamtliches Engagement in der Gesellschaft' zielt somit auf die Zusammenarbeit zwischen Schule und ehrenamtlicher Tätigkeit. In diesem Beitrag wird exemplarisch die *Kirchengemeinde* und die *kirchliche Jugendarbeit* als gesellschaftliches Handlungsfeld für ehrenamtliches Engagement dargestellt. Grundlegende Fragen lautet deshalb: Was bietet die Kirche den Jugendlichen an? In welchen Feldern können sich Jugendliche engagieren? Diese Konzeption ist zwar für den Religionsunterricht gedacht, kann aber ebenso in einem anderen Fach (z.B. Sportunterricht, Ethikunterricht, Mensch und Umwelt) durchgeführt werden und auf ehrenamtliches Engagement in anderen Handlungskontexten (z.B. Sportverein, städtische Altenheime, Jugendhaus) übertragen werden.

Die Schülerinnen und Schüler der Sekundarstufe I besitzen in diesem exemplarischen Bereich Vorerfahrungen: In der Grundschule besichtigten sie oftmals die Kirchengebäude. Die Lehrkräfte behandelten die Themen Gottesdienst sowie Taufe. Meistens fand auch eine Begegnung mit Personen aus der Kirche statt: z.B. Pfarrer, ehrenamtliche Mitarbeiter, Pfleger einer Sozialstation.

Die im Folgenden mehrfach erprobte Unterrichtseinheit öffnet Zugänge zur Teilhabe an der Kirche und zur Teilnahme in kirchlichen Handlungsfeldern. Sie ist in jeder Klassenstufe möglich. Vor allem für die Pubertät (Klassenstufe 7 und 8) bietet sie ‚kirchliche Mitmach-Möglichkeiten' an. Die Zitate entstammen deshalb diesen Schülerjahrgängen.

Über diese Unterrichtseinheit hinaus gehen die Schülermentorenprogramme, welche zu ehrenamtlichem Engagement in kirchlichen Handlungsfeldern ausbilden. Sie fördern durch diese im Ehrenamt erworbenen Kompetenzen die Partizipation in der Schule (z.B. SMV-Tätigkeiten, AG-Leitung, Gottesdienstgestaltung). Solche Programme sind mittlerweile in einigen Bundesländern zusammen mit den Kirchen entwickelt worden: z.B. das Projekt „SMAP - Sozial statt egal!" der Evangelisch-lutherischen Landeskirche Hannover oder die katholische Schulpastoral der Diözese Augsburg. Im Anschluss stelle ich das baden-württembergische Modell „Soziale Verantwortung lernen" als exemplarisches Schülermentorenprogramme vor

4.2 Durchgeführte Unterrichtssequenzen - Intentionen und Materialien

Der Weg führt inhaltlich von der Freizeiterfahrung zum kirchlichen Angebot. Die Unterrichtseinheit ist auf 8 Schulstunden angelegt. Die 1. bis 5. Stunde können ohne weiteres mit geringem Aufwand durchgeführt werden. Die verwendeten Materialien sind angegeben bzw. als Kopiervorlagen vorhanden. Die 6. bis 8. Stunde setzt dann Kooperationsbereitschaft zwischen den Verantwortlichen in Schule und Kirchengemeinde/kirchliche Jugendarbeit voraus.

4.2.1 Wahrnehmung der Freizeitaktivitäten

1. Stunde: Meine Freizeitaktivitäten

Intentionen: Den Schülern soll bewusst werden, wie und mit wem sie ihre Freizeit gestalten. Daneben erhalten sie eine Hinführung in den praktischen Umgang eines individuellen Wochenplans.

Definition ‚Freizeit'

Zunächst wird eine Definition des Begriffs ‚Freizeit' überlegt bzw. in verschiedenen Lexika gesucht. Die Schüler gehen dabei meist von folgenden Kriterien aus: keine Arbeit, keine Schule, viel Spaß und mit anderen.

In Lexika, Wörterbücher und Nachschlagewerke entdecken die Schülerinnen und Schüler z. B. folgende Definitionen des Begriffs ‚Freizeit':

> **Frei·zeit** <f.> *arbeitsfreie Zeit; <ev. Kirche> Rüstzeit, Zusammenkunft mit Andachten, Gesprächen, Bibelarbeit usw.*
>
> **Deutsches Wörterbuch**

> **Freizeit, 1)** die arbeitsfreie Zeit der Beruftätigen; dient der Erholung, Familie, allgem. und berufl. Fortbildung, der Teilnahme an staatl. und gesellschaftl. Leben sowie dem Ausüben von Liebhabereien (Hobbies) als Ausgleich zu der oft einseitigen und bewegungsarmen Berufsarbeit.
> **2) Evangelische F.**, Zusammenkünfte in Jugendheimen und -lagern, mit Bibelarbeit, Andacht, seelsorgerischen Gesprächen und Vorträgen.
>
> **Brockhaus**

Auf einer CD-ROM findet sich z.B. folgende Erklärung:

Freizeit

Freizeit, im Mittelalter ursprünglich als Rechtsbegriff Bezeichnung einer Marktfriedenszeit. Als Komplementärbegriff zur Arbeitszeit bezeichnet Freizeit in der heutigen Bedeutung jene dem Einzelnen zur Verfügung stehende Zeit, die weder unmittelbar noch mittelbar (bloße Regeneration der Arbeitsfähigkeit durch Essen und Schlafen) der Erwerbstätigkeit dient, sondern individuell selbstbestimmt und beliebig gestaltet werden kann.

Als Komplementärbegriff zum Begriff Arbeitszeit ist dieser Begriff an eine bestimmte Periode in der Entwicklung moderner Industriegesellschaften gebunden, da Arbeit als quantifizierbare Erwerbsarbeit eng mit industrieller Arbeit verbunden ist. In traditionellen landwirtschaftlichen Gesellschaften fallen - legt man die heutigen Kriterien an Arbeit und Freizeit an - diese entweder in einem Vorgang zusammen, so z. B. bei geselligen Handarbeiten, oder es gibt keine Tätigkeiten, die obiger Definition von Freizeit zuzurechnen wären.

Die Entwicklung der modernen Industriegesellschaften, meist mit dem Schlagwort Informationsgesellschaft belegt, bringt immer häufiger berufliche Anforderungen mit sich, die die Grenzen zwischen Arbeit und Freizeit zerfließen lassen. Persönliche Interessen werden mit beruflicher Weiterbildung kombiniert, ‚selbstbestimmte' Freizeitaktivitäten wie Sport dienen auch der Regeneration und Erhaltung der Leistungsfähigkeit.

Microsoft Encarta Enzyklopädie 2002

Für die Schülerinnen und Schüler ist meistens diese doppelte evangelische Bedeutung unbekannt. Zugleich wird diese doppelte Bedeutung in der Unterrichtseinheit betrachtet und reflektiert.

Die Schülerinnen und Schüler haben ein Gespür dafür, dass in der Moderne ‚Arbeitszeit' und ‚Freizeit' nicht mehr scharf getrennt werden können.

Mein Wochenplan

Anhand eines persönlichen Wochenplans „Was ich in der Freizeit mache“ (Material 1) werden die Freizeitaktivitäten, die die Schüler durchschnittlich unternehmen eingetragen. Mit verschiedenen Farben werden die Freizeitaktivitäten, die alleine, mit Freunden und mit der Familie durchgeführt werden, gekennzeichnet.

Material 1:

Persönlicher Wochenplan mit Freizeitaktivitäten

Uhrzeit	Mo	Di	Mi	Do	Fr	Sa	So
12 - 14							
14 - 16							
16 -18							
18 - 20							
20 - 22							

Exemplarisch ausgefüllter Wochenplan

Uhrzeit	Mo	Di	Mi	Do	Fr	Sa	So
12 - 14	Essen	Essen	Schule	Schule	Essen	Faulenzen	Faulenzen
14 - 16	HA	HA	HA	HA	Faulenzen	Sportplatz	mit Eltern
16 -18	Sportplatz	Gitarre	Schule	Schule	Sportplatz	Computer	mit Eltern
18 - 20	Sport-verein	mit Freunde	Jungschar	Sport-verein	TV	TV	TV
20 - 22	TV		Computer	TV	Kino	Disco	Computer

Sammlung unserer Aktivitäten

Die Wochenpläne werden miteinander im Gespräch verglichen (Z.B. Zeitaufwand für Teilnahme im Verein, Tätigkeiten eher alleine oder mit anderen zusammen usw.). Auf Tageslichtfolie werden die Freizeitaktivitäten aufgelistet (Material 2). Dies kann sich altersspezifisch und regional unterscheiden. Für die Weiterarbeit in der nächsten Stunde ist diese Liste jedoch die Grundlage.

Material 2: Gesammelte Freizeitaktivitäten (auf Folie)

Fußball	DLRG	Wandern	Sammeln
Fernsehen	McDonalds	Kinderkirche	Jugendchor
Video	Tanzgarde	Musikhören	Musikverein
Tischtennis	Judo	Faulenzen	Stadtbummel
Lesen			

Familien- oder Freundeskreis

Die Schülerinnen und Schüler erhalten einen Kreis (Material 3). Darauf sollen sie quantitative Kreisausschnitte definieren unter verschiedenen Gesichtspunkten: Wie viel Zeit verbringe ich mit meiner Familie, mit meinem Freundeskreis, mit jemand anderem oder alleine?

Material 3: Beziehungskreis

Kopiervorlage

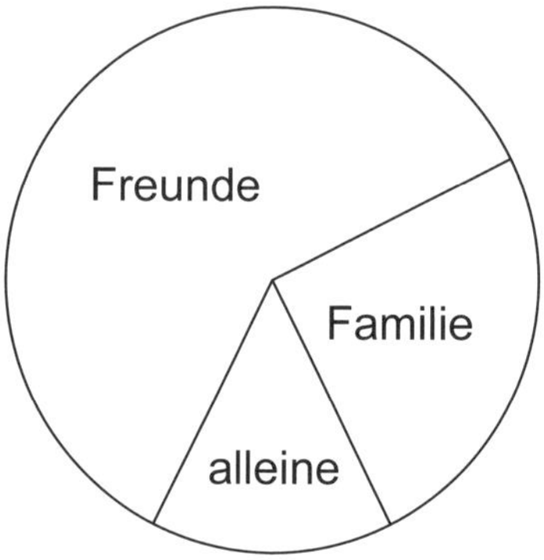

Schülerbeispiel

2. Stunde: Markt der Möglichkeiten

Intentionen: Durch die gegenseitige Ergänzung und das Auffinden weiterer Freizeitmöglichkeiten wird der Horizont erweitert und die Schüler werden durch diese impulsartigen Möglichkeiten zum Betrachten neuer Freizeitaktivitäten angeregt.

Mögliche weitere Freizeitbeschäftigungen

Anhand der Tageslichtfolie ‚Freizeitaktivitäten' werden weitere möglichen Freizeitgestaltungen gesucht und ergänzt (Material 4). Hier können Tageszeitungen und amtliche Ortsnachrichten hilfreich sein. Wurden ca. 30 Aktivitäten aufgeschrieben, kann eine Hitliste erstellt werden.

Material 4: Liste aller Freizeitaktivitäten auf Folie (Beispiel)

Fußball	DLRG	Wandern	Sammeln
Fernsehen	McDonalds	Kinderkirche	Jugendchor
Video	Tanzgarde	Musikhören	Musikverein
Tischtennis	Judo	Faulenzen	Stadtbummel
Lesen	Tanzkurs	Reiten	Rudern
Computer	Disco	Baseball	Jungschar
Musikschule	Skateboard	Schießen	Schwimmen
Kino	Gameboy	Spazieren	Turnen

Die Hitliste

Alle Schüler haben 10 Stimmen. Diese Stimmen geben sie ihren Wunschaktivitäten, die sie gerne machen würden. Die ersten 10 Freizeitaktivitäten werden dann im Schülerheft nach Rangfolge notiert. Eine exemplarische Liste einer 7. Klasse bietet Material 5.

<u>Material 5:</u> Hitliste der Freizeitaktivitäten nach Häufigkeiten der Schülerwünsche geordnet (Beispiel)

25	Faulenzen	8	Tischtennis, Gameboy
24	Kino	7	Lesen
23	Stadtbummel, McDonalds	5	DLRG
17	Computer, Schwimmen, Sammeln	4	Reiten
15	Fernsehen	3	Tanzkurs, Fußball, Baseball,
13	Musikhören		Schießen
12	Video	2	Park, Tanzgarde
9	Disco	1	Wandern, Musikschule,

Einladung in unseren Verein

In einem nächsten Schritt sollen die Schüler in kreativer Gruppenarbeit zu einer Aktivität einladen. Sie wählen unter den ersten 3 Freizeitaktivitäten der gemeinsam erstellten Hitliste eine Aktivität aus und gestalten einen Einladungstext z.B. „Wir gründen einen Kinobesucher-Verein“.

Als Hausaufgabe sollen die Schüler Zeitschriften, Schere und Klebestift in die nächste Stunde mitbringen.

4.2.2 Präferenzen und Perspektivenwechsel

3. Stunde: Unser Verein

Intentionen: Die Schüler identifizieren sich mit einer vereinsartigen Aktivität. Darüber hinaus können sie ihre Interessen und Wünsche kreativ zum Ausdruck bringen. Zugleich schlüpfen sie in die Rolle eines Mitarbeiters, der werbend einlädt.

Gestaltung der Einladung

In dieser Stunde arbeiten dieselben Gruppen weiter. Der Einladungstext wird, nachdem der Lehrer die Fehler verbessert hat, auf farbiges Posterpapier geschrieben. Zusätzlich soll eine thematische Zeitschriften-Collage zur Vertiefung und Identifikation auf dieses Einladungsposter geklebt werden. Der Aushang im Klassenzimmer und die gemeinsame Besichtigung beschließen diese Stunde.

4. Stunde: Kirchliche Angebote für Kinder und Jugendliche

Intentionen: In dieser Stunde werden eigene Erfahrungen bewusst gemacht. Der gegenseitige Erfahrungsaustausch kann hilfreich zur Überwindung von Ressentiments sein.

Erfahrungen mit Vereinen und kirchlichen Angeboten

Die Schülerinnen und Schüler haben manchmal schon Erfahrungen in Verein oder Jungschar. In Einzelarbeit soll deshalb ein Thema als Aufsatz schriftlich (evtl. anonym) bearbeitet werden. Folgende Themen stehen zur Auswahl:

1. Meine Erfahrungen in einem Verein
2. Meine Erfahrungen in der Jungschar/Kinderkirche
3. Warum ich nicht/nicht mehr in einem Verein/Jungschar/Kinderkirche bin

Einige Zitate möchte ich aus einer 7. Klasse wiedergeben, da es die Wichtigkeit der Beziehungsarbeit in diesem Bereich ‚Ehrenamtliches Engagement in der Gesellschaft' verdeutlicht:

1. Meine Erfahrungen in einem Verein

„Ich war vier Jahre in einem Tischtennisverein und habe in der Mannschaft gespielt. Unsere Mannschaft war eine von den Besten in Baden-Württemberg. Es war auch immer recht witzig, wenn wir im Training unseren Trainer oder unseren Vereinsvorstand geärgert haben. Sie haben unsere Späße auch immer ganz cool genommen. Nach einiger Zeit aber wurde die Schule immer schwerer und wir hatten nicht mehr so viel Zeit. Ich selber konnte nur noch einmal die Woche ins Training gehen. Wir verloren samstags die meisten Spiele und auch unser Trainer hatte keine Lust mehr, mit uns zu trainieren, da wir nur noch so selten kamen."

„Ich würde euch empfehlen, nur in den Verein zu gehen, wo zwei oder drei aus deiner Klasse mitkommen."

„Am Anfang wird man von einem Verein, der Mitglieder sucht, nicht so recht angenommen. Doch nach ein paar Ausflügen und Auftritten ist es dann ein wenig anders. Wenn man dann noch keinen Freund hat, ist man für den Rest der Auftritte ein Außenseiter."

„Ich wollte persönlich nicht in diesen Verein gehen, aber meine Mutter wollte es."

2. Meine Erfahrungen in der Jungschar/Kinderkirche

„Am Anfang hat es mir in der Jungschar super gefallen, weil ich fast bei jedem Spiel gewonnen habe. Aber dann fand ich es nicht mehr so toll, weil der ältere Junge, der Leiter, auf einmal frech geworden ist, wenn man zu ihm etwas gesagt hat, und dann bin ich gegangen, obwohl die Jungschar noch nicht zu Ende war. Jetzt ist jemand anderes dort, und ich überlege mir, ob ich nicht noch einmal hingehe und schaue, wie es jetzt ist."

„Als ich noch klein war, war ich in so einer Jungschar. Wir haben uns nachmittags getroffen. Es war lustig. Wir haben zusammen gespielt, gebastelt und gebacken. Jetzt bin ich in keinem Verein. Ich habe irgendwie keine Zeit. Ich unternehme so mit Freunden und Verwandten viel. Ich würde gerne in die Kunstschule oder in eine AG gehen."

3. Warum ich nicht/nicht mehr in einem Verein/Jungschar/Kinderkirche bin

„Eigentlich gestalte ich meine Freizeit mit Dingen, die mir Spaß machen, und für einen Verein habe ich keine Zeit. Und außerdem bin ich froh, wenn ich Zeit fürs Faulenzen oder für ein gutes Buch habe. Ich lese gerne und dafür gibt es keinen Verein."

„Ich bin in der Zwischenzeit raus aus dem Verein, weil mir 6 Stunden Training in der Woche zuviel wurden."

„Ich war damals mit Martin im Judo. Doch bald merkte ich, dass keine Abwechslung stattfand, sondern ein ganzes Jahr lang dasselbe durchgenommen wurde. Außerdem denke ich, dass solche Vereine auch ziemlich teuer sind. Danach war ich eine Zeit lang in einer Jungschar. Die älteren Kinder meldeten sich ab, weil nur noch Bibelgeschichten und Kinderspielchen gemacht wurden und das nur, weil ein neuer Leiter eingesetzt wurde. Nach kurzer Zeit ging ich dann auch. Mittlerweile habe ich gemerkt, dass ich lieber das mache, zu was ich gerade Lust habe. Heute kann ich auch eher schöne und neue Dinge mit der Clique machen, ohne dass jemand sagt: Tu dies oder das. Nun habe ich auch mehr Zeit für Lernen und Schule (AGs). Da ich noch nie in einem Musikverein war, werde ich demnächst vielleicht in einen eintreten."

4.2.3 Kontaktaufnahme und Engagementfelder

5. Stunde: Vorbereitung für unseren Gast

Intentionen: Die Schüler werden über die Personen und Aufgaben in der Gemeindearbeit informiert. Sie entdecken, dass die Kirche Angebote für verschiedene Gruppen anbietet. Zugleich sollen sie auf das Kennenlernen einer verantwortlichen Person eingestimmt werden.

Unsere Kirchengemeinde

Anhand einer Einladung oder eines kopierten Wochenplans der örtlichen Kirchengemeinde werden die einzelnen Gruppen der Kirchengemeinde erläutert: Wer trifft sich? Wie alt sind sie? Was machen sie? Wer leitet diese Gruppe? Material 7 ist ein fiktives Beispiel. Solche Übersichten finden sich bei den kirchlichen Nachrichten in jedem kommunalen Amtsblatt.

Nachdem die einzelnen Gruppen untersucht wurden, ist es sinnvoll, jemanden aus der Gemeind (Pfarrer, Jugendreferent, Jungscharleiter, Mesner, Gemeindediakon usw.) kennen zu lernen. Wir laden diesen Gast ein und überlegen uns, was wir von ihm wissen wollen. In Einzelarbeit oder in Gruppenarbeit wird eine Einladung mit einigen Fragen konzipiert. Die freundlichste Einladung soll der Lehrer dieser Person zukommen lassen.

Material 7:

Wochenplan der Kirchengemeinde „Sankt Glaubenstreu“

Samstag	09.00 - 12.00	Kleidersammlung für Obdachlose
	10.00 - 12.00	Öffnungszeit des Dritte-Welt-Ladens
	15.00	Kindergartenfest
Sonntag	09.30	Gottesdienst
	11.00	Kindergottesdienst
Montag	09.30	Obdachlosenfrühstück
	10.00 - 11.30	Krabbelgruppe
	15.00 - 16.30	Kinderchor
	19.30	Friedensgebet
Dienstag	15.00 - 17.00	Frauenkreis
	16.30 - 18.00	Jungschar
	17.00 - 18.00	Sprechstunde der Gemeindeschwester
	19.30	Gesprächskreis (Thema: „Obdachlose in Stuttgart“)
Mittwoch	08.00 - 12.00	„Brot für die Welt“-Sammlung auf dem Markt
	13.00	Gemeindeausflug ins Brotmuseum in Ulm
	14.15 - 16.00	Hausaufgabenbetreuung
	15.30 - 17.00	Konfirmandenunterricht
	18.00 - 20.00	Sprechstunde der Pfarrerin
	20.00	Sitzung des Kirchengemeinderats
	20.00	Kirchenchor
Donnerstag	09.00	Frühstück für Obdachlose
	09.00 - 11.00	Krankenhaus-Besuchsdienst
	15.00 - 17.00	Senioren-Nachmittag
	16.00 - 17.30	Sprechstunde des Gemeindediakons
	20.00	Bibelabend
Freitag	09.00 - 11.00	Nachbarschaftshilfe
	16.00 - 18.00	Pfadfinder
	18.30	Teestube
	20.00	Jugendkreis

Wer ist in dieser Gemeinde aktiv?

6. Stunde: Unser Gast

Intentionen: Die Schüler lernen eine in der Gemeinde aktive Person kennen. Dies geschieht durch Begegnung im Unterricht.

Die Gestaltung dieser Stunde hängt von dem ausgewählten Gast ab. Es kann eine informierende Stunde mit kreativen oder spielerischen Elementen sein. Neben der Information über die Gemeinde soll der Gast selbst mit seinem Beruf, seinen Fähigkeiten und Hobbies im Zentrum stehen. Denn über Personenbeziehungen bekommen die Schüler eine Beziehung zu der Gemeinde und Kirche.

7. Stunde: Planung eines Projekts

Intentionen: Um einen Kontakt zur örtlichen Kirche zu bekommen, ist es hilfreich, mit der Lerngruppe einen Lerngang zu einer Kirche oder einem Gemeindehaus zu unternehmen. In dieser Stunde können Fragen gesammelt, Ideen zur Gestaltung des Besuchs überlegt und die Besuchsregeln aufgestellt werden.

Diese Stunde soll der Vorbereitung zum Besuch der Kirche oder/und des Gemeindehauses dienen. Es kann als reine Exkursion mit fachkundiger Führung geschehen oder als spielerischer Erkundungsnachmittag (z.B. Kirchenquiz) vor Ort durchgeführt werden. Zudem wäre es schön, wenn der Gast die Schüler ‚in seinem Haus' begrüßen könnte.

In der *nachfolgenden achten Stunde* sollte Zeit für ein Feedback zum Lerngang gegeben werden.

Eine *Weiterführung* dieser Unterrichtseinheit ‚Ehrenamtliches Engagement in der Gesellschaft' ist im nächsten Unterkapitel zum Schülermentorenprogramm beschrieben. In einigen Bundesländern wurden zusammen mit den Kirchen ähnliche Programme entwickelt. Exemplarisch stelle ich das baden-württembergische Modell „Soziale Verantwortung lernen" vor. Elemente aus dieser Ausbildung können auch ohne offizielle Einführung übernommen und in der Kooperation von Schule und Jugendarbeit durchgeführt werden.

4.3 Anknüpfung an ‚Soziale Verantwortung lernen'

Das *Ausbildungprogramm* besteht aus folgenden Modulen und Bausteinen, die mit Ausnahme des Spezialkurses auf Bezirksebene durchgeführt werden:

	Module	Bausteine
S	*Praxis* von Jugendarbeitern begleitet	**Schnupperpraktikum** mitarbeiten in Jugendarbeit oder Schule im Team
P O T	*Grundkurs* mit der Jugendarbeit vor Ort ca. 4-6 Tage	**Pädagogisch-psychologische Grundkenntnisse** Ich und meine Gaben - Arbeit im Team - Führung einer Gruppe - soziale Kompetenzen - Schlüsselqualifikationen **Organisation und Programm** Rechtsfragen, Planungs- und Organisationsformen, Elemente und Methoden eines Gruppenprogramms **Thematisch-theologisches Arbeiten** Lebensfragen Jugendlicher, gesellschaftliche Themen, Antworten und Praxisformen des christlichen Glaubens
S	*Spezialkurs* landesweit für alle 1 Schultag	**Schulische Aktivitäten** Modelle für eigenverantwortliches Engagement in der Schule und rechtliche Rahmenbedingungen dafür

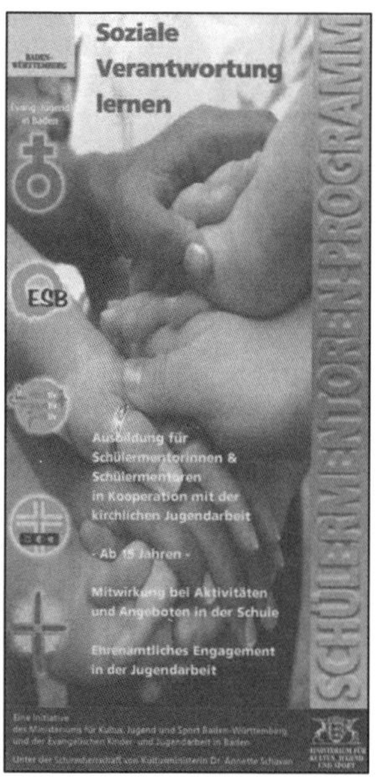

Durch die Ausbildung sollen die Schülerinnen und Schüler die Fähigkeit zur Übernahme von Verantwortung und die Berechtigung, in Schule und Jugendarbeit Aufgaben eigenverantwortlich auszugestalten, erwerben. Die Jugendlichen erlangen methodische, inhaltliche, personale und soziale Kompetenzen, die für die verantwortliche Arbeit mit Gruppen notwendig sind. Dazu gehören neben erlebnis-, gruppen- und religionspädagogischen Elementen auch rechtliche Grundlagen. Sie lernen, die Erfahrungen aus der Jugendarbeit auf die schulische Situation zu übertragen. Durch das Praktikum und die Kursangebote eignen sich die Jugendlichen *Schlüsselqualifikationen*, wie Kooperations-, Kommunikations-, Konflikt- und Empathiefähigkeit an. Mehrfach bestätigte die Industrie, dass die beruflichen Chancen auch durch das Zertifikat wachsen. Auf jeden Fall besteht die

Möglichkeit, die erworbenen Kompetenzen eigenverantwortlich bei innerschulischen Aktivitäten einzubringen.

Durch *Kontaktaktionen* der Jugendarbeiter werden die Schülerinnen und Schüler im Unterricht auf die Ausbildung aufmerksam. Das Schülermentorenprogramm wird erklärt und die Bereiche der Jugendarbeit werden vorgestellt. Dabei erläutert der Jugendreferent den Schülern die Rahmenbedingungen, das Kursangebot und die Vorteile der Ausbildung. Die Schüler erhalten durch die Ausbildung ein von der Kultusministerin unterschriebenes Zertifikat, die so genannte Juleica (Jugendgruppenleiter-Card) und die verbilligte Bahncard.

Die Abfolge der Ausbildung hängt von dem Zeitpunkt der Kontaktaktionen des Jugendarbeiters in der Schule ab und von den mehrtägigen Kursen in den Bezirken (Grundkurse der Jugendarbeit). Als *Schnupperpraktikum* eignen sich folgende Angebote: Jungschar, Ferientagheim, Schülerbibelkreis, Vorbereitung und Durchführung einer größeren Veranstaltung (z.B. Sporttag, Jungschartag), Mitarbeit in einem offenen Treff, Hausaufgabenbetreuung usw.

Im so genannte *Grundkurs* lernen die Schülerinnen und Schüler Grundkenntnisse aus der Entwicklungspsychologie im Blick auf die Zielgruppe, Fähigkeiten zur Zeit- und Organisationsplanung, Elemente der Spiel-, Medien- und Erlebnispädagogik, Rechte und Pflichten ehrenamtlicher Mitarbeiterinnen und Mitarbeiter, religionspädagogische und methodische Kenntnisse. Der mehrtägige Kurs bietet Möglichkeiten der Persönlichkeitsbildung und der Gemeinschaftserfahrung an.

Neben diesem Kurs auf Bezirksebene findet ein verpflichtender landesweiter *Spezialkurs* mit schulbezogenen Elementen statt. Hierzu gehören schulrechtliche Informationen und innerschulische Gestaltungsmöglichkeiten, z.B. Schulgottesdienst, Schülerbibelkreis, Schulkonzert, Einsatz von Videos, Organisation einer Disco, Mitarbeit bei der SMV, Durchführung einer AG usw. Diesen Kurs führt die kirchliche Schülerarbeit durch.

Die *Einsatzmöglichkeiten* nach der Ausbildung in der Jugendarbeit sind vielfältig. Die Schule kann die Kompetenzen der ausgebildeten Mentorinnen und Mentoren u.a. in folgenden Arbeitsgebieten einsetzen: bei Projekttagen, in Gottesdiensten, bei AGs und Freizeitangeboten, im Rahmen der Schülerzeitung und in der SMV, im Schülerbibelkreis oder in der Begleitung der neuen Fünftklässler.

ZERTIFIKAT

__________ geboren am __________

absolvierte im Schuljahr __________ im Rahmen des

Programmes „Soziale Verantwortung lernen"
des Evangelischen Jugendwerks in Württemberg
und des Ministeriums für Kultus, Jugend und Sport
des Landes Baden-Württemberg

mit Erfolg die Ausbildung zur

Schülermentorin
für kirchliche Jugendarbeit/Religion

Sie ist damit befähigt,
freiwillige soziale Angebote an der Schule
und in der Jugendarbeit verantwortlich zu gestalten.

Ministerium für Kultus, Jugend und Sport Baden-Württemberg

Schülerarbeit im Evangelischen Jugendwerk in Württemberg

Kultusministerin Dr. Annette Schavan

Es wurde deutlich, das die Ausbildung zum Schülermentor bzw. zur Schülermentorin die Vorbereitung zur qualifizierten ‚Peer Education' in der Schule und im Freizeitbereich bedeutet. Ein ausgebildeter Mentor, eine ausgebildete Mentorin kann andere Schülerinnen und Schüler anleiten bzw. beaufsichtigen. Dies kann in Lernsequenzen oder im Freizeitbereich stattfinden. Somit können sich „Schülermentoren für kirchliche Jugendarbeit/Religion" in unterschiedlichen Feldern engagieren.[272]

Da diese Ausbildung in der Regel erst mit 15 Jahren aufgrund des Kinder- und Jugendhilfegesetzes beginnen kann, sind Junior-Schülermentorenprogramme entwickelt worden. Diese Programme enthalten Elemente der Schülermentorenprogramme und sind ab der 7. Klassenstufe möglich. Die Ausbildung findet eher in der Schule als in Einrichtungen der kirchlichen Jugendarbeit statt. Kommunikationstraining, erlebnispädagogische Module und intensivere Betreuung bei einem praktischen Teil sind die Merkmale dieser Junior-Schülermentorenprogramme.[273]

Die Ergebnisse aus der *empirischen Studie* zum Starthilfeprojekt „Startversuche im Gemeinwesen - Jugendliche gewinnen soziale Verantwortungsfähigkeit", welches zur Einführung des Schülermentorenprogramms „Soziale Verantwortung lernen" durchgeführt wurde, finden sich in Unterkapitel 5.3.

[272] Weitere Informationen in Weingardt, M./Böhm, U./Stöffler, F./Willrett, S. (2000): Soziale Verantwortung lernen. Ein Schülermentorenprogramm von Jugendarbeit und Schule. Arbeitshilfe, Stuttgart und Böhm, U. (2003): Kooperation als pädagogischer Leitbegriff der Schule. Beiträge zur partnerschaftlichen Zusammenarbeit in und mit der Schule, Münster, 102-110.

[273] Zur näheren Information siehe: Ministerium für Kultus, Jugend und Sport (Hg.) (2004): Sozial - aber wie!? Themenorientiertes Projekt Soziales Engagement, Stuttgart.

5 Soziales Lernen durch Praktikumerfahrung - Modelle und ihre empirische Auswertung

Ein neuer Weg des sozialen Lernens bzw. des Erwerbs von Sozialkompetenzen erfolgt in Modellen der außerschulischen Zusammenarbeit mit diakonischen und jugendorientierten Einrichtungen.[274] Schulpädagogisch basiert dieser Ansatz auf der Forderung nach einer zunehmenden ‚Öffnung der Schule'. Dies ist ein wichtiger Aspekt der Schulentwicklung.[275]

Bei diesen Modellen sind neben Theorieblöcken auch Erfahrungen in einem Praxisbereich grundlegender Bestandteil sozialen Lernens. Zu den Modellen mit Sozialpraktikum gehören:

- die Projekte der Agentur Mehrwert des Diakonischen Werks in Württemberg[276], bei denen verschiedene drei- bis fünftägige Begegnungsformen in diakonischen Einrichtungen bzw. mit Menschen in betreuten Lebenssituationen durchgeführt wurden, und
- das Compassion-Projekt der Zentralstelle Bildung der Deutschen Bischofskonferenz[277], bei dem die Schülerinnen und Schüler ein zweiwöchiges Sozialpraktikum in karitativen Feldern absolvierten.

Im Unterricht (z.B. Deutsch, Gemeinschaftskunde oder Religion) wird das Sozialpraktikum vorbereitet und nach der Praxisphase reflektiert und verarbeitet. Die Schülerinnen und Schüler erfahren im Praktikum eine qualifizierte Begleitung. Zu diesen Modellen gibt es in Baden-Württemberg die so genannten Schülermentorenprogramme (z.B. im Sport-, Musik- oder Gesundheitsbereich), die auf ein Engagement in der Schule und im Freizeitbereich vorbereiten. Sie bestehen aus außerschulischen Kurs- und Praxismodulen. Exemplarisch nenne ich das Programm „Soziale Verantwortung lernen", welches vom Evangelischen Jugendwerk in Württemberg[278] mit Unterstützung des Kultusministeriums durchgeführt wird: Es besteht aus einem grundlegenden Kurs zur verbandlichen Arbeit, einem schulbezogenen Spezialkurs und einen Schnupperpraktikum in Handlungsfeldern der kirchlichen Jugendarbeit. Offensichtlich tragen vor allem die Kirchen die genannten Modelle sozialen Lernens durch Praktikumerfahrung. Konzeptionelle Elemente des praktischen Lernens sowie der Erlebnispädagogik gingen in diese Grundform ethischen Lehrens und Lernens ein.

Zu allen drei Modellen liegen empirische Untersuchungen vor. Ich erläutere die Konzeptionen und nenne herausragende Ergebnisse der jeweiligen Evaluationen.

---

[274] Vgl. u.a. Böhm, U. (1996): Jugendarbeit und Schule. Essen: Die blaue Eule, S. 148f.

[275] Vgl. z.B. schulintern 1/96, 3-5 für Baden-Württemberg.

[276] Vgl. hierzu Keppler, W./Leitmann, G./Ripplinger, J. (1999): Das Soziale Lernen. Ergebnisse eines landesweiten Modellprojekts. Stuttgart.

[277] Vgl. aus empirischer Sicht: Kuld, L./Gönnheimer, S. (2000): Compassion. Sozialverpflichtetes Lernen und Handeln. Stuttgart: Kohlhammer.

[278] Vgl. Böhm, U./Weingardt, M./Willrett, W. (2000) (Hg.): Startversuche im Gemeinwesen - Jugendliche lernen soziale Verantwortungsfähigkeit. Dokumentation zu einem Forschungsprojekt. Stuttgart: Buch & Musik.

5.1 Soziales Lernen in der Diakonie (Agentur Mehrwert)

5.1.1 Entstehung und Struktur

Von 1996 bis 1999 fand in Baden-Württemberg das Modellprojekt ‚Soziales Lernen' statt. Viele Institutionen[279] unterstützten diesen Projektversuch. Träger war das Diakonische Werk in Württemberg zusammen mit dem Evangelischen Landesjugendpfarramt. „Ziel ... ist es, neue Formen und Wege der Förderung sozialen Lernens, sozialer Kompetenzen und sozialen Engagements zu entwickeln und exemplarisch in der Praxis zu erproben."[280] Die Beteiligten aus Politik, Bildung, Kirche und Wirtschaft wirken durch den Projektversuch an der Gestaltung einer ‚Neuen Kultur des Sozialen'[281] mit.[282]

Die sozialen Projekte wurden in der Versuchsphase in vier Regionen (Reutlingen, Stuttgart/Ludwigsburg, Mannheim, Biberach) durchgeführt. Nach der Evaluation institutionalisierte man das Modell in eine „Agentur Mehrwert" und ermöglicht dadurch die Weiterführung und den Ausbau der Projekte. Neben der jugendpolitischen Arbeit geht es bei dem Modell um unterschiedliche drei- bis fünftägige Begegnungsformen. Schülerinnen und Schüler ab der 8. Klassenstufe machen Erfahrungen in diakonischen Einrichtungen bzw. mit Menschen in betreuten Lebenssituationen. Die Jugendlichen werden im Unterricht, in gezielten Veranstaltungen und Workshops an der Schule oder auch mittels eines informativen Besuchs in der Einrichtung auf die Begegnungen vorbereitet. In Zusammenarbeit mit den beteiligten sozialen Organisationen sollen sie Erwartungen und Befürchtungen klären sowie Informationen über den Ablauf, die Lebenssituation der betroffenen Menschen sowie die soziale Einrichtung einholen. An den Projekten nahmen ganze Klassen bzw. Jahrgangsstufen oder auch nur einzelne Schülergruppen teil. Bei manchen Projekten war die Teilnahme freiwillig. Die Mitarbeiter begleiten die Schüler während der Begegnungen. Sie geben Hilfestellungen und sind bereit, auftauchende Fragen und Erlebnisse zu klären. Das Projekt endet mit eine Auswertung, in der die Jugendlichen ihre Erfahrungen austauschen und einen Bezug zum eigenen Alltag herstellen.

---

[279] Folgende Institutionen waren beteiligt: Ministerium für Kultus, Jugend und Sport und Sozialministerium, Landeselternbeirat, Landesschülerbeirat, Jugendstiftung Baden-Württemberg, Landesvereinigung Baden-Württembergischer Arbeitgeberverbände, DGB-Landbezirk Baden-Württemberg, Landesjugendämter, Landesjugendring und Evangelische Akademie Bad Boll.

[280] Keppler, W./Leitmann, G./Ripplinger, J. (1997): Das Modellprojekt Soziales Lernen. Konzept - Ansatzpunkte - Erfahrungen. In: Stark, W./Schröer, A./Schuber, Chr. (Hg.): Soziales Lernen in Schule , Betrieb, Jugendarbeit und neuen gesellschaftlichen Organisationsformen. Bad Boll, 12

[281] Vgl. die Verbindung von Ökonomie und Solidarität bei Rauschenbach, Th.: Zur Notwendigkeit einer neuen Kultur des Sozialen. In: Stark u.a. 1997, 46f.

[282] Das „Projekt Soziales Lernen" findet nicht nur an Schulen, sondern auch in Betrieben bei Auszubildenden statt.

5.1.2 Ergebnisse aus der Evaluation

Diese ‚inszenierten' Projekttage in der Diakonie wurden für die Schülerinnen und Schüler zu Alltagssituationen, in denen sie persönliche Erfahrungen im zwischenmenschlichen Bereich machten. Für vier Fünftel der beteiligten Schülerinnen und Schüler war der Eintritt z.B. in ein Altenheim, eine Behindertenwerkstatt oder ein Heim für Obdachlose eine neue Erfahrung.[283] Neben dem Erwerb von Sozialkompetenz fand die Förderung der Persönlichkeit und Identität durch (sozialräumliche) Horizonterweiterung statt:

> „Gerade die Überwindung von Unsicherheit, das Sich-Zurechtfinden in fremden Lebenswelten und die Bewältigung von schwierigen Situationen tragen dazu bei, neue soziale Kompetenzen zu entwickeln."[284]

Dass das soziale Projekt Auswirkungen auf die Charakterbildung und die soziale Einstellung und Haltung hat, zeigen die Ergebnisse der Erhebung: Das Projekt bewirkte ein „vermehrtes Nachdenken über eigene Lebenssituation und Werte" (59,4 %) und ein „vermehrtes Nachdenken über eigene Urteile/Meinungen über Menschen in betreuten Lebenssituationen" (54,8 %) sowie „mehr Verständnis für Menschen ‚am Rande der Gesellschaft'" und „höhere Aufmerksamkeit gegenüber sozialen Problemen" (44,2 %).[285] „Ich werde nicht mehr über alte oder behinderte Menschen lachen, denn jeder von ihnen ist auf seine Weise ein sehr interessanter Mensch", berichtet eine Teilnehmerin.[286] Der persönliche Kontakt trägt dazu bei, dass Jugendliche andere Menschen mit ihrer Andersartigkeit akzeptieren. Die sozialen Projekte stellen ein niederschwelliges Angebot für ein eventuelles weitergehendes soziales Engagement dar.[287] Ein Beteiligter bringt seine Erfahrung auf den Punkt: „Bevor ich im Altenheim war, wollte ich nichts von denen wissen, aber jetzt will ich behilflich sein."[288]

---

[283] Vgl. Keppler, W./Leitmann, G./Ripplinger, J. (1999): Das Soziale Lernen. Ergebnisse eines landesweiten Modellprojekts. Stuttgart, 47.
[284] Keppler u.a. 1997, 29
[285] Vgl. Keppler u.a. 1997, 53.
[286] Zitiert aus: Keppler u.a. 1999, 57.
[287] Über die Hälfte der Beteiligten zeigte Interesse an weiterem Kontakt. Mit zunehmendem Alter stieg sogar das Interesse. Bei den Schülerinnen ist der Wunsch nach weiterem Engagement ausgeprägter als bei den Schülern. Vgl. Keppler u.a. 1999, 79 u. 81f.
[288] Entnommen aus: Keppler u.a. 1997, 27.

5.2 Sozialverpflichtetes Lernen und Handeln (Compassion-Projekt)

5.2.1 Intention und Konzeption

Das Compassion-Projekt der Arbeitsgruppe ‚Innovation' der Zentralstelle Bildung der Deutschen Bischofskonferenz wurde zunächst als Erziehungskonzept der katholischen Schulen entworfen. Zugleich stellt es jedoch ein „Angebot an alle staatlichen Schulen dar, denen die Erziehung zu sozialer Verantwortung ein nicht minder wichtiges Anliegen ist."[289] Ziel des Projekts ist „die Entwicklung und Stärkung sozialverpflichteter Haltungen unter Schülerinnen und Schülern."[290]

Der Begriff ‚Compassion' bedeutet „die Haltung des Mitleids, der ‚Mitleidenschaft', der Solidarität mit denen, die in unsrer Gesellschaft aus eignen Kräften nicht mitkommen."[291] Das Compassion-Projekt ist eine „Maßnahme gegen den sozialen Kältetod"[292] und für die „Empfindlichkeit für und Sorge um das Leid der Anderen"[293]. Folgende Merkmale kennzeichnen dieses Modell sozialen Lernens:[294] Es ist für alle Schülerinnen und Schüler der betreffenden Klassenstufe verpflichtend. Die unterrichtliche Begleitung ist integraler Bestandteil des Konzepts. Ein Zertifikat der Schule bestätigt die Teilnahme am gesamten Praxis- und Unterrichtsprojekt.

Das zwei- bis dreiwöchige Sozialpraktikum findet in karitativen Feldern statt. Im Unterricht (z.B. Deutsch, Gemeinschaftskunde oder Religion) wird das Sozialpraktikum vorbereitet und nach der Praxisphase reflektiert und verarbeitet. Im Zusammenwirken von Theorie und Praxis, von Reflexion und Erfahrung gelingt der Ausbau der Sozialkompetenz. In den Klassenstufen 9 bis 11 wird in der Regel dieses Lernen durch Erleben initiiert. Ein Koordinator der Schule stimmt die Praktika mit den sozialen Einrichtungen ab, klärt die organisatorischen Aufgaben, sorgt für das unterrichtliche Begleitangebot und organisiert die Visitationen und Beratungsgespräche während des Praktikums. Ein Deputatsnachlass ist nach Ansicht der Arbeitsgruppe ‚Innovation' denkbar.[295]

5.2.2 Empirische Auswertung

Die Pädagogische Hochschule Karlsruhe begleitete wissenschaftlich das Compassion-Projekt in den Schuljahren 1996/97 und 1997/98. Ein Viertel der beteiligten Schülerinnen und Schü-

---

[289] Kircher, N. (1994): Vorwort. In: Weisbrod, A./Kuhn, F./Hirsch, F.: Compassion - Ein Praxis- und Unterrichtsprojekt sozialen Lernens: Menschsein für andere. Bonn (Sonderdruck von: Engagement. Zeitschrift für Erziehung und Schule, H. 2-3).
[290] Kuld, L./Gönnheimer, S. (2000): Compassion. Sozialverpflichtetes Lernen und Handeln. Stuttgart, 7.
[291] Kuld/Gönnheimer 2000, 10
[292] Ebd.
[293] Metz, J. B. (2000): Compassion - Weltprogramm des Christentums. In: Engagement. Zeitschrift für Erziehung und Schule, H. 2, 94.
[294] Vgl. Weisbrod u.a. 1994, 5f.
[295] Vgl. Weisbrod u.a. 1994, 9f.

ler fasst am Ende des Schuljahrs eine Fortsetzung des sozialen Engagements ins Auge.[296] Ca. 80 % sagen, dieses Schuljahr mit Praktikum und begleitendem Unterricht sei „eine gute und wichtige Erfahrung“ oder „das sollte jeder einmal machen“.[297] Im Vergleich zur Kontrollgruppe nahm die Prosozialität der am Compassion-Projekt beteiligten Schülerinnen und Schüler signifikant zu (von 81 % am Anfang auf 89 % am Ende des Schuljahres). Die prosoziale Haltung nahm dagegen in der Kontrollgruppe ab (von 84% am Anfang auf 79% am Ende des Schuljahres).[298]

> „Das bedeutet: Die Erfahrung ethischer Dringlichkeit prosozialen Engagements, welche sich aus der direkten Begegnung zwischen Helfenden und Hilfsbedürftigen ergibt, vermag die Disposition zu Prosozialität zu festigen und ihrer möglichen Ermüdung oder Abschwächung entgegenzuwirken, ja die Entwicklung sogar umzukehren.“[299]

Ähnlich wie beim Projekt ‚Soziales Lernen’ des Diakonischen Werks in Württemberg findet eine Vorbereitungs-, Durchführungs- und Reflexionsphase statt. Das Sozialpraktikum ist jedoch zeitlich länger, der Fachunterricht auch enger an das Compassion-Projekt gebunden als beim Projekt ‚Soziales Lernen’. In beiden Modellen geht es nicht um eine Hinführung zu sozialen Berufen, sondern um den Erwerb von sozialen Kompetenzen und die Sensibilisierung für Randgruppen in der Gesellschaft. Die Vertreter beider Modelle begrüßen ein weitergehendes Engagement der Schülerinnen und Schüler im diakonischen Bereich

[296] Vgl. Kuld/Gönnheimer 2000, 50.
[297] Vgl. ebd.
[298] Vgl. Kuld/Gönnheimer 2000, 55.
[299] Ebd.

5.3 Soziale Verantwortung lernen (Schülermentorenprogramm)

Im Unterkapitel 4.3 wurde das Schülermentorenprogramm „Soziale Verantwortung lernen“ schon näher dargestellt. Deshalb stelle ich hier nur die Einbettung in die baden-württembergische Bildungskonzeption sowie Ergebnisse der empirischen Studie dar.

5.3.1 Baden-württembergisches Ausbildungsprogramm

Seit dem Schuljahr 1994/95 existiert die Ausbildung zum Sportmentor/zur Sportmentorin in Kooperation mit den Sportverbänden. Inzwischen wurden über 4000 Schülerinnen und Schüler ausgebildet. In unterschiedlichen Ausbildungskursen werden die Jugendlichen in die Lage versetzt, sowohl im Sportverein ehrenamtlich tätig zu sein als auch in der Schule eine AG oder eine schulsportliche Veranstaltung zusammen mit den Lehrkräften durchzuführen. Seit 1997 unterstützt das Ministerium für Kultus, Jugend und Sport die Ausbildung zum Musikmentor/zur Musikmentorin. Ebenfalls liegen Erfahrungen in der Mentorenausbildung im Bereich Verkehrserziehung vor. Versuchsartig findet nun die Schülermentorenausbildung auch im sozialen und technischen Bereich[300] statt. Bei allen Programmen liegt die Schirmherrschaft bei der Kultusministerin Dr. Annette Schavan. Im Bericht und den Empfehlungen der Enquêtekommission „Jugend - Arbeit und Schule“ werden die Schülermentorenprogramme als gesellschaftlich wichtig und unterstützungswürdig angesehen.[301]

Exemplarisch will ich im Zusammenhang sozialen Lernens das Schülermentorenprogramm „Soziale Verantwortung lernen“[302] des Evangelischen Jugendwerks in Württemberg näher beschrieben - zumal hier wie bei den oben skizzierten Modellen sozialen Lernens, die das Lernen im Praktikum anstreben, eine empirischen Untersuchung vorliegt. Die Ausbildung kann ab dem 15. Lebensjahr (in der Regel in der 9. Klassenstufe) beginnen. Sie besteht aus außerschulischen Kurs- und Praxismodulen: Es handelt sich dabei um einen grundlegenden mehrtägigen Kurs zur verbandlichen Arbeit, einen eintägigen schulbezogenen Spezialkurs und ein Schnupperpraktikum in Handlungsfeldern der kirchlichen Jugendarbeit.

Die ausgebildeten Jugendlichen sollen befähigt werden, in der Schule Verantwortung zu übernehmen[303] und das Ehrenamt als Möglichkeit sinnvoller Freizeittätigkeit[304] entdecken. Dabei erwerben sie neben den gruppenleiterischen Fähigkeiten wichtige Schlüsselqualifikationen

[300] Die beteiligten Organisationen sind: Jugendrotkreuz, Malteser Jugend, THW-Jugend, Johanniter-Jugend, DLRG-Jugend und Jugendfeuerwehr.

[301] Hg. v. Landtag von Baden-Württemberg, Drucksache 12/3570 vom 03.03.99, 233 u. 357.

[302] Nach der Pilotphase im Schuljahren 1996/97 schloss sich das von der Jugendstiftung Baden-Württemberg geförderte zweijährige Starthilfeprojekt dieses evangelischen Schülermentorenprogramms mit dem Titel „Startversuche im Gemeinwesen - Jugendliche gewinnen soziale Verantwortungsfähigkeit“ an. Mittlerweile wurde die Mentorenausbildung „Soziale Verantwortung lernen“ auch von den anderen baden-württembergischen Kirchen übernommen.

[303] Z.B. Beiträge zu Projekttagen organisieren, Gottesdienste vorbereiten, AG Eine Welt durchführen, bei SMV-Aktivitäten mitarbeiten, Schülerzeitung mitgestalten.

[304] Hierzu gehören die Leitung einer Kinder- oder Jungschargruppe, die Durchführung von Freizeitmaßnahmen mit anderen, die Vorbereitung eines Jugend- oder Sporttages, die Organisation von Konzerten in der Gemeinde usw.

(z.B. Empathie-, Kooperations-, Kommunikations- und Konfliktfähigkeit) nicht nur für ihre spätere berufliche Arbeit.

5.3.2 Empirische Ergebnisse

Immerhin über 90% der Beteiligten engagieren sich nach der Praktikumphase weiterhin in der Jugendarbeit.[305] Über 50% der Schülerinnen und Schüler sind durch das Schülermentorenprogramm motiviert, sich fortan intensiver in der Schule einzubringen. Jedoch können nur knapp 20% etwas in der Schule umsetzen. 49% nannten als Grund: „Keine Zeit". Ein Fünftel nannte als Grund „weil ich nicht in die SMV gewählt bin" und „keine Lust". Einzelne Schüler nannten konkrete Gründe, warum sie in der Schule sich nicht engagieren können: „Die Umgebung in der Schule passt nicht optimal" - „Die Schulleitung blockiert grundsätzlich alles." - „Viele organisieren außerhalb der Schule viel und müssen sich die Zeit einteilen."[306] Der Anteil der Jugendlichen, die in der Jugendarbeit schon tätig waren, stieg im Bereich Schule um 12%, d.h. es engagierten sich nach der Schülermentorenausbildung mehr ehrenamtliche Jugendarbeiter in der Schule als zuvor. Über zwei Drittel der Beteiligten gaben einen Lernzuwachs in folgenden Gebieten an:[307]

- Wie man eine Gruppenstunde aufbaut
- Welche Spiele man mit Kindern und Jugendlichen machen kann
- Wie man im Team Aktionen oder Programme vorbereitet und durchführt
- Welche rechtlichen Aspekte zu beachten sind
- Wie man eine biblische Andacht vorbereitet

Die Mehrheit nannte des weiteren, einen persönlichen Lernzuwachs in folgenden Kompetenzbereichen erfahren zu haben:

- Wie man eine Veranstaltung organisiert
- Wie man eine Freizeit in den Ferien durchführt
- Wie man eine Gruppe leitet
- Wie die körperliche und psychische Entwicklung von Kindern verläuft
- Wie man mit Medien und technischen Hilfsmitteln arbeitet
- Wie man seine Meinung so sagt, dass sie bei den andern im Team gehört wird
- Wie man Teilnehmer zu etwas Neuem motiviert
- Wo man weitere Schulungen erhalten kann

[305] Die folgenden empirischen Daten sind entnommen aus: Böhm, U/Weingardt, M./Willrett, S. (Hg.) (2000): Startversuche im Gemeinwesen. Jugendliche lernen soziale Verantwortungsfähigkeit. Dokumentation zu einem Forschungsprojekt, Stuttgart: Buch & Musik.
[306] Zit. nach: Böhm, U. (2000): „Schüler-Mentoren-Ausbildung" des Evangelischen Jugendwerks in Württemberg (ejw). In: Amt für Kinder- und Jugendarbeit des Ev. Kirchen Hessen und Nassau (Hg.): Peer-Education. Qualifizierung von Jugendlichen für Jugendliche. Projekte aus der Praxis, Darmstadt, 29.
[307] Empirische Daten entnommen aus: Weingardt u.a. 2000, 43ff.

- Wie man über den Glauben spricht
- Wie die kirchliche Jugendarbeit organisiert ist
- Was das Ziel der kirchlichen Jugendarbeit ist

Die erworbenen Fähigkeiten sollten auch im schulischen Lebensraum zum Zuge kommen. Hier müssen die Verantwortlichen in der Schule neue Wege der Partizipation[308] und des Engagements finden und ermöglichen. Erste Schritte sind Überlegungen von Ministerium und Fachleuten, inwieweit das Schülermentorenprogramm schon ab der 7. Klassenstufe umgesetzt werden kann (z.B. als ‚Junior-Schülermentor').

[308] Vgl. zum Partizipationsansatz hierzu näher: Böhm 2001a, 110-113 und ders. (2001b): Förderung der Partizipation Jugendlicher; in: Pädagogisches Handeln, H. 1, 61-69.

5.4 Zusammenfassende Weiterführung

Aufgrund der Ergebnisse aus den Evaluationen der drei oben beschriebenen Modelle stelle ich folgende *zusammenfassende Erfahrungen* auf, die sich auf das soziale Lernen im Rahmen eines Praktikums beziehen.

1. Bei der Begegnung mit Menschen ‚am Rande der Gesellschaft' handelt es sich für die Jugendlichen um ungewöhnliche Erfahrungen. Sie spüren im Vollzug, dass sie als Person wichtig sind und gebraucht werden. Sie erleben diese Erfahrungen als persönlich bereichernd und gewinnen Verhaltenssicherheit im Umgang mit diesen Menschen. (personaler Aspekt)
2. Soziale Erfahrungen mit den hilfsbedürftigen Menschen führen zur Aufmerksamkeit für soziale Probleme in der Gesellschaft und zum Verständnis für diese Menschen. (gesellschaftsbezogener Aspekt)
3. Die Jugendlichen kommen durch das Praktikum ins Nachdenken über Sinn, Werte und Orientierungen im eigenen Leben. (ethischer Aspekt)
4. Die Verbindung von Praxis und Reflexion ermöglicht, dass die Handlungsbereitschaft zu weiterem sozialen Engagement geweckt wird. Die Thematisierung im Unterricht ist bedeutsam. (Aspekt der Nachhaltigkeit)
5. Indem sich die Schule Lebenswelten öffnet, die für Jugendliche fremd sind, bewerten sie Schule und Unterricht neu. (schulpädagogischer Aspekt)

Die Ebene der Wertebildung (Werte - Normen - Handeln) wird bei Modellen mit Praktikumerfahrung ebenso berücksichtigt wie der dreifache Bereich der Verantwortungsübernahme (Selbst-, soziale, globale Verantwortung).

Vom 18.03. bis 22.03.2002 fand in der Lehrerakademie Calw das *Forum Realschule* 2002 des Ministeriums für Kultus, Jugend und Sport mit dem Thema ‚Soziales Lernen' statt. Durch Referate und Workshops begründeten die Veranstalter die ethische Dimension und zeigten die Reichweite sozialen Lernens auf.

Folgende Ziele des sozialen Lernens in der Schule betonte das Forum Realschule 2002:

- Schülerinnen und Schüler sind fähig, für sich und ihre Lebensgestaltung Verantwortung zu übernehmen.
- Sie können in Gruppen und Systemen verantwortlich handeln und dieses Handeln von einem ethischen Anspruch her bewerten.
- Sie sind bereit und fähig, vor dem Hintergrund der Schlüsselprobleme unserer Welt verantwortlich zu handeln.
- Sie erwerben soziale Kompetenzen und Qualifikationen für die Berufsfähigkeit.

Günther Gebhardt (Stiftung ‚Weltethos') referierte zu Beginn des Forums über die Werteerziehung Jugendlicher und begründete ebenfalls eine ethische Orientierung sozialen Lernens. An verschiedenen Stellen des Forums nahmen die Referenten der Workshops Bezug auf Kohlbergs Moralerziehung, welche ethische Haltungen betrachtet. Durch die Wahrnehmung der Schlüsselprobleme und durch die Berücksichtigung der Qualifikation der Berufsfähigkeit auch in einer allgemeinbildenden Schule ist soziales Lernen nicht allein auf das Innere einer Schule gebunden. Gegenwärtige und zukünftige Verantwortung für die Gesellschaft ist das Ziel dieses Ansatzes, der Personal- und Sozialkompetenz des Einzelnen fördert und gesellschaftliche Bereiche zur Verantwortungsübernahme eröffnet. Daher bot das Forum Workshops nicht nur im innerschulischen Bereich (z.B. Strategien zur Konfliktbewältigung, Training der Sozialkompetenz), sondern zahlreiche Workshops in Kooperation mit außerschulischen Einrichtungen:

- Durchführung von Sozialpraktika in Zusammenarbeit mit der Agentur Mehrwert des Diakonischen Werkes

- Darstellung des Compassion-Projektes

- Übersicht über Mentorenprogramm mit dem Schwerpunkt „Soziale Verantwortung lernen" (in Zusammenarbeit mit der kirchlichen Jugendarbeit)

- Kooperation mit Sonderschulen und Behinderten-Einrichtungen

- Gewaltprävention in Zusammenarbeit mit der Polizei

Das Schlussreferat von Friedrich Schweitzer („Ethik als Dimension des sozialen Lernens") verstärkt die These, dass soziales Lernen auf Ethik angewiesen sei. Zugleich stellt sich die Frage nach dem Menschen- und Weltbild eines Ansatzes sozialen Lernens.

Folgende Prinzipien, die die Referate und Workshops auf dem Forum Realschule 2002 entwickelten, gelten für soziales Lernen im schulischen Kontext:

Soziales Lernen ...

- ... lebt vom Wechsel von Handeln und Reflexion,
- ... realisiert sich in konkreten Bewährungsfeldern innerhalb und außerhalb der Schule,
- ... verlangt nach ethischer Orientierung.[309]

Die Diskussion beim Forum Realschule ergab die verpflichtende Einführung eines Themenorientierten Projekts „Soziales Engagement" in der Realschule von Baden-Württemberg. Im nächsten Kapitel werden die Rahmenbedingungen und ein exemplarisches Umsetzungsbeispiel dargestellt.

[309] Vgl. Böhm, U./Hafner, K./Krauss, E.: Soziales Lernen in der Realschule; in: Ministerium für Kultus, Jugend und Sport (Hg.): Schulentwicklung Real. Neue Herausforderungen für die Lehrerbildung, Donauwörth: Auer, 2002, 137f.

6 Soziales Engagement als Projekt - Erprobtes Umsetzungsbeispiel

Dieses Kapitel beschreibt das themenorientierte Projekt ‚Soziales Engagement', wie es durch den Bildungsplan von 2004 in baden-württembergischen Realschulen eingeführt wurde. Neben dem Erfahrungsbezug ist die Förderung der Metakognition ein wesentlicher Bestandteil der Umsetzung gewesen. Dies zeigt sich in der Verwendung der Feedback-Kultur und der Portfolio-Arbeit. Die Materialien erhellen den Projekt-Prozess und verdeutlichen die Möglichkeit der Kompetenz-Bewertung auf Seiten der Schülerinnen und Schüler.

6.1 Soziales Engagement als Beitrag zum sozialen Lernen

Soziales Lernen als schulspezifisches Sozialcurriculum reicht von der Vermittlung von Umgangsformen über die Kommunikationsfähigkeit, die Teamfähigkeit, die Kooperationsfähigkeit bis hin zur Verantwortungsübernahme für andere in unterschiedlichen Situationen und dem verantwortlichen Handeln angesichts der Schlüsselprobleme und -themen unserer Zeit. Letztlich wird als Ziel schulischer Bildung der handlungskompetente Jugendliche gesehen, der die in Beruf, Freizeit, Gesellschaft und Privatleben sich stellenden Aufgaben übernimmt.

Eine multiperspektivische Bestimmung sozialen Lernens geben Keller und Hafner:

„Soziales Lernen ist ...

... die Aneignung sozialer Fertigkeiten und Verhaltensweisen,

... die Bildung sozialer Einstellungen und Werthaltungen,

... die Übernahme sozialer Rollen.“[310]

Der Unterricht allein kann diese Zielsetzungen nicht mehr einlösen. Die gesamte Schule sowie außerschulische Partner sind beim sozialen Lernen wichtig.[311]

Biografische Erfahrungen: Während meiner Jugend- und Studienzeit habe ich mich in der kirchlichen Jugendarbeit in Höpfigheim und Pleidelsheim ehrenamtlich engagiert. Durch meine Zivildienstzeit in der diakonischen Einrichtung ‚Karlshöhe' in Ludwigsburg erfuhr ich, dass viele Menschen im Altenheim gerne spazieren gehen oder ein Spiel machen. Die Pfarrerin hatte hierfür jedoch nicht die Zeit. Daraus entwickelte sich die Idee, dass der Jugendkreis aus Höpfigheim an einem Sonntag im Monat zu Besuch kommt und neben dem Singen und Musizieren auf die Bedürfnisse der älteren Menschen eingeht. Bei diesen Besuchsdiensten machten alle Jugendlichen und junge Erwachsenen der Jugendgruppe die Erfahrung, dass sie von diesen älteren Menschen positiv empfangen und wichtig wurden. Wir brachten Zeit und Einsatz mit und bekamen durch die Begegnung Rückmeldungen, die uns noch Tage später gut taten. Die Erfahrung des Engagements für andere führte zur eigenen Freude und Persönlichkeitsstärkung.

Das Themenorientierte Projekt „Soziales Engagement“ (TOP SE) ist ein verpflichtendes Element sozialen Lernens an der Realschule in Baden-Württemberg, welches in einem Schuljahr für jede Schülerin und jeden Schüler angeboten wird. Dadurch, dass die Schülerinnen und Schüler neue Lebenswelten und Lebenserfahrungen kennen lernen, üben sie „soziales Denken, Urteilen und Handeln“ ein.[312] Im Rahmen von TOP SE wird vor allem der zweite Verantwortungsbereich angesprochen. Die ethische Einbettung sozialen Lernens dient auch dem Schutz vor bloßem Aktionismus.

---

[310] Keller, G./Hafner, K. (1999): Soziales Lernen will gelernt sein. Lehrer fördern Sozialverhalten. Donauwörth: Auer, 9.

[311] Vgl. auch Böhm, U. (2005): Unterricht kann nicht alle Zielsetzungen einlösen ... . Soziales Lernen in der Realschule in Baden-Württemberg; in: Realschule in Deutschland, Heft 4, 14-17

[312] Vgl. Ministerium für Kultus, Jugend und Sport (Hg.) (2004): Bildungsplan 2004. Realschule. Stuttgart, 180.

6.2 Themenorientiertes Projekt „Soziales Engagement“ - Exemplarische Umsetzung

Da im neuen baden-württembergischen Bildungsplan für die Realschule ein Themenorientiertes Projekt „Soziales Engagement“ (TOP SE) vorgeschrieben ist, bat mich die Schulleitung der Erich-Kästner-Realschule in Steinheim an der Murr, mit einer Religionsgruppe versuchsweise den Gedanken des TOP SE mit geringerer Stundenzahl (1 Jahreswochenstunde) und kleiner Schülergruppe (24 Jugendlichen) in der 8. Klassenstufe umzusetzen und dafür mögliche Kooperationspartner im Umfeld zu gewinnen.

6.2.1 Zu den Rahmenbedingungen

Die Projektbedingungen und -regeln für das TOP SE in Baden-Württemberg sind vom Kultusministerium vorgegeben:

- zeitliche Befristung, definierter Anfangs- und Endpunkt innerhalb eines Schuljahres
- Durchführung mit allen Schülerinnen und Schülern einer Jahrgangsstufe
- Integration in die beteiligten Fächer
- 2 Wochenstunden (ca. 72 Jahresstunden)
- ausgewiesene Ziffernnote mit verbaler Beurteilung

Im Bildungsplan sind die Standards bzw. Kompetenzen ausgewiesen, die durch das TOP SE erworben werden:

Die Schülerinnen und Schüler können

- eigene Fähigkeiten erkennen und für andere einsetzen;
- durch ihr Verhalten gemeinschaftliches Leben in meinem Umfeld fördern;
- ihre Klassen- und Schulgemeinschaft als soziales Gefüge begreifen und lernen förderliche Einwirkungs- und Gestaltungsmöglichkeiten für die Gemeinschaft kennen und einzusetzen;
- Konflikte partnerschaftlich lösen;
- soziale Einrichtungen erkunden und darstellen (Lerngang, Exkursion);
- über ihr soziales Engagement reflektieren und es dokumentieren;
- für andere verlässlich Verantwortung im ehrenamtlichen Bereich (in der Schule, in Vereinen, in Kirchen und als (Junior-)Mentorinnen und (Junior-) Mentoren) übernehmen;
- zu sozialem Engagement einen eigenen Standpunkt einnehmen und darüber reflektieren.

Die 9 Mädchen und 15 Jungen der evangelischen Religionsgruppe der Erich-Kästner-Realschule kommen aus drei Teilorten: Steinheim, Murr und Höpfigheim. Einige Schülerinnen und Schüler gehen in ihrer Freizeit in eine kirchliche Jugendgruppe. Dadurch ist eine christliche Orientierung in der Lerngruppe vorhanden. Viele Schülerinnen und Schüler sind auch in einem Sportverein oder spielen eine Instrument.

Der Religionsunterricht fand freitags 14-tägig in der 5. und 6. Stunde statt. Am Ende des 7. Schuljahres habe ich die Idee eines Sozialpraktikums in der Lerngruppe eingebracht. Die Schülerinnen und Schüler haben sich für dieses Projekt im Religionsunterricht entschieden.

Bezüglich der Projektschritte und -merkmale sammelten die Schülerinnen und Schüler beider Klassen ebenfalls Erfahrungen in ihrem Themenorientierten Projekt „Wirtschaften - Verwalten - Recht“ (TOP WVR). Es fand im ersten Schulhalbjahr statt und war vor den Weihnachtsferien abgeschlossen.

Durch den Religionstag, der in Kooperation mit der kirchlichen Jugendarbeit in Steinheim stattfand, waren erste Kontakte geknüpft. Darüber hinaus sind noch Verbindungen zur evangelischen Jugendarbeit in Höpfigheim aus meiner Jugendzeit vorhanden. Über das evangelische Bezirksjugendwerk/CVJM Marbach konnte ich die Verantwortlichen in Murr zur Mitarbeit gewinnen.

In allen drei Teilorten nahm ich, da Religionsunterricht das Leitfach ist, vor den Sommerferien die Verbindung zu den Pfarrämtern auf. Die Pfarrer sowie der Gemeindediakon konnten mir weitere Personen aus der Diakonie nennen.

In Steinheim und Murr kommen als Kooperationspartner die Kleeblatt-Altenheime in Frage. In allen Teilorten gibt es Kindergärten und die organisierte Nachbarschaftshilfe. Die Pfarrer boten sich als Begleiter bei möglichen Adventsbesuchsdiensten an. Ebenso regten sie eine Gottesdienstbegleitung für Rollstuhlfahrer an.

In Kleinbottwar befindet sich die Paul-Altinger-Förderschule, die Schülerinnen und Schüler aus den Regelschulen für die Hausaufgaben- und Freizeitbetreuung aufnehmen. Weitere Praktikumsplätze bieten die Diakoniestation, der kommunalen Seniorenbesuchsdienst oder auch die Sportvereine sowie die Feuerwehr an.

Die Schulleitung bat ebenfalls die Ethiklehrerin der 8. Klassenstufe, ein Sozialpraktikum durchzuführen. Da andere Schulen im Umkreis (Großbottwar, Marbach) ähnliche Vorhaben durchführen und im Rahmen von BORS unter Umständen die gleichen Partner angefragt werden, muss sensibel mit den Kontaktpersonen umgegangen werden, damit sie bereit sind, Praktikanten aufzunehmen.

Somit führte die Erich-Kästner-Realschule für 48 Schülerinnen und Schüler das TOP SE versuchsweise im Schuljahr 2003/2004 in der Klassenstufe 8 durch.

Für die Erich-Kästner-Realschule in Steinheim war zunächst das Ziel, Kooperationspartner für das TOP SE zu finden. Die Schülerinnen und Schüler lernten im Praktikum eine gesellschaftliches Handlungsfeld kennen. Dabei erwarben sie folgende Kompetenzen:

Fachliche Kompetenzen:
- Diakonisches Handeln begründen und beobachten
- Gesellschaftliche Probleme wahrnehmen und beurteilen

Soziale Kompetenzen:
- Im Team handeln und Konflikte lösen
- Rücksicht auf andere Menschen nehmen

Methodische Kompetenzen:
- Erkenntniserwerb und Reflexion dokumentieren
- Erfahrungen anschaulich präsentieren

Personale Kompetenz:
- Zuverlässigkeit zeigen
- Toleranz entfalten

6.2.2 Methodisch-organisatorische Überlegungen

Vor, während und nach den Sommerferien 2003 suchte ich nach Kooperationspartnern bzw. Kontaktpersonen und erläuterte ihnen das TOP SE. Falls Eltern zu weiteren Institutionen Kontakt hatten, bat ich sie beim ersten Elternabend um Mithilfe.

Zu Beginn des Schuljahres schickte ich einen Elternbrief (M 1) über die Schülerinnen und Schüler zur Unterschrift und Bestätigung an die Elternschaft. Ebenso erhielten die Jugendlichen einen Brief sowie ein Bestätigungsblatt für die Einrichtungen (M 2).

Die Schülerinnen und Schüler mussten in Tandems ihr Praktikum durchführen. Sie wählten aus einer größeren Palette (z.B. Förderschule, Kindergarten, Altenheim, kirchliche Jugendarbeit, Besuchsdienste) ihren Praktikumsplatz aus und wendeten sich als Tandem eigenverantwortlich an die gewählte Einrichtung mit Brief und Bestätigungsblatt.

Zeitschiene	Projektstationen
Vor, während und kurz nach den Sommerferien 2003	Kooperationspartner suchen und Kontakt aufnehmen (telefonisch oder durch Gesprächstermin): Klärung der Rahmenbedingungen und Anzahl der Tandems, die betreut werden können
Schuljahresbeginn bis Herbstferien	Briefe (Eltern, Einrichtungen) und Kompetenzliste erstellen und den Schülern austeilen; Tandems bilden; Schüler nehmen Kontakt mit Einrichtungen auf
Herbstferien bis Faschingsferien	Schüler führen 20 Stunden in der Einrichtung durch; Aufarbeitung und Vertiefung im Unterricht
Anfang Januar 2004	Schüler geben ihr Prozess-Portfolio erstmalig ab; neben mündlicher Note ist dies die Grundlage für die Halbjahresinformation in Evang. Religionslehre
Nach den Faschingsferien	Durchführung der Präsentationen; Abgabe des Bestätigungsblattes der Einrichtung
Nach den Osterferien	Dankesbrief an die Einrichtung (evtl. kleine Pflanze oder Kaffee); Dank überbringen die Schüler selbst
Vor den Pfingstferien	Abgabe des überarbeiteten Prozess-Portfolios; Elternfragebogen

Da ich die Schülerinnen und Schüler nur 14-tägig im Unterricht sah und das Praktikum (20 Stunden) individuell zwischen den Herbst- und Faschingsferien stattfand, war es wichtig, dass die Jugendlichen das Ziel von Anfang an kannten und sich den Erkenntnisgewinn bewusst machten. Hierzu erhielten sie eine Kompetenzliste (M 3), die am Ende des Schuljahres nochmals herangezogen wurde. Diese Liste entstammte den Bildungsstandards aus dem neuen Bildungsplan. Zu den Standards für TOP SE waren noch passende Standards des Faches Evangelische Religionslehre hinzugekommen. Ebenso war ihnen die Notenfindung transparent gemacht worden (M 4).

In den vier Kompetenzen (Fach-, Personal-, Sozial- und Methodenkompetenz) wurden je zwei Kriterien benannt und durch Indikatoren beschrieben. Die Formulierungen der Indikatoren, die die Kompetenz in unterschiedlicher Ausprägung zeigt und somit auch differenziert bewertet, ist eine wichtige Aufgabe der beteiligten Lehrkräfte am Anfang des Projektes. Exemplarisch sind im Anhang die Kriterien ‚Gesellschaftlicher Zusammenhang', ‚Zuverlässigkeit' und

‚zuhören und ausreden lassen' ausgewiesen (M 4). Diese Arbeit der Formulierung kann auch mit den Schülerinnen und Schülern gemeinsam geschehen. Somit wird die Bewertung transparent und überprüfbar gemacht.

Durch die insgesamt zehn Teilbewertungen ist eine individualisierte Notenfindung eher gegeben, als durch die klassische dreiteilige Benotung in mündlich - schriftlich - praktisch. Ein Ausrutscher wird statistisch aufgefangen und der Schüler kann numerisch durch die anderen Einzelnoten diesen kompensieren.

Am Anfang des Unterrichts fand meistens eine Blitzlicht-Runde statt, in der jeder und jede seine Erfahrungen - positive wie negative - sowie den gegenwärtigen Praktikumsverlauf mitteilen konnte. Meine Aufgabe lag darin, die diakonischen und gesellschaftlichen Aspekte im Rahmen des Religionsunterrichts herauszuarbeiten.

Am Ende der Projektphase war mir das Feedback der Schüler, Eltern und Einrichtungen wichtig. Über das Bestätigungsblatt erhielt ich eine Rückmeldung von den Kontaktpersonen. Das Elternfeedback erhob ich über einen Fragebogen (M 6). Die Schüler erzählten mir durch das Blitzlicht ihre Erfahrungen. Zudem konnte ich Wesentliches dem Portfolio und der Präsentation entnehmen. Am Ende jeder Schülerpräsentation verlangte ich ebenfalls ein kritisch-konstruktives Feedback der Mitschüler.

6.2.3 Reflexion des Projektprozesses

Ein Projekt ist durch Merkmale bestimmt, die ich im Folgenden darstelle und anhand derer ich das durchgeführte TOP SE in Steinheim überprüfe. Als zweiten Schritt analysiere ich dann den Verlauf mit der Fokussierung auf zwei Fragestellungen:

- Welche Erfahrungen machten die Schüler mit den Einrichtungen bzw. die Einrichtungen mit den Schülern?
- Inwieweit können die Schüler ihre Erfahrungen schriftlich und mündlich darstellen?

Als Letztes reflektiere ich den gesamten Ansatz und zeige Alternativen auf.

Die vier Projektschritte Vorbereitung - Durchführung - Präsentation - Reflexion sind durch folgende Merkmale gekennzeichnet:[313]

1. Situationsbezug

Für die Schülerinnen und Schüler der 8. Klasse sah das Sozialpraktikum teilweise unter einem berufsorientierenden Blick. Auf jeden Fall war für die Schülerinnen und Schüler das ‚Für-Andere-Gebrauchtwerden' eine wesentlich Erfahrung für ihre Identitätsbildung. In Steinheim und Umgebung gab es Altenheime, Kindergärten und ehrenamtliche Arbeit, die sich die Schülerinnen und Schüler der Lerngruppe im Praktikum erschlossen haben.

2. Orientierung an den Interessen der Beteiligten

Zunächst war es ein Erproben des sozialen Engagements. Gerade für die Realschülerinnen und Realschüler sind die gesellschaftlichen Realitäten wichtig. In diesem Projekt gab es eine

[313] Vgl. u.a. Bastian, J./Gudjons, H. (1991): Das Projektbuch II. Hamburg.

relativ große Auswahl an Praktikumsbereichen, so dass jeder und jede sich ihren Bedürfnissen und Voraussetzungen entsprechend einbringen konnte.

3. Gesellschaftliche Praxisrelevanz

Durch die Diskussion um den so genannten Sozialnotstand sowie die Abschaffung des Zivildienstes für Männer auf der einen Seite und die Förderung des bürgerlichen Engagements Erwachsener bzw. die finanzielle Beteiligung an den Sozialleistungen zeigt sich die sozialethische Relevanz. Durch eigene Praxiserfahrung sowie durch die Medien werden die Jugendlichen für diese Problematik sensibilisiert.

Zugleich ist es im gesellschaftliche Kontext hilfreich, wenn Jugendliche fremden Menschen, die Hilfe benötigen, begegnen. Hierdurch erwerben sie die nötige Empathie im Umgang miteinander. Zugleich findet eine generationsübergreifende Begegnung statt.

4. Zielgerichtete Projektplanung

Die zeitlichen Eckdaten waren von mir vorgegeben. Trotzdem mussten die Tandems die 20-stündige Praxiszeit selbstständig mit den Einrichtungen klären.

Ebenso lag die Planung der Präsentation in der Hand der Tandems. Es kann jetzt schon festgestellt werden, dass die qualitativen Unterschiede zwischen den Tandempräsentationen auf unterschiedliche Vorbereitungsdauer gründen.

5. Selbstorganisation und Selbstverantwortung

Hier gelten die Aspekte, die unter zielgerichteter Projektplanung erwähnt sind. Als Lehrender musste ich zur Selbstplanung Anregungen geben. Auffallend war auch, dass kurz vor der Präsentation manche Schüler noch eine Tageslichtprojektor-Folie benötigten.

6. Einbeziehen aller Sinne

Durch das Engagement in Kindergarten, Jungschar und Altenheim fand ein mehrkanaliges Lernen statt. Der Unterricht hatte die Aufgabe, dies bewusst zu machen und zu vertiefen.

7. Soziales Lernen

Aufgrund dessen, dass die Schülerinnen und Schüler in Tandems das Projekt durchführten, ist der Aspekt sozialen Lernens berücksichtigt. Nach jeder Präsentation findet eine Feedback-Phase statt, in der die Schülerinnen und Schüler die Sensibilität sozialen Miteinanders im Sinn einer Kultur der Akzeptanz einüben.

8. Produktorientierung

Sicher sind das individuelle Prozess-Portfolio und die Präsentation wichtige Produkte für die Schülerinnen und Schüler. Für die Einrichtungen sind die Stunden der Anwesenheit und vor allem des Beteiligtseins hilfreiche Produkte der Schülerinnen und Schüler. Die schriftliche Rückmeldung der Kontaktpersonen gibt den Lehrenden Rechenschaft über das Engagement der Jugendlichen.

9. Interdisziplinarität

Da das Leitfach Evangelische Religionslehre war und ich als Leitperson alleine das TOP SE als Pilotprojekt der Schule durchführte, handelte es sich nicht um ein fächerübergreifendes Projekt. Zwar wurden im Deutschunterricht parallel die Präsentationsmethoden geübt, Absprachen fanden jedoch nicht statt. Dies lag auch daran, dass ich nur 14-tägig an der Schule war.

Es wurde deutlich, dass mit Ausnahme des neunten Merkmals alle berücksichtigt werden konnten. So wie TOP SE im neuen Bildungsplan angelegt ist, wird die Indisziplinarität zukünftig eingelöst, da mehrere Fächer und Lehrkräfte beteiligt sein sollen.

Ich skizziere im Folgenden den Verlauf bezogen auf die Erfahrungen der Schüler und der Kontaktpersonen in den Einrichtungen sowie bezogen auf die Kompetenz der Schüler, diese Erfahrungen darzustellen.

Die Vorgabe war, Tandems zu bilden. Durch die ungerade Geschlechterverteilung gab es je eine Dreier-Gruppe bei den Mädchen und bei den Jungen. Insgesamt waren es 11 Teams. Im Kindergarten waren vier, in der Jungschar drei und in Altenheimen vier Gruppen.

Mit Ausnahme von vier Tandems kamen alle bei ihrem Erstwunsch unter. Diese vier Teams suchten eigeninitiativ andere Einrichtungen (z.B. Seniorenstift in Marbach, Kindergarten in Höpfigheim). Zum Teil haben die Eltern bei der Praktikumsfindung mitgeholfen.

Die Darstellung der Erfahrungen und Erlebnisse gruppiere ich im Folgenden nach den drei Handlungsfelder Kindergarten - Jugendarbeit - Altenheim:

Im *Kindergarten* fand die Betreuung intensiv statt, denn die zwei Schüler wurden in zwei Kindergartengruppen durch je eine Erzieherin begleitet. Dieses Handlungsfeld wählten sieben Jungen und zwei Mädchen. In einem Fall gab es Schwierigkeiten: Es handelte sich um einen Schüler, der unzuverlässig anwesend war. Der gleiche Schüler schwänzte schon mehrfach den Unterricht - nicht nur in Religionslehre. Die Betreuerin erzählte mir, dass, wenn der Schüler da war, die Kinder sich freuten und er sich adäquat einbrachte.

Die Erfahrung der Schülerinnen und Schüler war, dass sie im Bereich des Spielens, Bastelns und Erzählens Kompetenzen besitzen und die Kindergarten-Kinder ihr Engagement wertschätzten. Vor allem die Jungen berichteten fröhlich von raufenden Situationen mit einigen Kindern im Garten, die ihnen wohl gefallen haben.

Fünf Mädchen und zwei Jungen engagierten sich in der evangelischen *Jugendarbeit* aller drei Teilorte. Die fünf Mädchen nahmen am Grundkurs für neue Mitarbeiter an einem Wochenende teil, Die Kirchengemeinden übernahmen den Beitrag von 10 □. Die Jungen waren angemeldet, fehlten jedoch unentschuldigt. Diese geschlechtsspezifische Verbindlichkeit zeigte sich auch in der Durchführung des Praktikums sowie bei der Präsentation.

Ähnlich wie im Kindergarten freuten sich die Jungen an fröhlichen Ringkämpfen, die Mädchen hingegen hatten Freude an der Vorbereitung und Durchführung von besinnlichen, atmosphärischen und spielerischen Gestaltungsaufgaben.

Die Betreuung fand meistens durch eine ältere Leiterin bzw. Leiter statt. Die Schülerinnen und Schüler waren in eine Mitarbeitergruppe eingebunden.

Der Umgang mit den alten Menschen im *Altenheim* gestaltete sich anders für die sechs Jungen und zwei Mädchen als in dem Bereich, in dem Kinder die Zielgruppe waren: Zumeist waren es Einzelpersonen, mit denen sie Schach spielten, sich unterhielten oder spazieren gingen. Ein Junge war dabei unterfordert, da er nicht Schach spielen kann.

Die Kontaktperson im Steinheimer Kleeblatt arbeitet auf einer 50%-Stelle und war für drei Teams zuständig. Sie war somit kaum anwesend, wenn die Jugendlichen kamen, und begleitete nur am Rande die Schülerinnen und Schüler. Sie konnte die Langeweile des Schülers auch nicht mindern. Auf der anderen Seite entwickelte dieser kaum eine eigene Initiative, das Problem zu lösen.

Als Fazit auf der Seite der Einrichtung kann zusammengefasst werden, dass diese weiterhin Interesse an einer Kooperation haben und Praktikumsplätze anbieten. Eine Kontaktperson im Kindergarten wünscht sich das nächste Mal einen Zeitplan, bei dem die Einzelstunden ausgewiesen sind, damit genauer kontrolliert werden kann. Dies praktizieren benachbarte Regelschulen im Rahmen des Sozialpraktikums. Andere Personen, auf dieses Bestätigungsblatt befragt, bevorzugen die pauschale Bestätigung durch Unterschrift. Einige machten für sich ein eigenes individuelles Kontrollblatt. Es hat sich gezeigt, dass das Altenheim für ein Sozialpraktikum sich zwar anbietet, jedoch die Begleitung problematischer ist. Am geeignetesten erscheint der Kindergarten als Handlungsfeld.

Die Erfahrungen und Erlebnisse der Schülerinnen und Schüler zeigen, dass in allen drei Tätigkeitsfeldern Praktika möglich sind. Im TOP SE, bei der Ethikunterricht das Leitfach ist, kam die Förderschule als weiterer geeigneter Praktikumsort hinzu. Positiv für die Schülerinnen und Schüler war durchweg der Kontakt mit Menschen bzw. die Begegnungssituationen in den Einrichtungen: Sie erfuhren von den alten Menschen (Lebens-)Geschichten; die Kinder freuten sich auf die gemeinsame Zeit - alle besuchten Personen schätzten das (ehrenamtliche) Engagement der Jugendlichen.

Sicher ist ein langfristiges Ziel, welches vermutlich sich der Überprüfbarkeit entzieht, dass einzelne Jugendliche sich in den ‚geschnupperten' Bereichen weiterhin engagieren. Vier Jugendliche erzählten mir, dass sie sich zukünftig in der kirchlichen Jugendarbeit engagieren. Auf jeden Fall ist jeder in seiner Persönlichkeitsentwicklung gestärkt und die Lerngruppe als Gemeinschaft durch die Aufgabe sozialer Verantwortungsübernahme und den unterrichtlichen Gesprächen über diese Herausforderungen gefördert worden.

6.2.4 Darstellung der Schülererfahrungen und der Feedback-Kultur

Die Erfahrungen der Schülerinnen und Schüler während des Praktikums wurden durch Unterrichtsgespräche (z.B. Blitzlicht), durch das Prozess-Portfolio und durch die Präsentation vor der Lerngruppe erfasst.

Das *Portfolio* (lat. Mappe) ist als veränderbare, schriftliche Dokumentation (M 5) eingeführt worden. Hierin bildet sich die Beteiligung am Unterricht sowie die individuellen Erfahrungen im Praktikum ab. Zudem besteht die Möglichkeit, Zeitungsartikel oder andere Medien einzubauen. Wie stellen 14- bis 15-Jährige ihre Erlebnisse und Erfahrungen dar?

In der Regel beschrieben die Jugendlichen tagebuchartig ihr Praktikum. Eine Schülerin hat am Ende eines Tages im Praktikum ein ‚Tagesfazit' geschrieben. Zwei andere Schülerinnen formulierten am Schluss ihrer Praktikumszeit eine schriftliche Reflexion und ihre persönliche Zusammenfassung. Diese Metaebene übernahmen die meisten Schülerinnen und Schüler beid er zweiten Abgabe ihres überarbeiteten Portfolios. Etliche Jugendliche integrierten Fotos. Einige Portfolios enthielten auch Materialien des Altenheims. Zwei Mädchen interviewten die Mitarbeiterin und legten die Kassette bei.

Der unterrichtliche Teil war ähnlich wie in sonstigen Schülerheften individuell vollständig vorhanden. Da die Vorschrift galt, dass nur die Elemente hineinkommen, die auch vom Lehrer beurteilt werden sollen, war die Vollständigkeit nicht Grundlage der Bewertung. Einigen Schülerinnen und Schülern gelang eine systematische Darstellung (z.B. Unterricht - Praktikumsstelle - Persönliche Erfahrungen - Materialien). Die Mädchen aus den Jungschar-Teams hatten die Grundkursmaterialien und -mitschriebe integriert.

Obwohl die Kriterien durch das Portfolioblatt (M 5) bekannt waren, fehlten manchmal formale Dinge wie Deckblatt und Inhaltsübersicht. Generell beobachtete ich - wie bei Schülerheften meistens auch -, dass die Portfolios von Mädchen sorgfältiger waren.

Die *Präsentation* eines Teams umfasste folgende Aufgabe: In anschaulicher Weise teilen sie wesentliche Informationen und Aspekte ihres Praktikums mit und stellen die Einrichtung sowie aufgetretene Problembereiche dar. Hierzu können sie Tageslichtprojektor, Tafel oder Plakate an den Wänden bzw. an der Stellwand benutzen. Die Präsentation darf 15 Minuten nicht überschreiten. Im doppelstündigen Unterrichts konnten drei bis vier Präsentationen dargeboten und vertieft werden.

Zur Präsentation erhielten die Jugendlichen eine Checkliste. Sie enthielt folgende Impulse:

- Einblicke in die Institution
- Überblick über das Praktikum
- Erfahrungen während der Durchführung des Praktikums
- Was habe ich gelernt? Was war weniger gut?
- Gesellschaftlicher Zusammenhang und Perspektiven für soziales Engagement

Bevor die jeweilige Präsentation begann, stellte die Lerngruppe fünf Fragen zu dem Praktikum. Hierdurch wurde die Aufmerksamkeit der Zuhörerschaft verstärkt.

Die Präsentationen hatten unterschiedliches Niveau. Vor allem den Mädchen gelangen spannende Darbietungen. Eine Mädchengruppe, die während eines Jungscharabends einen Cocktail mixte, teilte für alle überraschend diesen Drink während ihrer Präsentation aus. Ein anderes Team entwickelte ein abschließendes und zusammenfassendes Quiz zu ihrer Präsentation.

Bei jeder Vorstellung waren entweder Folien oder Fotos bzw. Materialien zur Ansicht dabei. Somit berücksichtigte jede Gruppe das didaktische Prinzip der Anschaulichkeit. Bei allen Darbietungen erzählten die Jugendlichen auch persönliche Erlebnisse. Die Schülerinnen und Schüler, die ihr Praktikum im Altenheim durchführten, berichteten von Einzelpersonen und ihren Erzählungen. Sie stellten meistens einen Lageplan sowie die Kosten der Unterbringung vor. Vor allem über den zweiten Aspekte wurde anschließend diskutiert. Der so genannte Generationenvertrag ist den Schülerinnen und Schülern bewusst geworden. Die Jugendlichen, die sich im Kindergarten oder in der Jungschar engagierten, erzählten von einzelnen Kindern, die eher problematisch waren, sowie von ihren Tätigkeiten in der Kindergruppe. Bei allen Darstellungen beobachtete ich, dass die Jugendlichen zufrieden mit ihrem Engagement waren. Ob es ältere Menschen oder Kinder waren, machte in der positiven Wirkung keinen Unterschied.

Die *Vertiefung* fand nach der Präsentation auf zweifache Weise statt:

Zum einen stellten die Zuhörerinnen und Zuhörer *Rückfragen* bzw. verlangen ergänzende Erläuterungen. Dadurch wurde auch der Prozess der Teamarbeit beleuchtet. Zum anderen fand eine Feedback-Phase statt. Ein grünes Feedback-Blatt markierte diese Phase. In ihr konnten die Mitschülerinnen und Mitschüler die Darstellung des Teams würdigen sowie kritische Anmerkungen machen. Das Ziel war die Verbesserung der Präsentationstechniken und -möglichkeiten.

Da die Schülerinnen und Schüler im Deutschunterricht die Präsentation übten, konnte ich auf diese Vorbereitung bauen und vor allem die Reflexion des Praktikums und der Teamarbeit sowie die Einübung im Gespräch auf Metaebene fördern. Entwicklungspsychologisch besitzen die meisten Schülerinnen und Schüler der 8. Klassenstufe das formal-logische Denken (Jean Piaget). Jedoch bedeutet dies zugleich nicht, dass sie über ihre Reflexionen auch sprechen können. Dadurch, dass ich mir Zeit nahm, um mit der Lerngruppe über die gesehene Präsentation zu reflektieren, übte ich die Metakommunikation ein.

Ein sensibler Bereich war sicher die zweite Form: das *Feedback*. Dies erforderte von den Beteiligten genügend Rücksicht und Akzeptanz - sowohl der Feedback-Gebenden als auch der Feedback-Entgegennehmenden. Die ersteren sollten wohlwollend freundlich, aber direkt und begründet ihre Rückmeldung, insbesondere wenn es ein negativer Aspekt war, nennen. Die Empfangenden mussten gerade die negative Kritik aushalten können. Dem Lehrenden kam somit auch die Aufgabe zu, die Art und Weise des Feedbacks zu beachten und gegebenenfalls zu intervenieren, auf jeden Fall am Ende die positiven Elemente der Präsentation nochmals herauszuheben. Das Schlusswort hatten immer die Feedback-Entgegennehmenden.[314]

Die *Zeugnisnote* ergab sich als Mittelwert aus acht Einzelbausteine (M 4), die den vier Kompetenzen des neuen Bildungsplanes entsprechen (Fach-, Personal-, Sozial- und Methodenkompetenz). Das Portfolio und die Präsentation wurden doppelt gewichtet. Die Schülerinnen und Schüler schätzten die Möglichkeit, dass sie das Portfolio - und damit auch die Note - verbessern konnten. In diesem dynamischen Ansatz liegt ein Vorteil der neuen Leistungsbeurteilung im Gegensatz zu den klassischen Instrumenten wie Klassenarbeit und Test.[315]

---

[314] Vgl. Miller, R. (2004): Schüler präsentieren. ... und geben sich darüber gegenseitig Feedback; in: Pädagogik H.3, 24-28.

[315] Vgl. hierzu Grunder, H.-U./Bohl, Th. (2001): Neue Formen der Leistungsbeurteilung in den Sekundarstufen I und II. Baltmannsweiler: Schneider; Winter, F. (2004): Leistungsbewertung. Eine neue Lernkultur brauchte einen anderen Umgang mit den Schülerleistungen. Baltmannsweiler: Schneider.

6.3 Problembereiche und Weiterarbeit

Die Einrichtungen, die Eltern sowie die Schülerschaft gaben positive Rückmeldung. Trotzdem sollen die Probleme auch genannt werden:

- Ein Schüler war unzuverlässig bei abgemachten Terminen im Kindergarten. Er schwänzte auch schon mehrfach verschiedene Fächer, die in der 5. und 6. Stunde lagen. Mit der Mutter wurden meinerseits telefonisch und durch den Klassenlehrer mehrfach Gespräche geführt.
- Eine Mutter beklagte sich telefonisch bei mir, dass sie ihren Sohn nur wegen 1 Stunde ins Seniorenheim fahren müsse. Dieser Praktikumsplatz wurde von dem Team eigenverantwortlich gesucht und gefunden. Der Erstkontakt lief somit direkt über die Schüler. Ich konnte bis dahin der Kontaktperson nicht die Rahmenbedingungen erläutern. Ein Gespräch mit der Betreuerin löste dieses Problem. Ebenso merkte der Schüler, dass er für sein Portfolio noch Materialien und Fotos benötigte, die er sich auch ohne Begleitung der Kontaktperson im Altenheim beschaffen kann.
- Da ein Schüler nicht Schach spielen konnte und somit sein Teampartner mit dem älteren Mann spielte, war es diesem langweilig. Die Betreuerin war zeitlich überfordert, da sie ein 50%-Stelle inne hat und für drei Teams zuständig war. Der Schüler unternahm selbst nichts, um die Situation zu ändern.

Wurden die gesetzten Ziele erreicht? Aus meiner Sicht sind Einrichtungen für Praktikanten gewonnen wurden. Alle waren bereit, im nächsten Schuljahr Schülerinnen und Schüler aufzunehmen. Durch das TOP SE lernten die Schülerinnen und Schüler, mit fremden Menschen in Kontakt zu treten und sinnvolle Zeit mit ihnen zu verbringen.

Im Religionsunterricht wurde diakonisches Handeln begründet und die Entstehung der Diakonie/Inneren Mission thematisiert. Einige Schülerinnen und Schüler nahmen gesellschaftliche Probleme im Kontext diakonischen Handelns wahr (z.B. Altenheimkosten, Arbeitszeiten).

Die Jugendlichen lösten im Team ihre Aufgaben, sie nahmen Rücksicht auf einander, akzeptieren und tolerierten andere Auffassungen. Ihre Erfahrungen konnten sie in unterschiedlicher Qualität mitteilen. Auffallend war jedoch, dass nicht alle ihre individuellen und persönlichen Erfahrungen darstellen konnten. Die Tagebücher waren ursprünglich eher deskriptiv als reflexiv. Dies änderte sich jedoch bei der zweiten Durchsicht der Portfolios nach den Pfingstferien.

Im Blick auf die offizielle Einführung des TOP SE im Sinn des neuen Bildungsplans mit Note und verbaler Beurteilung sowie als zweistündiges Projekt müssen mehr Lehrpersonen beteiligt sein. Ich denke an die Lehrkraft im Fach Deutsch. In diesem Fach kann die Präsentationsphase stattfinden. Die Klassenlehrerin bzw. der Klassenlehrer korrigiert die Prozess-Portfolios. Die Lehrkräfte von evangelischer und katholischer Religionslehre sowie von Ethik informieren über Diakonie, soziale Einrichtungen und ehrenamtliches Engagement in der Gesellschaft bzw. in Steinheim und Umgebung.

Es wird noch ein weiterer Schritt sein, genügend alternative Praktikumsplätze für alle Jugendlichen der Klassenstufe zu erhalten. Das Altenheim bot sich - wider aller Erwartung - nicht als günstiger Ort an. Zur katholischen Jugendarbeit besteht bisher kaum ein Kontakt. Dies muss über die katholischen Lehrpersonen bzw. den katholischen Schuldekan vermittelt werden.

Beim ‚Tag der offenen Tür' der Erich-Kästner-Realschule wurde auf das TOP SE durch Plakate und Portfolios hingewiesen. In einer Vitrine können Medien und Materialien für alle Schülerinnen und Schüler sichtbar gemacht werden. Ein abschließender Zeitungsartikel in der Zeitung honoriert das Engagement dieser Lerngruppe.

Das Schlussfazit aller Beteiligten lautete: Das TOP SE ist geglückt.

6.4 Materialien

M 1: Elternbrief
M 2: Brief an Einrichtungen und Bestätigungsblatt
M 3: Kompetenzliste
M 4: Bewertungskriterien
M 5: Schülerblatt zum Prozess-Portfolio
M 6: Eltern-Fragebogen

M 1

Praktikum im Rahmen des Themenorientierten Projekts „Soziales Engagement“

Liebe Eltern,

an der Erich-Kästner-Realschule Steinheim wird aufgrund des neuen Bildungsplanes erstmalig das Themenorientierte Projekt „Soziales Engagement“ (TOP SE) durch das Fach Ev. Religionslehre in der 8. Klasse durchgeführt. Dabei ist es uns ein Anliegen, Ihrem Kind die Nächstenliebe sowie die Wertschätzung des Mitmenschen in der Gesellschaft nicht nur auf dem Papier zu vermitteln. Unsere Schule möchte sich in diesem Zusammenhang „zur Gesellschaft hin öffnen“. Der Schwerpunkt liegt auf kirchlichen und diakonischen Feldern.
Die Schülerinnen und Schüler wählen aus einer größeren Praktikumpalette ein Engagementfeld aus. Zu zweit absolvieren sie dann mindestens 20 Stunden in dieser Praktikumsstelle (z.B. Kleeblatt, Jungschar, Nachbarschaftshilfe, Kinderkirche, Adventsbesuchsdienst, Kindergarten).
Das Praktikum ist eine schulische Veranstaltung. Dies stellt den Versicherungsschutz für alle teilnehmenden Schülerinnen und Schüler sicher. Das Praktikum gehört zum Unterricht und wird von einer Fachkraft der Praktikumsstelle begleitet. Der Religionsunterricht dient zur Vorbereitung des Praktikums sowie der Präsentation und der Reflexion am Ende des Praktikumzeitraums (Herbstferien bis Faschingsferien). Die Note setzt sich aus der mündlichen Präsentation und schriftlichen Dokumentation zusammen.
Wir als Lehrer wünschen uns, junge Menschen gesellschaftsfähig machen zu können. Das Praktikum dient dazu, zunehmend Verantwortung in der Gesellschaft zu übernehmen. Ich würde mich sehr freuen, wenn sie uns bei diesem Ziel unterstützen könnten.
Für Rückfragen stehe ich gerne zur Verfügung (07195/66340 - Anrufbeantworter ist angeschaltet!).

Mit herzlichem Dank für die Mithilfe grüße ich Sie freundlich,

Ihr Uwe Böhm

(Bitte bis zum nächsten Religionsunterricht mitbringen!)

Einverständniserklärung der Erziehungsberechtigten

Name des Kindes:

Gewünschte Praktikumsstelle:

Alternative Praktikumsstelle:

Hiermit erlaube ich meinem Kind das Praktikum als Teil des Religionsunterrichts der 8. Klasse durchzuführen.

Datum: Unterschrift der Erziehungsberechtigten:

M 2

Briefkopf der Erich-Kästner-Realschule in Steinheim

An die Praktikumsstellen

Praktikum im Rahmen des Themenorientierten Projekts „Soziales Engagement"

Sehr geehrte Leitung der Praktikumsstelle,

an der Erich-Kästner-Realschule Steinheim wird aufgrund des neuen Bildungsplanes erstmalig das Themenorientierte Projekt „Soziales Engagement" (TOP SE) durch das Fach Ev. Religionslehre in der 8. Klasse durchgeführt. Dabei ist es mir ein Anliegen, den Schülerinnen und Schülern die Nächstenliebe sowie die Wertschätzung des Mitmenschen in der Gesellschaft nicht nur auf dem Papier zu vermitteln.

Das bei Ihnen nun vorstellig gewordene Praktikantenteam wählte aus einer größeren Praktikumpalette Ihre Einrichtung aus. Damit die Jugendlichen die Möglichkeit erhalten, eigene Erfahrungen in lokalen Engagementbereichen zu machen, sind wir auf Ihre Mithilfe und Ihre Bereitschaft, Praktikumplätze zur Verfügung zu stellen, angewiesen. Wir als Lehrer wünschen uns, junge Menschen nicht nur bilden zu dürfen, sondern auch gesellschaftsfähig machen zu können. Das Praktikum dient dazu, Verantwortung mit Ihrer Begleitung zu übernehmen.

Ich würde mich sehr freuen, wenn sie uns bei diesem Ziel unterstützen könnten. Bitte beachten Sie die abgedruckten Zusatzinformationen.

Für Rückfragen stehe ich gerne zur Verfügung (07195/66340 - Anrufbeantworter ist angeschaltet!).

Mit herzlichem Dank für die Mithilfe grüße ich Sie freundlich,

Ihr Uwe Böhm

Zusatzinformationen für die Einrichtung

- Das Praktikum ist eine **schulische Veranstaltung**. Dies stellt den Versicherungsschutz für alle teilnehmenden Schülerinnen und Schüler sicher.
- Die ehrenamtliche Tätigkeit der Schülerinnen und Schüler soll mindestens **20 Stunden im Zeitraum von den Herbstferien bis zu den Faschingsferien** betragen. Der Turnus wird in Absprache zwischen Praktikumsstelle und Schülerin bzw. Schüler festgelegt.
- **Die Begleitperson der Praktikumsstelle füllt diese Seite verantwortlich aus**. Dieses Nachweisblatt verbleibt deshalb bis zum Ende des Praktikums an der Praktikumsstelle und wird dann über die Schülerin bzw. den Schüler an mich weitergeleitet.

Nachweis des Praktikums von ______________________________

Die Praktikantin bzw. der Praktikant hat sich **mind. 20 Stunden** in unserer Einrichtung

____

(Name der Einrichtung)

eingebracht.

Folgende Aufgaben hat sie bzw. er unter anderem bewältigt:

-

-

-

Kurze Stellungnahme zur Qualität des Engagements der Schülerin bzw. des Schülers::
(z.B. äußerst engagiert - zufrieden stellend - interessiert - unzuverlässig)

Für den Nachweis der Anwesenheit und der Stellungnahme zur Qualität:

Datum:

Unterschrift:

❍ *Gerne nehmen wir bei Bedarf im nächsten Schuljahr wieder ein Praktikantenteam auf.*

❍ *Die Praktikumsstelle ist für Schülerinnen und Schüler der 8. Klasse nicht geeignet, deshalb möchten wir kein Praktikantenteam mehr aufnehmen.*

M 3

Kompetenzerwerb beim
Themenorientiertes Projekt „Soziales Engagement“

Klasse 8 Schuljahr: 2003/2004

Folgende Kompetenzen erwerbe ich in der 8. Klasse durch das Projekt:

Kompetenzen	**trifft schon voll zu**	**teils / teils**	**trifft noch nicht zu**
Ich kann eigene Fähigkeiten erkennen und für andere einsetzen.			
Ich kann durch mein Verhalten gemeinschaftliches Leben in meinem Umfeld fördern.			
Ich bin in der Lage, Konflikte partnerschaftlich zu lösen.			
Ich kann meine Klassen- und Schulgemeinschaft als soziales Gefüge begreifen und lerne förderliche Einwirkungs- und Gestaltungsmöglichkeiten für die Gemeinschaft kennen und einzusetzen.			
Ich kann soziale Einrichtungen erkunden und darstellen.			
Ich bin in der Lage, für andere verlässlich Verantwortung im ehrenamtlichen Bereich z.B. in der Schule, in Vereinen, in Kirchen und als (Junior-)Mentorinnen und -mentoren zu übernehmen.			
Ich kann über mein soziales Engagement nachdenken und es dokumentieren.			
Ich kann zu sozialem Engagement einen eigenen Standpunkt einnehmen und darüber nachdenken.			

Am Ende der Klasse 8 soll jeder und jede diese Kompetenzen besitzen. Kreuze dein Einschätzung am Anfang und am Ende des TOP SE an. (mit grüner Farbe am Anfang des Projekts - mit blauer Farbe am Ende des Projekts). Bitte prüfe auch während des Schuljahres, inwiefern du diese Kompetenzen schon erwerben hast.

Dadurch erhältst du einen individuellen *Lernbegleiter* für das TOP SE. Deshalb nimm während des Projekts öfters einmal diesen Bogen zur Hand, um für dich die Veränderungen und den Lerngewinn wahrzunehmen.

Ich wünsche dir viele Freude und gute Erfahrungen im 8. Schuljahr,

dein Uwe Böhm.

Dieser Bogen ist für die Schülerinnen und Schüler geeignet, um am Anfang und am Ende des Themenorientierten Projekts „Soziales Engagement“ (TOP SE) ihre Fähigkeiten festzustellen. Es handelt sich dabei um die zu erwerbenden Kompetenzen aus dem Bildungsplan 2004.

M 4

Beurteilungskriterien für TOP SE

Name:

Klasse:

Schuljahr:

Kompetenzen	**1**	**2**	**3**	**4**	**5**	**6**
Fachkompetenz						
- Diakonie						
- gesellschaftlicher Zusammenhang						
Personalkompetenz						
- Zuverlässigkeit						
- Problembewusstsein						
Sozialkompetenz						
- zuhören und ausreden lassen						
- Meinungen anderer aufnehmen						
Methodenkompetenz						
- Portfolio (2x)						
- Präsentation (2x)						

Bemerkungen:

Endnote:

Bewertungskriterien im Rahmen von TOP SE

Name: Klasse: Schuljahr:	Projektbereich: Team-Beteiligte:

Fachkompetenz

Punkte	Gesellschaftlicher Zusammenhang Der Schüler/die Schülerin ...
5	... bringt reflektiert gesell. Zusammenhänge ein.
4	... bringt selbstständig gesell. Zusammenhänge ein.
3	... kann auf gesell. Zusammenhänge hinweisen.
2	... kann auf Nachfrage gesell. Zusammenhänge herstellen.
1	... kann auf Nachfrage keine gesell. Zusammenhänge herstellen.
0	... ist uninteressiert an gesell. Zusammenhängen.

Personalkompetenz

Punkte	Zuverlässigkeit Der Schüler/die Schülerin ...
5	... hält alle Termine ein und man kann sich auf ihn/sie verlassen.
4	... hält Termine ein und ist zuverlässig.
3	... hält meistens Termine ein.
2	... hält Termine ein, wenn man ihn/sie daran erinnert.
1	... benötigt oft Erinnerung an Termine und Aufgaben.
0	... ist unzuverlässig.

Sozialkompetenz

Punkte	zuhören und ausreden lassen Der Schüler/die Schülerin ...
5	... hört äußerst aufmerksam zu.
4	... hört zu.
3	... hört zu und lässt ausreden.
2	... lässt ausreden und hört manchmal zu.
1	... unterbricht ständig.
0	... unterbricht ständig und hört selten zu.

Dieses Blatt stellt exemplarisch die Differenzierung dreier Kriterien dar. Es ist empfehlenswert, wenn die beteiligten Lehrkräfte diese Differenzierungen gemeinsam erstellen. Zugleich entstehen Formulierungen für die verbale Beurteilung.

M 5

Das Portfolio

Ein Portfolio („Mappe“) besteht aus verschiedenen Bausteine, wie z.B. einzelne beschriebene Blätter, Unterrichtssequenzen, Tagebuchseiten, Interviews, Fotos, Zeitungsartikel usw. zu unserem Thema.

Ein Portfolio gibt den individuellen Lernprozess wieder: Was hat mich beschäftigt? Wo gab es Probleme? Was hat mich gefreut? Was war mir wichtig? Woran möchte ich weiterarbeiten? Welche Fähigkeiten und Kenntnisse habe ich erworben?

Qualitätsmerkmale eines Portfolios

- *Deckblatt* und *Übersicht* sind vorhanden und korrekt beschriftet.
- *Bausteine* sind sorgfältig gestaltet und übersichtlich strukturiert.
- Portfolio entspricht einer sinnvollen *inneren Ordnung*.
- *Ablauf* und *Phasen* sind ordentlich dokumentiert.
- *Persönlicher Lernzuwachs* ist klar und differenziert dargestellt.
- Eigene *Stärken* und *Schwächen* sind genannt und reflektiert.
- Unterrichtssequenzen sind übersichtlich *dokumentiert* und *reflektiert*
- *Wichtige Fragen* sind vorhanden und bearbeitet.
- Die *einzelnen Unterrichtssequenzen* sind sorgfältig beschrieben.
- *Verschiedene Medien* präsentieren die Erfahrungen während des Lern-Prozesses.
- Das Portfolio spiegelt die *eigenverantwortliche Arbeit* des Schülers wider.

Jeder Schüler und jede Schülerin entscheidet selbst, was in das Portfolio hineinkommt. Es wird nur das bewertet, was im Portfolio enthalten ist.

Das Portfolio kann sich im Lauf des Schuljahres verändern, d.h. in der Qualität und Sauberkeit verbessert werden.

Jeder Schüler und jede Schülerin hat die Möglichkeit während des Schuljahres mir sein Portfolio zu zeigen, um dadurch konstruktive Verbesserungen zu erhalten.

M 6

Elternfragebogen zum Themenorientierten Projekt „Soziales Engagement“

❖ Hatten Sie Anteil an den Aktivitäten Ihres Kindes an dem Sozialprojekt?
➢ Durch aktive Unterstützung bei ....

....

➢ Durch Beratung bei ....
➢ Durch ....

....

❖ Glauben Sie, dass Ihr Kind von der Projektarbeit profitiert hat?
➢ Wenn ja, beschreiben Sie das oder geben Sie ein Beispiel.

....

....

➢ Wenn nein, warum nicht? ....

....

❖ Wie haben Sie den Zeitaufwand Ihres Kindes für das Projekt empfunden?

Angemessen: O Zu aufwendig: O Hätte größer sein dürfen: O

❖ Hat Ihnen an dem Projekt etwas besonders gut gefallen?
➢ Wenn ja, was? ....

....

❖ Gab es bei dem Projektverlauf etwas, was Ihnen gar nicht gefallen hat?
➢ Wenn ja, was? ....

....

❖ Haben Sie einen Verbesserungsvorschlag für die Zukunft?

Wenn ja, welchen? ....

....

❖ Vielleicht möchten Sie noch etwas ergänzen ...

Wenn Sie möchten, können Sie für Rückfragen hier
Ihren Namen angeben:

Herzlichen Dank für Ihre Unterstützung! Ihr Uwe Böhm

Literatur

Adam, G./Schweitzer, F. (1996) (Hg.): Ethisch erziehen in der Schule. Göttingen: Vandenhoeck & Ruprecht

Akin, T. u.a. (2000): Selbstvertrauen und soziale Kompetenz. Übungen, Aktivitäten und Spiele für Kids ab 10. Mülheim: Verlag an der Ruhr

Anger, H. (1969): Hauptformen des sozialen Lernens. In: Haseloff, O. W. (Hg.): Lernen und Erziehung. Berlin: Colloquium Verlag, 84-92

Apel, H. J. (1995): Theorie der Schule. Historische und systematische Grundlinien, Donauwörth: Auer

Apel, H. J. (1995): Theorie der Schule. Historische und systematische Grundlinien, Donauwörth: Auer

Bastel, H. (1998): Soziales Lernen. In: Christlich-pädagogische Blätter, 111. Jg., H. 2, 120-121

Becker, U./Scheilke, Chr. Th. (1995) (Hg.): Aneignung und Vermittlung. Beiträge zu Theorie und Praxis einer religionspädagogischen Hermeneutik. FS K. Goßmann. Gütersloh: Gütersloher Verlagshaus

Biermann, R./Wittenbruch, W. (Hg.) (1986): Soziale Erziehung. Orientierung für pädagogische Handlungsfelder. Heinsberg: Agentur Dieck

Biesinger, A. (2000): Kinder nicht um Gott betrügen. Anstiftungen für Mütter und Väter. Freiburg: Herder, 10., überarb. u. erw. Aufl.

Böhm, U. (1996) Jugendarbeit und Schule. Essen: Die blaue Eule

Böhm, U./Hafner, K./Krauss, E. (2002): Soziales Lernen in der Realschule. In: Ministerium für Kultus, Jugend und Sport (Hg.): Schulentwicklung Real. Neue Herausforderungen für die Lehrerbildung. Donauwörth: Auer, 131-151

Böhm, U. (2003): Kooperation als pädagogischer Leitbegriff der Schule. Beiträge zur partnerschaftlichen Zusammenarbeit in und mit der Schule. Münster: Lit-Verlag

Bredenkamp, K./Weinert, F. E. (1976): Soziales Lernen. Studienbrief 1. Montageteil III: Lernprozesse. Allgemeine Einführung in die Psychologie des menschlichen Lernens. Fernstudiengang Erziehungswissenschaft. Tübingen: Deutsches Institut für Fernstudien

Brunner, I./Schmidinger, E. (2000): Gerecht beurteilen. Portfolio: die Alternative für die Grundschulpraxis. Linz: Veritas

Buber, M. (1969): Reden über Erziehung. Heidelberg: Lambert Schneider

Bucher, A. (2000): Religionsunterricht zwischen Lernfach und Lebenshilfe. Eine empirische Untersuchung zum katholischen Religionsunterricht in der Bundesrepublik Deutschland. Stuttgart: Kohlhammer, 2. Aufl.

Bucher, A. A. (2000): Was wissen wir wirklich über den Religionsunterricht?. Forschungsüberblick über die Empirie eines umstrittenen Faches. In: Angel, H. F. (Hg.): Tragfähigkeit der Religionspädagogik. Graz : Styria, 77-96

Buhren, C.G. (1994): Community Education als innere Schulreform. eine Fallstudie zur Öffnung von Schule. Dortmund: COMED

Claußen, B. (1978): Didaktische Konzeptionen zum sozialen Lernen. Übersicht und Vorüberlegungen zur Integration. Ravensburg: Otto Maier

Cleiß, P./Schwendemann, W./Walter, J. (2000) (Hg.): Familie im Wandel - Schule in Entwicklung. Überlegungen zu Schulentwicklung und Religionsunterricht. Münster: Lit

Compassion (2000). In: engagement, H. 2 (Themenheft)

Dietenberger, M. (2002): Moral, Bildung, Motivation. Eine Theorie moralischer Handlungskompetenz und ihre schulpädagogischen Bezüge. Weinheim: Beltz

Diederich, J./Tenorth, H.-E. (1997): Theorie der Schule. Ein Studienbuch zu Geschichte, Funktionen und Gestaltung. Berlin: Cornelsen

Dietrich, Th. (1980): Schulleben oder Unterricht?. Eine 150 Jahre alte Auseinandersetzung; in: Gudjons, H./Reinert, G.-B.: Schulleben. Königstein: Scriptor, 1-9

Driesch, J.v.d./Esterhues, J. (1960): Geschichte der Erziehung und Bildung. Band I: Von den Griechen bis zum Ausgang des Zeitalters der Aufklärung. Paderborn: Schöningh, 5. Aufl.

Edelstein, W./Oser, F./Schuster, P. (Hg.) (2001): Moralische Erziehung in der Schule. Entwicklungspsychologie und pädagogische Praxis. Weinheim: Beltz

Faulstich-Wieland, H. (2002):Sozialisation in Schule und Unterricht. Neuwied: Luchterhand

Fauser, P./Schweitzer, F. (1985): Schule, gesellschaftliche Modernisierung und soziales Lernen - Schultheoretische Überlegungen. In: Zeitschrift für Pädagogik, 31. Jg., H. 3, 339-363

Fatke, R. u.a. (Hg.) (1999): Erziehung und sozialer Wandel. Brennpunkte sozialpädagogischer Forschung, Theoriebildung und Praxis. Zeitschrift für Pädagogik. 39. Beiheft. Weinheim: Beltz

Fees K. (2000a) (Hg.): Realschule und Schulentwicklung. Perspektiven des Mittleren Bildungsweges. Herbolzheim: Centaurus

Fees, K. (2000b): Werte und Bildung. Wertorientierung im Pluralismus als Problem für Erziehung und Unterricht. Opladen : Leske + Budrich

Feige, A. u.a. (2000): ‚Religion' bei ReligionslehrerInnen. Religionspädagogische Zielvorstellungen und religiöses Selbstverständnis in empirisch-soziologischen Zugängen. Berufsbiographische Fallanalysen und eine repräsentative Meinungserhebung unter evangelischen ReligionslehrerInnen in Niedersachsen. Münster: Lit

Feigenwinter, M. (1990): Soziales Lernen im Unterricht. Einführung und Beispiele. Arbeitsmaterialien. Zug: Klett und Balmer, 3. Aufl. (1. Aufl. 1978)

Feiks, Dietger/Krauß, Ella (2001): Professionell handeln, erziehen, unterrichten. Konzepte und Beispiele. Stuttgart: Klett

Finkbeiner, C./Schnaitmann, G.W. (Hg.) (2001): Lehren und Lernen im Kontext empirischer Forschung und Fachdidaktik. Donauwörth: Auer

Fromm, M. (1980): Soziales Lernen in der Gesamtschule. Aspekte einer handlungsorientierten Konzeption. Frankfurt: Peter Lang

Gaudig, H. (1923): Schule und Schulleben, Leipzig

Giesecke, H. (2001): Was Lehrer leisten. Porträt eines schwierigen Berufs. Weinheim: Juventa

Gottwald, E. (2000): Didaktik der religiösen Kommunikation. Die Vermittlung von Religion in Lebenswelt und Unterricht. Neukirchen-Vluyn: Neukirchener

Grillenberger, A. (1980): Soziales Lernen (k)ein neues Schulfach. Frankfurt: Diesterweg

Großmann, Ch. (1996): Projekt: Soziales Lernen. ein Praxisbuch für den Schulalltag. Mühlheim: Verlag an der Ruhr

Gruehn, S. (2000): Unterricht und schulisches Lernen. Schüler als Quellen der Unterrichtsbeschreibung. Münster: Waxmann

Grunder, H.-U. (2001): Schule und Lebenswelt. Ein Studienbuch. Münster: Waxmann

Grunder, H.U. (2002): Schulentwicklung durch Kooperation und Vernetzung. Bad Heilbrunn: Klinkhardt

Grunder, H.U./Schweitzer, F. (1999) (Hg.): Texte zur Theorie der Schule. Historische und aktuelle Ansätze zur Planung und Gestaltung von Schule. Weinheim: Juventa

Gudjons, H./Reinert, G.-B. (1980): Schulleben. Königstein: Scriptor

Gugel, G./Jäger, U. (1994): Gewalt muss nicht sein. Eine Einführung in friedenspädagogisches Denken und Handeln. Tübingen: Verein für Friedenspädagogik

Haenisch, H. 2001): Nachhaltiger lernen - aber wie?. Lernerfahrungen von Schülerinnen und Schüler. In: Die Deutsche Schule, 93. Jg., H. 1, 58-69

Hahn, Kurt (1958): Erziehung zur Verantwortung. Stuttgart: Klett

Hanig, H./Schofnegger, J. (1979): Soziales Lernen im Erziehungprozess. München: Ehrenwirth

Harecker, G. (2000): Werterziehung in der Schule. Wege zur Sinnfindung im Unterricht. Wien: WUV/Universitätsverlag

Hentig, H. v. (1999): Ach, die Werte!. Ein öffentliches Bewusstsein von zwiespältigen Aufgaben. Über eine Erziehung für das 21. Jahrhundert. München: Carl Hanser

Herbart, J.F. (1806): Allgemeine Pädagogik aus dem Zwecke der Erziehung abgeleitet; in: ders. (1965): Pädagogische Schriften, hg. v. W. Asmus. Band 2. Düsseldorf: Helmut Küpper

Herbart, J.F. (1841): Umriß pädagogischer Vorlesungen. Zweite Ausgabe; in: ders. (1965): Pädagogische Schriften, hg. v. W. Asmus. Band 3. Düsseldorf: Helmut Küpper

Herdegen, P. (1999): Soziales und politisches Lernen in der Grundschule. Grundlagen, Ziele, Handlungsfelder. Ein Lern- und Arbeitsbuch. Donauwörth: Auer

Herrlitz, H.-G./Hopf, W./Titze, H. (1986): Deutsche Schulgeschichte von 1800 bis zur Gegenwart. Eine Einführung. Königsstein: Athenäum Verlag, 2. durchgesehene Aufl.

Hielscher, H. (1975): Zum Begriff des ‚sozialen Lernens'. In: Westermann Pädagogische Beiträge, 27. Jg.; 239-243

Hielscher, H. (Hg.) (1977): Sozialerziehung konkret. Spiele, Texte und Praxishilfen für eine systematische soziale und emotionale Erziehung im Kindergarten, in der Schuleingangsstufe, im Elternhaus sowie in Beratung und Therapie. Bd. 1. Hannover: Hermann Schroedel

Huber, G.L. (Hg.): Neue Perspektiven der Kooperation. Hohengehren: Schneider, 1993

Jefferys-Duden, K. (2000): Konfliktlösung und Streitschlichtung. Das Sekundarstufen-Programm. Weinheim: Beltz

Jugert, G. u.a. (2001): Soziale Kompetenz für Jugendliche. Grundlagen, Training und Fortbildung. Weinheim: Juventa

Kastenholz, H.G./Erdmann, K.-H./Wolff, M. (1996) (Hg.): Nachhaltige Entwicklung. Zukunftschancen für Mensch und Umwelt. Berlin: Springer

Keck, R.W. /Sandfuchs, U. (Hg.) (1979): Schulleben konkret. Zur Praxis einer Erziehung durch Erfahrung. Bad Heilbrunn: Klinkhardt

Keller, G. (2000): Sozialerziehung in der Schule. ein Beitrag der Schulentwicklung zur Gewaltprävention. In: Lehren und lernen, 26. Jg., H. 6, 14-20

Keller, G./Hafner, K. (1999): Soziales Lernen will gelernt sein. Lehrer fördern Sozialverhalten. Donauwörth: Auer

Keppler, W./Leitmann, G./Ripplinger, J. (1999) (Hg.): Das Soziale Lernen. Ergebnisse eines landesweiten Modellprojekts. Stuttgart: Diakonisches Werk

Klafki, W. (1962): Engagement und Reflexion im Bildungsprozeß; in: Zeitschrift der Pädagogik, 8. Jg, 345-374

Kliemann, P./Rupp, H. (2000) (Hg.): 1000 Stunden Religion. Wie junge Erwachsene den Religionsunterricht erleben. Stuttgart: Calwer

Klippert, H. (1998): Kommunikations-Training. Übungsbausteine für den Unterricht. Weinheim: Beltz, 4., neu ausgestattete Aufl.

Klippert, H. (1998): Methoden-Training, Übungsbausteine für den Unterricht. Weinheim: Beltz, 7. Aufl.

Knauth, Th./Leutner-Ramme, S./Weiße, W. (2000): Religionsunterricht aus Schülerperspektive. Münster: Waxmann

Knoll-Jokisch (1981): Sozialerziehung und soziales Lernen in der Grundschule. Bad Heilbrunn: Klinkhardt

Kohlberg, L. (2000): Die Psychologie der Lebensspanne. Frankfurt: Suhrkamp

Korte, J. (1997): Stundenentwürfe zur sozialen Unterweisung. Verhalten erkunden, erörtern und trainieren. Weinheim: Beltz

Krappmann, L./Oswald, H. (1985): Schulisches Lernen in Interaktionen mit Gleichaltrigen. In: Zeitschrift für Pädagogik, 31. Jg., H. 3, 321-337

Kuld, L./Gönnheimer, S. (2000): Compassion. Sozialverpflichtetes Lernen und Handeln. Stuttgart: Kohlhammer

Kuld, L./Schmid, B. (2001): Lernen aus Widersprüchen. Dilemmageschichten im Religionsunterricht. Weinheim: Beltz

Ladenthin, V./Schilmöller, R. (Hg.) (1999): Ethik als pädagogisches Projekt. Grundfragen schulischer Werterziehung. Opladen: Leske + Budrich

Lempa, G. (2001): Der Lärm der Ungewollten. Psychoanalytische Erkundungen zu Fremdenfeindlichkeit, Gewalt und politischem Extremismus. Göttingen: Vandenhoeck & Ruprecht

Leschinsky, A. (1996): Vorleben oder Nachdenken?. Bericht der wissenschaftlichen Begleitung über den Modellversuch zum Lernbereich „Lebensgestaltung - Ethik - Religion". Frankfurt: Diesterweg

Liebau, E. (1999): Erfahrung und Verantwortung. Werteerziehung als Pädagogik der Teilhabe. Weinheim: Juventa

Mahlmann, R. (2001): Konflikte managen. Psychologische Grundlagen, Modelle und Fallstudien. Weinheim: Beltz, 2.,aktualisierte Aufl.

Metz, J. B./Kuld, L./Weisbrod, A. (2000) (Hg.): Compassion. Weltprogramm des Christentums. Soziale Verantwortung lernen. Freiburg: Herder

Mickel, W. W. (Hg.) (1999): Handbuch zur politischen Bildung. Grundlagen, Methoden, Aktionsformen. Schwalbach/Ts.: Wochenschau-Verlag

Mickel,. W. W. (2003): Praxis und Methode. Einführung in die Methodenlehre der Politischen Bildung. Berlin: Cornelson

Miller, R. (1999): Beziehungsdidaktik. Weinheim: Beltz

Mitschka, R. (1999): Die Klasse als Team. Ein Wegweiser zum sozialen Lernen in der Sekundarstufe. Linz: Veritas

Oser, F./Althof, W. (1992): Moralische Selbstbestimmung. Modelle der Entwicklung und Erziehung im Wertebereich. Ein Lehrbuch, Stuttgart: Klett-Cotta

Petermann, F. (1999): Sozialtraining in der Schule. Weinheim: Beltz

Peterßen, W. H. (2000): Fächerverbindender Unterricht. Begriff - Konzept - Planung - Beispiele. Ein Lehrbuch, München: Oldenbourg

Petillon, H. (1993): Soziales Lernen in der Grundschule. Anspruch und Wirklichkeit. Frankfurt: Diesterweg

Petzelt, A. (1964): Grundzüge systematischer Pädagogik. Freiburg. 3. Auflage

Petzelt, A. (1957): Von der Frage. Eine Studie zum Begriff der Bildung. Freiburg

Pilgram, D. K. (2000): Lässt sich Streiten lernen?. Förderung sozialer und kommunikativer Kompetenz in einem eigenen Unterrichtsfach. In: Forum Religion, H. 2, 13-19

Prange, K. (1989): Pädagogische Erfahrung. Vorträge und Aufsätze zur Anthropologie des Lernens. Weinheim: Deutscher Studien Verlag

Prange, K. (1991): Pädagogik im Leviathan. Ein Versuch über die Lehrbarkeit der Erziehung, Bad Heilbrunn: Klinkhardt

Prange, K. (2000): Plädoyer für Erziehung. Baltmannsweiler: Schneider

Prengel, A. (1993): Pädagogik der Vielfalt. Verschiedenheit und Gleichberechtigung in Interkultureller, Feministischer und Integrativer Pädagogik. Opladen: Leske + Budrich

Prior, H. (Hg.) (1976): Soziales Lernen. Düsseldorf: Schwann

Prior, H. (Hg.) (1978): Soziales Lernen in der Praxis. Berichte. München: Juventa

Rauschenberger, H. (1985): Soziales Lernen - Nutzen und Nachteil eines mehrdeutigen Ausdrucks. In: Zeitschrift für Pädagogik, 31. Jg., H. 3, 301-320

Rainer, W./Schludermann, E.: Bildungsziel (1979): Soziales Lernen. München: Ehrenwirth

Reinhardt, K. (1992): Öffnung der Schule. Community Education als Konzept für die Schule der Zukunft?. Weinheim: Beltz

Rekus, J. (1993): Bildung und Moral. Zur Einheit von Rationalität und Moralität in Schule und Unterricht. Weinheim: Juventa

Rekus, J. (1999) (Hg.): Die Realschule. Alltag, Reform, Geschichte, Theorie. Weinheim: Juventa

Ruep, M. (1999): Innere Schulentwicklung. Theoretische Grundlagen und praktische Beispiele. Donauwörth: Auer

Saldern, M. v. (1987): Sozialklima von Schulklassen. Überlegungen und mehrebenenanalytische Untersuchungen zur subjektiven Wahrnehmung von Lernumwelten. Frankfurt: Lang

Schäfer, G. E. (Hg.) (1994): Soziale Erziehung in der Grundschule. Rahmenbedingungen, soziales Erfahrungsfeld, pädagogische Hilfen. Weinheim: Juventa

Schavan, A. (1998): Schule der Zukunft. Bildungsperspektiven für das 21. Jahrhundert. Freiburg: Herder

Scheibert, C.G. (1848): Das Wesen und die Stellung der Höheren Bürgerschule. Berlin

Schilling, D. (2000): Miteinander klarkommen. Toleranz, Respekt und Kooperation trainieren. Mülheim: Verlag an der Ruhr

Schmidt-Denter, U. (1996): Soziale Entwicklung. Weinheim: Beltz, 3., korrigierte u. aktualisierte Auflage

Schwarz, K. (1968): Die Kurzschulen Kurt Hahns. Ratingen: A. Henn Verlag

Schweitzer, F. (1996): Die Suche nach eigenem Glauben. Einführung in die Religionspädagogik des Jugendalters. Gütersloh: Gütersloher Verlagshaus

Siebert, N. (Hg.) (1997): Anspruch Schulkultur. Interdisziplinäre Darstellung eines neuzeitlichen schulpädagogischen Begriffs. Bad Heilbrunn: Klinkhardt

Spranger, E. (1963): Erziehung zur Verantwortung; in: ders.: Menschenleben und Menschheitsfragen. Gesammelte Rundfunkreden. München: Piper, 90-105

Staatliches Seminar für schulpraktische Ausbildung (Grund- und Hauptschule, Freudenstadt) (2001) (Hg.): Werte-Vermittlung und Werte-Erziehung. Berichte aus dem Seminar- und Schulalltag. Langenau-Ulm: Armin Vaas

Stammberger, J. (1991): Schulleben und Lehrerbildung. Bestandsaufnahme und Perspektiven aus realistischer Sicht. Bad Heilbrunn: Klinkhardt

Standop, J. (2005): Werte-Erziehung. Einführung in die wichtigsten Konzepte der Werteerziehung, Weinheim: Beltz

Strohm, Th. (2000): Verantwortung einüben. Soziales Lernen in theologischer Perspektive. In: Praktische Theologie, 35. Jg., H. 3, 182-190

Struck, P. (1980a): Sozialpädagogik der Schule und soziales Lernen. Stuttgart: Kohlhammer

Struck, P. (1980b): Pädagogik des Schullebens. Schule ist mehr als Unterricht. München: Urban 6 Schwarzenberg

Tenorth, H.-E. (1994): “Alle alles zu lehren”. Möglichkeiten und Perspektiven allgemeiner Bildung. Darmstadt: Wissenschaftliche Buchgesellschaft

Weingardt, M./Böhm, U./ Willrett, S./ Stöffler, F. (2000) (Hg.): Soziale Verantwortung lernen. Ein Schülermentorenprogramm von Jugendarbeit und Schule. Arbeitshilfe. Stuttgart: Buch & Musik

Weisbrod, A./Kuhn, F./Hirsch, F. (1994): Compassion - Ein Praxis- und Unterrichtsprojekt sozialen Lernens: Menschensein für andere. In: engagement, H. 2-3

Wiesehöfer. Ph. (1888): Werte und Normen. Moral in einer pluralistischen Gesellschaft. Essen: Ludgerus

Winkel, R. (1997): Theorie und Praxis der Schule. Oder: Schulreform konkret - im Haus des Lebens und Lernens. Baltmannsweiler: Schneider

Würtz, S. (2000): Wie fremdenfeindlich sind Schüler?. Eine qualitative Studie über Jugendliche und ihre Erfahrungen mit dem Fremden. Weinheim: Juventa